MW01705083

Graeme Simsion

Graeme Simsion est un auteur australien de pièces de théâtre, de nouvelles et de scénarios.
Le Théorème du homard, son premier roman (Nil, 2014 ; paru chez Pocket en 2015 sous le titre *Comment trouver la femme idéale*), a obtenu le Victorian Premier's Literary Award, un prix décerné chaque année à un manuscrit inédit, ainsi que le Australian Book Industry's General Fiction Book of the Year, prix du meilleur roman de fiction.
L'Effet Rosie, la suite du *Théorème du homard*, a paru en 2015 chez le même éditeur et paraît chez Pocket sous le titre *Comment devenir le père idéal*.
Graeme Simsion vit à Melbourne.

Retrouvez toute l'actualité de l'auteur sur :
www.simsion.com

COMMENT DEVENIR
LE PÈRE IDÉAL

DU MÊME AUTEUR
CHEZ POCKET

COMMENT TROUVER LA FEMME IDÉALE
COMMENT DEVENIR LE PÈRE IDÉAL

GRAEME SIMSION

COMMENT DEVENIR LE PÈRE IDÉAL

Ou Le Théorème de la cigogne

Traduit de l'anglais (Australie)
par Odile Demange

NiL

Titre original :
THE ROSIE EFFECT

Cet ouvrage a précédemment paru sous le titre :
L'effet Rosie
ou Le Théorème de la cigogne

MIXTE
Papier issu de sources responsables
FSC® C003309
FSC www.fsc.org

Pocket, une marque d'Univers Poche, est un éditeur qui s'engage pour la préservation de son environnement et qui utilise du papier fabriqué à partir de bois provenant de forêts gérées de manière responsable.

ISBN 978-2-266-26149-4

À Anne

1.

Le jus d'orange n'était pas au programme du vendredi. Nous avions renoncé Rosie et moi au Système de Repas Normalisé, ce qui avait entraîné une amélioration de la « spontanéité » contrebalancée par une augmentation du gaspillage, du temps consacré au ravitaillement et des problèmes de gestion de stock alimentaire. Nous avions tout de même décidé d'un commun accord que chaque semaine comprendrait trois jours sans alcool. Faute de programmation précise, cet objectif s'était révélé difficile à atteindre, conformément à mes prévisions, et Rosie avait fini par se ranger à ma solution.

Le vendredi et le samedi étaient en toute logique des jours propices à la consommation d'alcool. Nous n'avions pas cours le week-end, ni l'un ni l'autre. Nous pouvions faire la grasse matinée et éventuellement avoir un rapport sexuel.

Les rapports sexuels ne pouvaient *en aucun cas* être programmés, en tout cas pas de façon explicite, mais la séquence d'événements susceptibles de les favoriser m'était devenue familière : muffin aux myrtilles acheté à la Blue Skye Bakery, triple expresso de chez Otha's, retrait de chemise et imitation de Gregory Peck dans le rôle d'Atticus Finch dans *Du silence et des ombres*. J'avais appris à ne pas enchaîner systématiquement les quatre, ce qui aurait rendu mes intentions trop limpides. Afin d'assurer un minimum d'imprévisibilité, j'avais décidé de jouer deux fois à pile ou face pour déterminer l'élément que je retrancherais à mon numéro.

J'avais mis une bouteille de pinot gris Elk Cove au réfrigérateur pour accompagner les coquilles Saint-Jacques de plongée achetées le matin même au Chelsea Market, mais quand je suis remonté du sous-sol où j'étais allé chercher notre linge, j'ai trouvé deux verres de jus d'orange sur la table. Le jus d'orange n'était pas compatible avec le vin. Le boire en premier aurait désensibilisé nos papilles gustatives au léger sucre résiduel qui caractérise le pinot gris, créant ainsi une impression d'aigreur. Attendre que nous ayons fini le vin était tout aussi inacceptable. Le jus d'orange se dégrade rapidement – d'où la mention « fraîchement pressé » que prennent soin d'indiquer les établissements qui servent des petits déjeuners.

Comme Rosie était dans notre chambre, elle n'était pas immédiatement disponible pour une discussion. Notre appartement comprenait neuf combinaisons d'emplacement possible pour deux occupants, dont six supposaient que nous nous trouvions dans des pièces différentes. L'appartement idéal, tel que nous l'avions défini ensemble avant notre arrivée à New York, aurait dû permettre trente-six combinaisons, grâce à l'existence d'une chambre à coucher, de deux bureaux, de deux salles de bains et d'une salle de séjour-cuisine. Cet appartement de référence aurait été situé à Manhattan, à proximité des lignes 1 ou A du métro pour des raisons de facilité d'accès à la faculté de médecine de la Columbia University, avec vue sur l'eau ainsi qu'un balcon ou une terrasse sur le toit pour faire des barbecues.

Dans la mesure où nos revenus consistaient en un salaire de professeur d'université complété par deux emplois à temps partiel de confection de cocktails, somme dont il fallait cependant déduire les frais d'inscription de Rosie, nous avions dû accepter certains compromis et notre appartement ne présentait aucune des caractéristiques spécifiées. Nous avions accordé une importance excessive au choix de Williamsburg parce que nos amis Isaac et Judy Esler y habitaient et nous l'avaient recommandé. Il n'y avait pas de raison logique pour que le quartier d'un psychiatre de cinquante-quatre ans et d'une céramiste de cinquante-deux, qui avaient fait l'acquisition de leur logement avant la hausse des prix, convienne également à un professeur de génétique de quarante ans (à cette date) et à une étudiante en médecine de trente ans en troisième cycle de psychologie. Le loyer était élevé et l'appartement présentait un certain nombre de défauts auxquels l'agence de location n'était pas pressée de remédier. En l'état actuel des choses, la climatisation était incapable de compenser la température extérieure de trente-quatre degrés Celsius, qui se situait dans une fourchette normale pour Brooklyn à la fin du mois de juin.

Associée au mariage, la réduction du nombre de pièces m'avait imposé une proximité de longue durée avec un autre être humain, plus étroite que jamais auparavant. La présence physique de Rosie était un résultat remarquablement positif de l'Opération Épouse, mais au bout de dix mois et dix jours de mariage, j'étais encore en phase d'adaptation à mon statut d'élément d'un couple. Il m'arrivait de passer dans la salle de bains plus de temps qu'il n'était rigoureusement nécessaire.

J'ai alors vérifié la date sur mon téléphone : on était bien le vendredi 21 juin. Ce résultat était plus satisfaisant que le scénario selon lequel mon cerveau aurait été atteint d'une anomalie le conduisant à identifier les jours incorrectement. Il confirmait cependant une infraction au protocole de l'alcool.

Mes réflexions ont été interrompues par l'apparition de Rosie, sortant de notre chambre à coucher vêtue en tout et pour tout d'une serviette de bain. C'était ma tenue préférée, dans la mesure où l'« absence totale de tenue » ne pouvait pas être qualifiée de tenue. Une fois de plus, j'ai été abasourdi par son extraordinaire beauté et par sa décision inexplicable de me choisir pour conjoint. Et comme toujours, cet étonnement a été suivi d'une émotion inopportune : un instant d'intense peur à l'idée qu'elle ne prenne un jour conscience de son erreur.

— Qu'est-ce que tu nous mijotes de bon ? a-t-elle demandé.

— Rien. La cuisson n'a pas encore commencé. J'en suis encore à la phase regroupement des ingrédients.

Son rire m'a fait comprendre que j'avais mal interprété une de ses questions. Évidemment, si le Système de Repas Normalisé avait encore été en vigueur, elle n'aurait pas eu besoin de m'interroger. Je lui ai livré les informations souhaitées.

— Des coquilles Saint-Jacques issues de l'aquaculture durable avec une sauce à base de carottes, de céleri, d'échalotes et de poivrons assaisonnés à l'huile de sésame. La boisson recommandée pour accompagner ce plat est du pinot gris.

— Tu veux que je fasse quelque chose ?

— Je veux que vous dormiez aussi longtemps que possible. Demain, on ira à Navarone.

Le contenu de la réplique de Gregory Peck n'était pas pertinent en soi. C'était le ton de la tirade qui devait me conférer une apparence d'autorité et d'assurance dans la préparation des coquilles Saint-Jacques poêlées.

— Et si je n'arrive pas à dormir, capitaine ? a demandé Rosie avant de disparaître dans la salle de bains avec un sourire.

Je n'ai pas évoqué la question de l'emplacement de la serviette de toilette ; j'avais accepté depuis longtemps que les siennes soient rangées au hasard dans la salle de bains ou dans la chambre à coucher, occupant de fait deux espaces.

Nos préférences en matière d'ordre sont à l'opposé. Quand nous avons quitté l'Australie pour New York, Rosie avait préparé trois valises taille maxi. La quantité de vêtements qu'elle emportait était incroyable. Mes affaires personnelles tenaient dans deux bagages à main. Profitant de ce déménagement pour moderniser mon équipement quotidien, j'avais donné ma chaîne stéréo et mon ordinateur à mon frère Trevor, rapporté mon lit, mon linge de maison et mes ustensiles de cuisine chez mes parents à Shepparton, et vendu ma bicyclette.

En outre, dans les premières semaines qui avaient suivi notre arrivée, Rosie avait encore accru sa vaste collection de possessions en achetant des objets décoratifs. Le résultat se voyait au chaos qui régnait dans notre appartement : plantes en pot, sièges excédentaires, sans compter un casier à bouteilles tout à fait incommode.

Ce n'était pas seulement la quantité d'articles : s'y ajoutait un problème d'organisation. Le réfrigérateur était bourré de récipients à moitié vides contenant des préparations à tartiner ou à tremper, ainsi que des produits laitiers périmés. Rosie avait même suggéré de nous équiper d'un second réfrigérateur grâce à mon ami Dave. Un frigo par personne ! Jamais les avantages du Système de Repas Normalisé, avec son repas prédéfini pour chaque jour de la semaine, sa liste de courses standardisée et ses stocks optimisés ne m'étaient apparus avec autant d'évidence.

La désorganisation de Rosie ne connaissait qu'une exception et une seule. Cette exception était une variable. Par défaut, il s'agissait de ses études de médecine, mais dans le cas présent, c'était sa thèse de doctorat de psychologie portant sur les facteurs environnementaux dans le déclenchement précoce des troubles bipolaires. Elle avait obtenu une équivalence dans son programme d'études médicales à condition de terminer son doctorat avant la fin des vacances d'été. La date butoir n'était plus que deux mois et cinq jours plus tard.

— Comment peux-tu être aussi organisée dans un domaine et aussi désorganisée pour tout le reste ? avais-je demandé à Rosie le jour où elle avait installé un mauvais pilote d'imprimante.

— C'est *parce que* je me concentre sur ma thèse que je ne fais pas attention au reste. Personne ne demande si Freud vérifiait la date de péremption du lait.

— Il n'existait pas de date de péremption au début du XXe siècle.

Qui aurait pu croire que deux personnes aussi dissemblables formeraient un couple aussi réussi ?

2.

Le Problème du Jus d'Orange s'est posé à la fin d'une semaine déjà perturbée. Un autre occupant de notre immeuble résidentiel avait bousillé mes deux chemises « respectables » en ajoutant son linge au nôtre dans la machine à laver de la buanderie collective. J'avais parfaitement compris son désir d'efficacité, mais un de ses vêtements avait déteint sur notre linge de couleur claire, lui imposant une nuance violette permanente et irrégulièrement répartie.

De mon point de vue, ce n'était pas très grave : cela faisait plusieurs mois que j'étais professeur associé à la faculté de médecine de la Columbia et je n'avais plus à me soucier de « faire bonne impression ». J'imaginais mal par ailleurs qu'on refuse de me servir dans un restaurant à cause de la *couleur* de ma chemise. Quant à Rosie, ses vêtements de dessus, essentiellement noirs, n'avaient pas été affectés. Le problème se limitait à ses sous-vêtements.

J'ai soutenu que la nouvelle couleur ne me dérangeait pas et que personne d'autre que moi n'avait l'occasion de la voir en sous-vêtements, sinon éventuellement un médecin que son professionnalisme devait mettre à l'abri de toute préoccupation esthétique. Mais Rosie avait déjà cherché à discuter avec Jérôme, le voisin qu'elle avait identifié comme le contrevenant, pour écarter tout risque de récidive. La démarche paraissait raisonnable, et pourtant Jérôme avait dit à Rosie d'aller se faire foutre.

Je n'étais pas étonné qu'elle se soit heurtée à une certaine résistance. Rosie avait habituellement une approche de la communication extrêmement directe. Quand elle s'adressait à moi, c'était efficace, et même nécessaire, mais d'autres y voyaient souvent de l'agressivité. Jérôme ne donnait pas l'impression d'avoir très envie de se pencher sur les possibilités de solutions gagnant-gagnant.

Et voilà que Rosie voulait que je « lui tienne tête » et que je lui fasse comprendre que nous n'étions « pas du genre à nous laisser faire ». Exactement le genre de comportement que je conseille à mes élèves d'éviter en arts martiaux. Si l'objet des deux parties est d'affirmer leur domination et qu'elles appliquent par conséquent l'algorithme consistant à « réagir par une force supérieure », le résultat ultime sera l'invalidité ou la mort de l'une d'elles. Pour une question de lessive.

L'affaire de la lessive était toutefois d'une importance mineure dans le contexte global de la semaine. Parce qu'il s'était produit un *désastre*.

On me reproche souvent de faire un usage excessif de ce mot ; pourtant, tout être raisonnable admettra que c'était un terme adéquat pour qualifier la séparation de mes meilleurs amis, qui avaient de surcroît deux enfants à charge. Gene et Claudia étaient en Australie, mais la situation ne pouvait qu'imposer une perturbation supplémentaire à mon programme.

Nous avions discuté sur Skype, Gene et moi, et la qualité de la communication avait été très médiocre. En plus, Gene était peut-être ivre. Il paraissait n'avoir pas très envie de se répandre en détails, sans doute parce que :

1. Les gens sont généralement peu désireux de parler ouvertement d'activité sexuelle quand c'est eux qui sont en cause.
2. Il s'était vraiment conduit comme un idiot.

Après avoir promis à Claudia de renoncer à son projet d'avoir un rapport sexuel avec une femme de chaque pays du monde, il n'avait pas respecté son engagement. Il avait commis cette infraction au cours d'un congrès qui s'était tenu à Göteborg, en Suède.

— Don, tu pourrais quand même avoir un minimum de compassion, avait-il soupiré. Comment voulais-tu que j'imagine qu'elle vivait à Melbourne ? Elle était *islandaise* !

Je lui avais fait remarquer que j'étais australien et que je vivais aux États-Unis. Réfutation très simple à l'aide d'un contre-exemple de la ridicule hypothèse de Gene selon laquelle les gens restent dans leur pays d'origine.

— Peut-être, mais *Melbourne* ! Et en plus, elle connaît Claudia ! Tu peux me dire quelle était la probabilité d'une coïncidence pareille ?

— Difficile à calculer.

J'avais expliqué à Gene qu'il aurait dû me poser cette question *avant* de continuer à compléter sa liste de nationalités. S'il voulait que je procède à une estimation fondée du risque, il aurait fallu que je dispose d'informations sur les modèles de migration et sur l'envergure du réseau social et professionnel de Claudia.

S'y ajoutait un autre facteur.

— Un calcul de probabilités exigerait que je sache combien de femmes tu as séduites depuis que tu as accepté de ne pas le faire. Il va de soi que les risques augmentent proportionnellement.

— C'est vraiment important ?

— Si tu veux une estimation, oui. Je suppose donc que la réponse n'est pas nulle.

— Don, les congrès – les congrès à l'étranger – ne comptent pas. C'est pour ça que les gens y vont. Tout le monde sait ça.

— Si Claudia le sait, pourquoi fait-elle des histoires ?

— On n'est pas censé se faire prendre. Ce qui se passe à Göteborg reste à Göteborg.

— Il faut croire que la Femme Islandaise ignorait cette règle.

— Elle fait partie du club de lecture de Claudia.

— Il y a une exception pour les clubs de lecture ?

— Laisse tomber. De toute façon, c'est trop tard. Claudia m'a fichu dehors.

— Tu es sans abri ?

— Plus ou moins.

— Incroyable ! Tu as averti la Doyenne ?

La Doyenne de la faculté des sciences de Melbourne était extrêmement soucieuse de l'image de son université. J'avais le sentiment que la présence d'un SDF à la tête de l'Institut de psychologie ne ferait pas, pour reprendre son expression habituelle, « bon effet ».

— Je prends un congé sabbatique, m'avait répondu Gene. Qui sait, je vais peut-être débarquer à New York et te payer une bière.

C'était une idée surprenante – pas la bière, que je pouvais me payer moi-même, mais l'éventualité que mon plus vieil ami me rejoigne à New York.

Abstraction faite de Rosie et des membres de ma famille, le total de mes amis se montait à six. C'était, par ordre décroissant de durée totale de relation :

1. Gene, dont les conseils s'étaient souvent révélés peu judicieux mais qui possédait une connaissance théorique fascinante de l'attirance sexuelle humaine, peut-être due à sa propre libido, excessive pour un homme de cinquante-sept ans.
2. La femme de Gene, Claudia, psychologue clinicienne, la personne la plus raisonnable du monde. Elle avait fait preuve d'une extraordinaire tolérance à l'égard des infidélités de Gene avant que celui-ci ne promette d'y renoncer. Je me suis demandé ce que deviendraient leur fille, Eugénie, et Carl, le fils que Gene avait eu d'un précédent mariage. Eugénie avait maintenant neuf ans et Carl dix-sept.
3. Dave Bechler, technicien supérieur en réfrigération que j'avais rencontré à un match de baseball au cours de mon premier séjour à New York avec Rosie. Nous nous retrouvions désormais une fois par semaine pour notre « soirée entre garçons » programmée, durant laquelle nous discutions baseball, réfrigération et vie conjugale.
4. Sonia, la femme de Dave. Bien qu'en léger surpoids (IMC estimé vingt-sept), elle était extrêmement belle et exerçait un emploi bien rémunéré

de comptable dans un centre de fécondation in vitro. Ces qualités étaient une source de stress pour Dave qui craignait qu'elle ne le quitte un jour pour un homme plus séduisant ou plus riche que lui. Dave et Sonia cherchaient à se reproduire depuis cinq ans, par FIV (curieusement, pas dans le centre où travaillait Sonia, alors que, selon moi, elle aurait certainement obtenu un rabais et eu accès, au besoin, à des gènes de qualité supérieure). La procédure avait récemment réussi et le bébé devait naître le jour de Noël.

5. (ex æquo) Isaac Esler, un psychiatre né en Australie que j'avais considéré un moment comme l'individu le plus susceptible d'être le père biologique de Rosie.

6. (ex æquo) Judy Esler, l'épouse américaine d'Isaac. Judy était une céramiste qui organisait aussi des collectes de fonds pour des œuvres humanitaires et pour la recherche. Elle était à l'origine de certains des objets décoratifs qui encombraient notre appartement.

Six amis, en admettant que les Esler soient encore mes amis. En effet, nous n'avions plus eu aucun contact avec eux depuis un incident dû à une affaire de thon rouge six semaines et cinq jours auparavant. Même si mes amis n'étaient plus que quatre, c'était encore plus que je n'en avais jamais eu. Et il n'était pas impossible que tous sauf un – Claudia – se trouvent bientôt à New York avec moi.

Je n'avais pas perdu de temps et j'avais demandé au Doyen de la faculté de médecine de la Columbia, le professeur David Borenstein, s'il accepterait de faire venir Gene à New York pour son congé sabbatique. Gene, comme son nom l'indique par pure coïncidence, est généticien, mais il est spécialiste de psychologie évolutive. Il pouvait donc être affecté en psychologie, en génétique ou en médecine. J'avais pourtant déconseillé la psychologie : la plupart des psychologues n'approuvaient pas les théories de Gene et il me semblait qu'il n'avait pas besoin de nouveaux motifs de conflit dans sa vie. C'était une intuition qui exigeait un niveau d'empathie dont je n'aurais pas disposé avant de vivre avec Rosie.

J'avais averti le Doyen qu'en tant que professeur titulaire, Gene n'aurait certainement pas l'intention de travailler sérieusement. David Borenstein connaissait parfaitement le protocole des congés sabbatiques qui prévoyait que Gene serait payé par son université en Australie. Il n'ignorait rien non plus de sa réputation.

— S'il peut cosigner quelques publications et éviter de tripoter les doctorantes, je devrais arriver à lui trouver un bureau.

— Bien sûr, bien sûr.

Gene était très calé pour se faire publier avec un minimum d'effort. Cela nous laisserait beaucoup de temps libre pour discuter de sujets intéressants.

— Je suis sérieux, Don, à propos des étudiantes. S'il s'attire des ennuis, je vous en tiendrai pour personnellement responsable.

Il s'agissait, selon moi, d'une menace excessive, typique des administrateurs universitaires, mais elle m'offrirait un prétexte pour obliger Gene à avoir un comportement approprié. Et après avoir passé en revue les doctorantes, j'avais conclu qu'aucune d'elles ne pourrait sans doute l'intéresser. Ce que j'avais vérifié quand je l'avais appelé pour lui annoncer que j'avais réussi à lui décrocher un emploi.

— Tu as déjà fait le Mexique ? Exact ?

— J'ai passé un moment avec une dame de cette nationalité, si tel est le sens de ta question.

— Tu as eu un rapport sexuel avec elle ?

— Un truc comme ça.

Il y avait plusieurs doctorantes de différentes nationalités, mais Gene avait déjà couvert les pays développés les plus peuplés.

— Donc, tu acceptes le boulot ? avais-je demandé.

— Il faut que j'examine les différentes options.

— Ridicule. La Columbia possède la meilleure fac de médecine du monde. Et ils sont disposés à engager quelqu'un qui a une réputation de paresse et de comportement inapproprié.

— C'est toi qui me parles de comportement inapproprié ?

— Exact. Je suis parfaitement intégré. Ils sont extrêmement tolérants. Tu peux commencer lundi.

— Lundi ? Don, je ne sais même pas où crécher.

Je lui avais promis de trouver une solution à ce problème pratique mineur. Gene allait venir à New York. Il travaillerait de nouveau dans la même université que moi. Et que Rosie.

En contemplant les deux jus d'orange posés sur la table, j'ai pris conscience que je m'étais réjoui de boire de l'alcool pour apaiser l'inquiétude que j'éprouvais à l'idée de transmettre à Rosie les informations à propos de Gene. Je me suis dit que je me faisais du souci pour rien. Rosie prétendait apprécier la spontanéité. Mais cette simple analyse ignorait trois facteurs :

1. Rosie n'aimait pas Gene. Il avait été son directeur de thèse à Melbourne et l'était toujours, en théorie. Elle avait de nombreux griefs à formuler contre sa pratique universitaire et considérait que ses infidélités à l'égard de Claudia étaient inacceptables. Mon argument à propos de son changement de comportement était à présent réduit à néant.

2. Rosie tenait à ce que nous ayons « du temps pour nous ». Désormais, je consacrerais forcément du temps à Gene. Il m'avait affirmé clairement que sa relation avec Claudia était terminée. Toutefois, s'il y avait la moindre chance de pouvoir la sauver, il paraissait raisonnable d'accorder, temporairement, une priorité moindre à la santé de notre propre couple. J'étais certain que Rosie ne serait pas de cet avis.

3. Le Facteur Trois était le plus sérieux, et résultait peut-être d'une erreur de jugement de ma part. Je l'ai écarté de mon esprit pour pouvoir me concentrer sur le problème immédiat.

Les deux grands verres remplis de jus d'orange m'ont rappelé la nuit où un « lien affectif » s'était, pour la première fois, noué entre Rosie et moi – la Grande Nuit des Cocktails – où nous avions prélevé un échantillon d'ADN de tous les invités masculins d'une réunion des anciens étudiants en médecine qui avaient fait partie de la même promotion que sa mère, et où nous avions éliminé l'intégralité d'entre eux comme candidats au rôle de père biologique de Rosie. Une fois de plus, mes compétences dans la préparation de cocktails m'ont inspiré une solution.

Nous travaillions, Rosie et moi, trois soirs par semaine à L'Alchimiste, un bar à cocktails situé dans la 19e Rue-Ouest, dans le quartier de Flatiron, de sorte que le matériel et les ingrédients nécessaires à la confection de boissons faisaient partie de notre équipement professionnel (ce dont je n'étais cependant pas arrivé à convaincre notre comptable). J'ai pris de la vodka, du Galliano et des glaçons, je les ai ajoutés aux jus d'orange et j'ai remué. Au lieu de commencer mon verre avant Rosie, je me suis versé un petit verre de vodka sur de la glace, j'ai ajouté un trait de citron et l'ai bu rapidement. J'ai senti presque instantanément mon niveau de stress revenir à son état par défaut.

Rosie est enfin sortie de la salle de bains. À part l'inversion du sens de déplacement, la seule différence apparente était que ses cheveux roux étaient mouillés. Elle était pourtant visiblement de meilleure humeur : c'est tout juste si elle ne dansait pas en se dirigeant vers notre chambre. Manifestement, le choix des coquilles Saint-Jacques avait été judicieux.

Il n'était pas impossible que son état émotionnel la rende plus ouverte à l'idée du Congé Sabbatique de Gene, mais il m'a paru tout de même préférable de repousser la nouvelle au lendemain matin, après notre rapport sexuel. Bien sûr, si elle se doutait que j'avais procédé à une rétention d'informations à cette fin, elle me ferait des reproches. La vie conjugale est compliquée.

Arrivée devant la porte de la chambre, Rosie a fait volte-face :

— Il me faut cinq minutes pour m'habiller et, ensuite, j'attends les meilleures coquilles Saint-Jacques du monde.

L'utilisation de la formule « les meilleures du monde » constituait une appropriation d'une de mes expressions personnelles – un indice irréfutable d'humeur positive.

— Cinq minutes ?

Toute sous-estimation aurait eu des conséquences désastreuses sur la préparation des coquilles Saint-Jacques.

— Mettons quinze. Le dîner attendra. Et si nous prenions un verre en bavardant, capitaine Mallory ?

Le nom du personnage incarné par Gregory Peck était un autre indice favorable. Le seul problème était la partie bavardage. « Il s'est passé quelque chose de spécial aujourd'hui ? » me demanderait-elle inévitablement, et je serais obligé de parler du Congé Sabbatique de Gene. J'ai décidé de me rendre indisponible en m'absorbant dans les tâches culinaires. En attendant, j'ai mis les Harvey Wallbanger au congélateur car ils risquaient de se réchauffer et de dépasser la température optimale quand les glaçons fondraient. Les rafraîchir aurait également pour effet de réduire la vitesse de dégradation du jus d'orange.

Je me suis remis à la préparation du dîner. C'était une nouvelle recette et ce n'est qu'après avoir commencé que j'ai découvert que les légumes devaient être découpés en cubes de cinq millimètres de côté. La liste d'ingrédients et d'ustensiles nécessaires ne mentionnait pas de règle. J'ai pu télécharger une application de mesure sur mon téléphone, mais j'avais à peine fini de produire le cube de référence quand Rosie est revenue. Elle portait à présent une robe – option tout à fait inhabituelle pour un dîner à la maison. Elle était blanche et contrastait de façon spectaculaire avec ses cheveux roux. L'effet était stupéfiant. J'ai décidé de ne repousser que très légèrement la nouvelle à propos de Gene, jusqu'à une heure plus avancée de la soirée. Rosie ne pourrait pas vraiment m'en vouloir. Je reprogrammerais mes exercices d'aïkido pour le lendemain matin, ce qui nous laisserait le temps d'avoir un rapport sexuel après le dîner. Ou avant. J'étais disposé à faire preuve de souplesse.

Rosie s'est assise dans un des deux fauteuils qui occupaient un pourcentage significatif de la surface du salon.

— Viens me parler, a-t-elle dit.

— J'émince des légumes. Je peux te parler d'ici.

— Qu'est-ce que tu as fait des jus d'orange ?

J'ai sorti les jus d'orange modifiés du congélateur, j'en ai tendu un à Rosie et me suis assis en face d'elle. La vodka et la gentillesse de Rosie m'avaient détendu, mais je soupçonnais cet effet d'être superficiel. Mon cerveau continuait à traiter les problèmes de Gene, de Jérôme et de jus d'orange en tâche de fond.

Rosie a levé son verre comme pour porter un toast. En fait, c'était exactement ce qu'elle faisait.

— On a quelque chose à fêter, capitaine, a-t-elle dit.

Elle m'a regardé pendant quelques secondes. Elle sait que je n'aime pas beaucoup les surprises. J'ai pensé qu'elle avait atteint un jalon décisif dans la rédaction de sa thèse. Ou bien qu'elle avait obtenu de pouvoir suivre le cours de spécialisation en psychiatrie à l'issue de ses études de médecine. La nouvelle aurait été excellente, et j'ai estimé la probabilité d'un rapport sexuel à plus de quatre-vingt-dix pour cent.

Elle a souri – puis, sans doute pour accroître le suspense, elle a bu une gorgée. Désastre ! On aurait pu croire que son verre contenait du poison. Elle a tout recraché, sur sa robe blanche, et s'est précipitée dans la salle de bains. Je l'y ai rejointe alors qu'elle retirait sa robe et la passait sous l'eau.

Debout dans ses sous-vêtements à moitié violets, trempant et essorant alternativement sa robe, elle s'est retournée vers moi. Son expression était beaucoup trop complexe pour que je puisse l'analyser.

— Nous sommes enceints, a-t-elle dit.

3.

J'ai fait un gros effort pour traiter l'énoncé de Rosie. En examinant rétrospectivement ma réaction, j'ai compris que mon cerveau avait été agressé par une information qui paraissait défier la logique sur trois points.

Premièrement, la formulation *nous sommes enceints* était en contradiction avec une réalité biologique de base. Elle sous-entendait que *mon* état avait changé au même titre que celui de Rosie. Rosie n'aurait certainement pas dit : « Dave est enceint. » Pourtant, selon la définition implicite dans son énoncé, il l'était.

Deuxièmement, nous n'avions pas programmé de grossesse. Rosie avait mentionné cette éventualité parmi les facteurs de sa décision d'arrêter de fumer, mais j'avais supposé qu'elle n'y voyait qu'une motivation supplémentaire. Qui plus est, nous en avions discuté explicitement. Le 2 août de l'année précédente, neuf jours avant notre mariage, alors que nous dînions au Jimmy Watson's Restaurant de Lygon Street, à Carlton, dans l'État de Victoria en Australie, un couple avait posé un conteneur à bébé par terre, entre nos tables. Rosie avait alors évoqué la possibilité que nous nous reproduisions.

À cette date, nous avions décidé d'aller nous installer à New York et j'avais répondu qu'il serait préférable d'attendre qu'elle ait fini ses études de médecine et sa spécialisation. Rosie n'était pas de cet avis – elle trouvait que c'était un délai excessif. Elle ne serait pas psychiatre avant ses trente-sept ans. J'avais proposé que nous attendions au moins la fin de ses études de médecine. La spécialisation en psychiatrie n'était pas indispensable au rôle de clinicienne chercheuse en maladies mentales qu'elle envisageait, de sorte que si un bébé l'obligeait à renoncer définitivement à ses études, l'effet ne serait pas désastreux. J'avais le souvenir qu'elle ne m'avait pas désapprouvé. En tout état de cause, une décision majeure, propre à changer la vie, doit répondre à plusieurs exigences :

1. Définition des options, par ex. : avoir zéro enfant ; avoir un nombre précis d'enfants ; parrainer un ou plusieurs enfants par le biais d'une organisation humanitaire.
2. Énumération des avantages et des inconvénients de chaque option, par ex. : liberté de voyager ; aptitude à consacrer du temps à son travail ; risque de perturbation ou d'ennuis dus aux actions de l'enfant. Il convient d'affecter à chaque facteur un coefficient de pondération accepté par l'ensemble des parties.
3. Comparaison objective des différentes options avec application des critères mentionnés ci-dessus.

4. Programme d'exécution, susceptible de révéler de nouveaux facteurs exigeant une révision de (1), (2) et (3).

Un tableau représente l'outil qui s'impose pour (1) à (3) et, si (4) est complexe comme on pouvait supposer que le seraient la préparation de l'existence d'un nouvel être humain et la satisfaction de ses besoins pendant plusieurs années, un logiciel de planification de projet est approprié. Or je n'avais vu ni tableau ni diagramme de Gantt concernant une Opération Bébé.

La troisième atteinte manifeste à la logique était que Rosie utilisait une pilule contraceptive orale combinée dont le taux d'échec est inférieur à 0,5 % par an, quand elle est utilisée « parfaitement ». Dans ce contexte, « parfaitement » veut dire « prise quotidienne de la pilule correcte ». J'avais peine à imaginer que Rosie puisse être désorganisée au point de commettre une erreur dans une procédure aussi simple.

Je sais bien que tout le monde ne partage pas mes idées sur la valeur supérieure de la planification, ni ma réticence à accepter que notre vie soit ballottée dans des directions imprévisibles par des événements aléatoires. Dans l'univers de Rosie, *que j'avais choisi de partager*, il était possible d'employer le langage de la psychologie populaire plutôt que celui de la biologie, de faire bon accueil à l'inattendu et d'oublier de prendre un traitement vital. Ces trois événements s'étaient manifestement produits, entraînant un changement de situation qui faisait apparaître le Problème du Jus d'Orange et même le Congé Sabbatique de Gene comme des questions mineures.

Je n'ai, bien sûr, procédé à cette analyse que bien plus tard. La situation au moment où je me trouvais dans la salle de bains n'aurait pas pu être pire en termes de stress. J'avais été conduit à l'extrême limite d'un équilibre instable, puis frappé avec une force presque inconcevable. Le résultat était inévitable.

Pétage de plombs.

C'était la première fois que cela m'arrivait depuis que nous avions fait connaissance, Rosie et moi – la première fois, en fait, depuis la mort de ma sœur Michelle à la suite d'une grossesse extra-utérine non diagnostiquée.

Peut-être parce que j'étais désormais plus âgé et plus stable, ou peut-être parce que mon inconscient tenait à préserver ma relation avec Rosie, j'ai disposé de quelques secondes pour réagir rationnellement.

— Ça va, Don ? m'a demandé Rosie.

La réponse était évidemment négative. Je n'ai pas cherché à l'exprimer : toutes mes ressources mentales étaient mobilisées par l'application de mon plan d'urgence.

J'ai levé les bras dans un signal de temps mort et suis parti en courant. La cabine de l'ascenseur était à notre étage, mais il m'a semblé que les portes mettaient un temps fou à s'ouvrir puis à se refermer derrière moi. Enfin, j'ai pu laisser libre cours à mes émotions dans un espace où je ne risquais pas de briser un objet ou de blesser quelqu'un.

Je devais indéniablement avoir l'air d'un fou, à frapper du poing contre les parois de la cabine en hurlant. Je dis indéniablement parce que j'avais oublié d'appuyer sur le bouton du rez-de-chaussée et que l'ascenseur est descendu jusqu'au sous-sol. Jérôme attendait avec un panier de linge au moment où les portes se sont écartées. Il portait un T-shirt violet.

Ma colère ne se dirigeait pas contre lui, mais cette subtilité a semblé lui échapper. Il a posé la main sur ma poitrine et m'a poussé, sans doute dans une tentative d'autodéfense préventive. J'ai réagi instinctivement, en lui attrapant le bras pour le faire pivoter. Il s'est écrasé contre la paroi de l'ascenseur avant de se jeter à nouveau contre moi. Cette fois, il m'a assené un bon coup de poing. J'agissais désormais conformément à ma formation en arts martiaux plus qu'en réaction à mes émotions. J'ai esquivé son poing et ai pratiqué un mouvement de blocage, l'empêchant de riposter. Il avait manifestement compris la situation et s'attendait à ce que je le frappe. Comme je n'avais aucune raison de le faire, je l'ai lâché. Il a gravi l'escalier quatre à quatre, abandonnant son panier de linge. Cet espace confiné m'oppressant, je l'ai suivi. Nous sommes sortis dans la rue en courant tous les deux.

N'ayant pas défini préalablement de direction à prendre, j'ai d'abord suivi automatiquement Jérôme, qui n'arrêtait pas de se retourner. Il a fini par disparaître dans une rue latérale et mes idées ont commencé à s'éclaircir. J'ai pris vers le nord en direction de Queens.

Je n'étais encore jamais allé à pied jusqu'à l'appartement de Dave et Sonia. Heureusement, la navigation était simple grâce au système logique de numérotation des rues, qui devrait être obligatoire dans toutes les villes. J'ai couru à bonne allure pendant approximativement vingt-cinq minutes et, quand je suis arrivé devant leur immeuble et que j'ai pressé le bouton de l'interphone, j'avais trop chaud et je haletais.

Ma colère s'était dissipée pendant mon altercation avec Jérôme ; j'étais soulagé d'avoir évité de le frapper. Bien que mes émotions aient échappé un moment à mon contrôle, la discipline que m'avait apportée la pratique des arts martiaux les avait ramenées au pas. C'était rassurant, mais j'éprouvais à présent un sentiment général de désespoir. Comment expliquer mon attitude à Rosie ? Je ne lui avais jamais parlé du problème de pétage de plombs, pour deux raisons :

1. Après tout ce temps, et grâce à l'élévation de mon niveau fondamental de bonheur, je pensais que ce phénomène ne se reproduirait sans doute pas.
2. Rosie aurait risqué de me rejeter.

Elle avait à présent un motif rationnel de le faire. Elle avait de bonnes raisons de me croire violent et dangereux. Et elle était enceinte. D'un homme violent et dangereux. Cette situation devait être effroyable pour elle.

— Allô ? La voix de Sonia a grésillé dans l'interphone.

— C'est Don.

— Don ? Ça va ?

Sonia était manifestement capable de déceler à ma voix – et peut-être à l'omission de mon habituelle formule de « salutations » – qu'il y avait un problème.

— Non. Il y a eu un désastre. Plusieurs désastres.

Sonia a débloqué la porte.

L'appartement de Dave et Sonia était plus grand que le nôtre, mais déjà tout encombré de fourbi de bébé. L'idée que le pronom possessif « le nôtre » n'était peut-être plus pertinent m'a traversé l'esprit.

J'étais conscient de me trouver dans un état d'agitation extrême. Dave est allé chercher de la bière et Sonia a insisté pour que je m'asseye, alors que je préférais marcher.

— Que s'est-il passé ? a demandé Sonia.

C'était une question parfaitement appropriée, mais j'étais incapable de formuler une réponse.

— Rosie va bien ?

Par la suite, il m'est apparu que cette phrase témoignait d'une intelligence supérieure. Non seulement c'était le point de départ le plus logique, mais elle m'a aidé à relativiser un peu les choses. Rosie allait bien, physiquement en tout cas. J'étais plus calme. La rationalité reprenait le dessus pour traiter la pagaille créée par les émotions.

— Il n'y a pas de problème avec Rosie. Le problème, c'est moi.

— Que s'est-il passé ? a redemandé Sonia.

— J'ai pété les plombs. J'ai été incapable de contrôler mes émotions.

— Tu étais à cran ?

— À cran ?

— On ne dit pas ça en Australie ? Tu t'es mis en colère ?

— Exact. Je souffre d'un genre de problème psychiatrique. Je ne l'ai jamais dit à Rosie.

Je ne l'avais jamais dit à personne. Je n'avais jamais reconnu que je souffrais d'une maladie mentale, à part la dépression que j'avais faite quand j'avais une petite vingtaine d'années et qui était une conséquence directe de mon isolement social. J'admettais que j'étais programmé autrement que la plupart des gens, ou plus exactement que ma programmation se situait à une extrémité d'un éventail de configurations humaines possibles. Mes compétences logiques internes étaient nettement supérieures à mes compétences interpersonnelles. Sans des hommes comme moi, nous n'aurions ni pénicilline ni ordinateurs. D'un autre côté, des psychiatres n'avaient pas été loin de poser un diagnostic de maladie mentale vingt ans auparavant. J'avais toujours estimé qu'ils se trompaient et aucun trouble précis hormis la dépression n'avait jamais été consigné dans mon dossier. Le problème de pétage de plombs constituait évidemment le point faible de mon argumentation. C'était une réaction à l'irrationalité ; or cette réaction elle-même était irrationnelle.

Dave est revenu et m'a tendu une bière. Il s'en était également servi une et en a bu la moitié rapidement. Dave n'a pas le droit de boire de bière sauf lors de nos soirées communes, en raison d'un problème de poids non négligeable. Peut-être les circonstances justifiaient-elles cet écart. Je transpirais toujours malgré la climatisation et ce verre de bière m'a fait du bien. Sonia et Dave étaient d'excellents amis.

Dave avait écouté et avait entendu mon aveu de problème psychiatrique.

— Tu ne m'en avais jamais parlé non plus, a-t-il remarqué. Quel genre de… ?

Sonia l'a interrompu.

— Excuse-nous un instant, Don. Je voudrais parler à Dave en tête à tête.

Ils sont passés dans la cuisine. J'étais conscient que les conventions auraient voulu qu'ils usent d'un subterfuge quelconque pour me dissimuler qu'ils voulaient parler de moi sans que je les entende. Heureusement, je ne me vexe pas facilement. Dave et Sonia le savent.

Dave est revenu seul. Son verre de bière avait été rempli.

— Combien de fois est-ce que ça t'est arrivé ? De disjoncter ?

— C'est la première fois avec Rosie.

— Tu l'as frappée ?

— Non.

J'aurais aimé ajouter « bien sûr », mais comment être certain de quelque chose quand le raisonnement logique est aboli par des émotions incontrôlées ? J'avais préparé un plan d'urgence et il avait fonctionné. C'était tout ce dont je pouvais me vanter.

— Tu l'as bousculée… ou autre chose ?

— Non. Il n'y a pas eu de violence. Contact physique nul.

— Don, là, je devrais te dire un truc du genre « Me prends pas pour un con », mais tu sais que ce n'est pas mon genre. Tu es mon ami, alors dis-moi la vérité, un point c'est tout.

— Tu es mon ami aussi, et du coup, tu sais que je suis incompétent en mensonge.

Dave a ri.

— C'est vrai. Mais si tu veux me convaincre, ça serait bien que tu me regardes dans les yeux.

J'ai regardé Dave dans les yeux. Ils étaient bleus. Un bleu étonnamment clair. Je ne l'avais pas remarqué avant, sans doute parce que je ne l'avais jamais regardé dans les yeux.

— Il n'y a pas eu de violence. Mais j'ai peut-être effrayé un voisin.

— Oh merde, c'était quand même mieux sans le côté psycho.

J'étais très ennuyé que Dave et Sonia imaginent que j'aurais pu agresser Rosie ; en même temps, j'éprouvais un certain réconfort en me disant que les choses auraient pu être pires et en constatant qu'ils se faisaient surtout du souci pour elle.

Sonia a agité le bras depuis l'entrée du bureau de Dave. Elle était au téléphone. Elle a levé le pouce à l'intention de Dave puis s'est mise à sauter en l'air, excitée comme une petite fille, tout en agitant sa main libre. Je n'y comprenais rien.

— Alors ça, a-t-elle crié. Rosie est enceinte !

L'agitation n'aurait pas été moindre s'il y avait eu tout à coup vingt personnes dans la pièce. Dave a trinqué avec moi, renversant de la bière, et a même passé son bras autour de mes épaules. Il a dû sentir que je me crispais, alors il l'a retiré, mais Sonia l'a imité et Dave m'a donné une claque dans le dos. J'avais l'impression d'être dans le métro à l'heure de pointe. Ils avaient l'air de penser que mon problème était un motif de réjouissances.

— Rosie est encore en ligne, m'a annoncé Sonia en me tendant le combiné.

— Ça va, Don ? m'a-t-elle demandé.

Elle se faisait du souci pour *moi*.

— Bien sûr. C'était un état passager.

— Don, excuse-moi. Je n'aurais pas dû te balancer ça comme ça. Tu rentres ? Il faut vraiment que je te parle. Mais Don, je ne veux pas que ce soit passager.

Rosie avait dû croire que je faisais allusion à *son* état – sa grossesse –, mais sa réponse m'a fourni une information vitale. En rentrant chez nous dans la camionnette de Dave, j'ai conclu qu'elle avait déjà décrété que cet état était une particularité plutôt qu'une anomalie.

Le jus d'orange m'en offrait une preuve supplémentaire. Elle ne voulait pas nuire à l'ovule fécondé. La masse d'informations à traiter était extraordinaire et mon cerveau fonctionnait à présent normalement, ou du moins comme j'y étais habitué. Le pétage de plombs était peut-être l'équivalent psychologique d'une réinitialisation à la suite d'une surcharge.

Malgré ma compétence croissante dans l'identification des signaux sociaux, j'ai bien failli en rater un qui émanait de Dave.

— Don, je voulais te demander un service, mais j'imagine qu'avec Rosie et tout ça…

Ma première pensée a été : « Excellent. » Puis j'ai compris que la deuxième partie de la phrase de Dave, et le ton sur lequel elle avait été prononcée, indiquaient qu'il souhaitait que je n'en tienne pas compte pour qu'il n'ait pas à se reprocher de me demander de l'aide à un moment où j'avais d'autres problèmes à régler.

— Penses-tu. C'est très volontiers.

David a souri. J'ai éprouvé une bouffée de plaisir. Quand j'avais dix ans, j'avais appris à rattraper un ballon après m'être exercé bien plus longtemps que mes camarades n'avaient eu à le faire. La satisfaction que j'avais ressentie chaque fois que je réussissais ce qui était pour d'autres un geste ordinaire était identique au sentiment que me procurait à présent l'amélioration de mes compétences sociales.

— Ce n'est pas grand-chose, a repris Dave. J'ai fini la cave à bière de l'Anglais de Chelsea.

— Une cave à bière ?

— Comme une cave à vin, sauf que c'est pour de la bière.

— Un projet plutôt conventionnel, non ? Le contenu ne devrait pas jouer un rôle majeur du point de vue de la réfrigération.

— Attends de l'avoir vue. En fait, cette installation a fini par lui coûter les yeux de la tête.

— Tu crois qu'il va discuter le prix ?

— C'est un boulot bizarre pour un type bizarre. Il doit être anglais et australien – vous devriez vous entendre tous les deux. Tout ce que je veux, c'est un peu de soutien moral. Pour qu'il n'essaie pas de m'entuber.

Dave s'est tu et j'ai mis ce silence à profit pour réfléchir. J'avais obtenu un répit. Rosie avait dû croire que je lui réclamais une pause pour examiner les conséquences de son annonce. Elle n'avait pas pris conscience du pétage de plombs concret et avait l'air très contente d'être enceinte.

Cela n'aurait pas forcément d'incidence immédiate sur moi. Je ferais mon jogging jusqu'au marché de Chelsea le lendemain, j'irais donner un cours d'aïkido au centre d'arts martiaux et écouterais les podcasts de *Scientific American* de la semaine précédente. Nous irions revoir l'exposition temporaire sur les grenouilles au musée d'Histoire naturelle et pour le dîner, je préparerais des sushis, des gyozas au potiron, de la soupe miso et des beignets de poisson blanc en fonction des recommandations des employés du Lobster Place. Je profiterais du « temps libre » que Rosie avait exigé que nous programmions pendant le week-end – et qu'elle affectait actuellement à la rédaction de sa thèse – pour aller voir le client de Dave. Je m'arrêterais à la boutique d'articles ménagers pour acheter un bouchon spécial et une pompe à vide afin de pouvoir conserver le vin que

Rosie aurait dû consommer si elle n'avait pas été enceinte et qui serait désormais remplacé par du jus de fruits.

À part la modification de la gestion des boissons, la vie serait inchangée. À l'exception de Gene, bien sûr. J'avais encore ce problème à régler. Vu les circonstances, il paraissait judicieux d'en retarder l'annonce.

Il était 21 h 27 quand Dave m'a déposé chez nous. Rosie s'est jetée à mon cou et s'est mise à pleurer. J'avais appris qu'il était préférable de ne pas chercher à interpréter immédiatement ce genre de comportement ni à prétendre éclaircir l'émotion précise qui s'exprimait de cette manière, malgré l'utilité évidente d'une telle information pour définir une réaction. J'ai préféré adopter la tactique conseillée par Claudia et calquer mon comportement sur celui du personnage de Gregory Peck dans *Les Grands Espaces*. Fort et silencieux. Ce n'était pas difficile pour moi.

Rosie s'est rapidement calmée.

— J'ai mis les coquilles Saint-Jacques et tout le bazar au four après avoir raccroché. Ça devrait aller.

C'était un énoncé erroné, mais je me suis dit que les dégâts ne seraient sans doute pas considérablement aggravés si nous les laissions une heure de plus.

J'ai repris Rosie dans mes bras. J'éprouvais une impression de bonheur euphorique, une réaction humaine caractéristique face à la disparition d'une terrible menace.

Nous avons mangé les coquilles Saint-Jacques une heure et sept minutes plus tard, en pyjama. Toutes les tâches programmées avaient été accomplies. À l'exception de l'annonce du Congé Sabbatique de Gene.

4.

Nous avions bien fait d'avancer notre rapport sexuel au vendredi soir. Le lendemain matin, au retour de mon marché-jogging, Rosie était nauséeuse. Je savais que c'était un symptôme courant pendant le premier trimestre de la grossesse et, grâce à mon père, je connaissais le mot juste pour le désigner. « Si tu dis que tu as mal au cœur, Don, les gens peuvent penser que tu souffres d'une maladie cardiaque. » Mon père est très pointilleux sur le bon usage du langage.

La science de l'évolution offre une excellente explication des vomissements matinaux en début de grossesse. Il s'agit d'une étape cruciale du développement du fœtus et, comme le système immunitaire de la mère est affaibli, il est essentiel qu'elle n'ingère pas de substances nocives. D'où un réglage plus fin de l'estomac qui lui fait rejeter les aliments impropres. J'ai recommandé à Rosie de ne pas prendre de médicament susceptible d'interférer avec ce processus naturel.

— Entendu, a acquiescé Rosie.

Elle était dans la salle de bains, cramponnée des deux mains à la vasque.

— Je laisserai la thalidomide dans le placard.

— Tu as de la thalidomide ?

— C'est une blague, Don, une blague.

J'ai expliqué à Rosie qu'un grand nombre de médicaments pouvaient franchir la barrière placentaire et lui ai cité un certain nombre d'exemples, accompagnés de la description des malformations qu'ils étaient susceptibles de provoquer. Je ne pensais pas que Rosie risquait d'en consommer certains et ne faisais que partager avec elle des informations intéressantes que j'avais lues bien des années auparavant, mais elle a fermé la porte. À cet instant, j'ai pris conscience de l'existence d'une substance nocive qu'elle avait indéniablement absorbée. J'ai rouvert la porte.

— Et l'alcool ? Tu es enceinte depuis quand ?

— À peu près trois semaines, je pense. J'arrête maintenant, c'est bon ?

Son ton suggérait qu'une réponse négative n'était pas appropriée. Nous n'en étions pas moins en présence d'un exemple stupéfiant des conséquences du manque de planification. Elles étaient suffisamment graves pour avoir inspiré leur propre désignation péjorative, dans un monde qui n'accorde pourtant pas à la planification la valeur qu'il devrait. Il s'agissait d'une *grossesse non planifiée*. Si nous avions planifié cette grossesse, Rosie aurait cessé de boire préventivement. Elle aurait également pu passer des examens médicaux pour évaluer les risques éventuels, et nous aurions tenu compte des recherches révélant que la qualité de l'ADN du sperme peut être améliorée grâce à des rapports sexuels quotidiens.

— Tu as fumé du tabac ? Ou de la marijuana ?

Cela faisait moins d'un an que Rosie avait arrêté de fumer et elle avait eu quelques rechutes, concomitantes le plus souvent avec la consommation d'alcool.

— Hé, arrête de me faire flipper, tu veux ? La réponse est non. Tu sais ce qui devrait plutôt t'inquiéter ? Les stéroïdes.

— Tu as absorbé des stéroïdes ?

— Tu veux rire ? Non, mais tu me stresses. Or le stress provoque la sécrétion de cortisol, une hormone stéroïdienne ; le cortisol franchit la barrière placentaire ; des taux élevés de cortisol chez les bébés sont associés à des tendances dépressives bien plus tard dans leur vie.

— Tu as fait des recherches sur le sujet ?

— Depuis cinq ans seulement. D'après toi, quel est mon sujet de thèse ?

Rosie est sortie de la salle de bains et m'a tiré la langue, un geste qui paraissait incompatible avec la prétention à l'autorité scientifique.

— Alors, ton boulot pendant les neuf mois à venir est de tout faire pour que j'évite de stresser. Répète après moi : « Rosie ne doit pas stresser. » Vas-y.

J'ai répété la phrase :

— Rosie ne doit pas stresser.

— Pour tout te dire, je suis un peu stressée, là, maintenant. Je sens mon taux de cortisol monter. Je me demande s'il ne me faudrait pas un massage pour me détendre.

Une autre question capitale se posait. J'ai essayé de l'aborder d'un ton qui ne soit pas générateur de stress tout en réchauffant l'huile de massage.

— Tu es sûre que tu es enceinte ? Tu as consulté un médecin ?

— Je suis en fac de médecine, tu te rappelles ? J'ai fait le test deux fois. Hier matin et puis juste avant de t'en parler. La probabilité d'une succession de deux faux positifs est voisine de zéro, professeur.

— Exact. Mais tu prenais des pilules contraceptives.

— J'ai dû oublier de la prendre. Ou bien alors tu es hyper-viril, c'est tout.

— Tu as oublié une fois ou plusieurs ?

— Comment veux-tu que je me rappelle ce que j'ai oublié ?

J'avais vu la boîte de pilules. C'était l'un des nombreux objets féminins qui avaient fait irruption dans mon univers quand Rosie s'était installée chez moi. Les plaques comportaient des petites bulles de plastique étiquetées en fonction du jour de la semaine. Le système paraissait ingénieux ; il m'avait tout de même semblé qu'un système de conversion avec un calendrier réel aurait pu être utile. J'avais imaginé une sorte de distributeur numérique équipé d'une alarme. Même sous sa forme existante, la présentation était manifestement conçue pour éviter toute erreur de la part de femmes beaucoup moins intelligentes que Rosie. Elle n'aurait pas dû avoir de difficulté à remarquer un oubli. Mais elle a changé de sujet.

— Je croyais que tu étais content d'avoir un bébé.

J'étais content comme je l'aurais été si le pilote d'un avion dans lequel je voyageais avait annoncé qu'il venait de réussir à faire redémarrer un des deux moteurs qui étaient tombés en panne. Satisfait d'apprendre que j'allais probablement m'en tirer vivant, mais ébranlé par l'événement en soi, et comptant bien expliquer, par une enquête approfondie, comment il avait pu se produire.

Apparemment, j'ai mis trop longtemps à répondre. Rosie a répété son énoncé.

— Hier soir, tu as dit que tu étais content.

Depuis le jour où Rosie et moi avions participé à une cérémonie de mariage dans une *église* en souvenir des origines irlandaises de la mère athée de Rosie – tandis que Phil, son père, avait, en la conduisant à l'autel, accompli un rituel qui ne pouvait que heurter la philosophie féministe de Rosie, qui elle-même portait une extraordinaire robe blanche avec un voile qu'elle avait bien l'intention de ne plus jamais remettre et que nous n'avions évité d'être pris sous une averse de petits bouts de papier de couleur que grâce à une disposition réglementaire (raisonnable au demeurant) –, j'avais appris que dans la vie conjugale, la raison devait fréquemment céder le pas à l'harmonie. J'aurais accepté les confettis s'ils avaient été autorisés.

— Bien sûr, bien sûr, ai-je approuvé, essayant de poursuivre une conversation rationnelle dépourvue d'affrontement tout en traitant mes souvenirs et en enduisant d'huile le corps nu de Rosie.

— Je me demandais simplement comment ça s'était passé. En tant que scientifique.

— C'était un samedi matin. Tu étais sorti, tu as apporté le petit déjeuner et tu as fait ton numéro de Gregory Peck dans *Vacances romaines*.

Rosie a ébauché son imitation personnelle. « Vous devriez toujours porter mes vêtements. »

— J'avais ma chemise ?

— Tu t'en souviens très bien. En effet. J'ai dû te dire de l'ôter.

Premier juin. Ce jour-là, ma vie avait changé. Encore une fois.

— Je n'aurais pas cru que ça marcherait du premier coup, a-t-elle poursuivi. J'avais pensé que ça risquait de prendre des mois, peut-être même des années, comme pour Sonia.

Rétrospectivement, le moment aurait été idéal pour parler de Gene à Rosie. Malheureusement, je n'ai pas tout de suite pris conscience qu'elle venait de reconnaître que l'échec contraceptif était délibéré, me donnant ainsi l'occasion de faire ma propre révélation. J'étais concentré sur le processus de massage.

— Tu es moins stressée ? ai-je demandé.

Elle a ri.

— Notre bébé est hors de danger. Provisoirement.

— Tu veux un café ? J'ai mis ton muffin aux myrtilles au réfrigérateur.

— Continue comme ça, c'est parfait.

J'ai continué, avec pour résultat net que le créneau entre le petit déjeuner et mon cours d'aïkido a disparu et que je n'ai pas eu la possibilité d'évoquer le Problème Gene. À mon retour, Rosie a suggéré que nous annulions la visite au musée pour qu'elle puisse continuer à travailler sur sa thèse. J'ai mis à profit le temps ainsi libéré pour entreprendre quelques recherches sur la bière.

Dave a arrêté sa camionnette devant un immeuble récent, entre la High Line et l'Hudson. J'ai découvert avec étonnement que la « cave » était en réalité une petite chambre située dans un appartement du trente-neuvième étage, immédiatement sous le logement du dernier étage auquel elle était affectée. Le reste de l'appartement du niveau inférieur était vide. Dave avait isolé la pièce avec des panneaux de réfrigération et installé un système de refroidissement complexe.

— J'aurais dû mieux isoler le plafond, a remarqué Dave.

Je l'ai approuvé. L'ensemble des frais nécessaires auraient été rapidement rentabilisés par les économies d'électricité réalisées. J'avais beaucoup appris sur la réfrigération depuis que je fréquentais Dave.

— Pourquoi tu ne l'as pas fait ?

— Le syndic de l'immeuble. Je pense qu'il aurait fini par céder, mais mon client n'est pas très regardant sur les dépenses courantes.

— Il doit être vraiment très riche. Ou vraiment très grand amateur de bière.

Dave a levé l'index.

— Les deux. Il a acheté deux appartements de quatre chambres à coucher : il se sert de celui-ci uniquement pour stocker sa bière.

Il a posé le doigt sur ses lèvres et j'ai identifié le signal conventionnel du silence et du secret. Un petit homme mince au visage anguleux et aux longs cheveux gris rassemblés en queue-de-cheval venait d'apparaître sur le seuil. J'ai estimé son IMC à vingt et son âge à soixante-cinq. Si j'avais dû deviner son métier, j'aurais dit plombier. S'il s'agissait d'un ancien plombier qui avait gagné au loto, il risquait d'être un client très exigeant.

Il parlait avec un accent anglais prononcé.

— Salut, Dave. Vous êtes venu avec votre pote ?

Le plombier m'a tendu la main.

— George.

Je l'ai serrée conformément au protocole, avec une pression équivalente à celle de George (moyenne).

— Don.

Une fois les formalités accomplies, George a inspecté la pièce.

— Vous la réglez à quelle température ?

Dave a donné une réponse dont j'ai déduit qu'elle était probablement fausse.

— Pour la bière, on la règle généralement à sept degrés Celsius.

George n'a pas eu l'air convaincu.

— Putain, vous voulez la geler ou quoi ? Si j'ai envie de boire une lager, je peux me servir du frigo d'en haut. Dites-moi un peu ce que vous savez sur la bière. L'ale.

Dave est extrêmement compétent, mais il acquiert ses connaissances par la pratique et l'expérience. Contrairement à lui, j'apprends plus efficacement par la lecture, ce qui explique qu'il m'ait fallu aussi longtemps pour devenir compétent en aïkido, en karaté et dans tous les aspects concrets de la confection de cocktails. L'expérience de la bière anglaise de Dave était probablement nulle.

J'ai répondu à sa place.

— Pour la bitter anglaise, la température recommandée se situe entre dix et treize degrés Celsius. Treize à quinze pour les porters, les stouts et autres ales foncées. Soit entre cinquante et cinquante-cinq virgule quatre degrés Fahrenheit pour la bitter et entre cinquante-cinq et cinquante-neuf Fahrenheit pour les ales foncées.

George a souri.

— Australien ?

— Exact.

— Vous êtes pardonné. Continuez.

Je me suis lancé dans un exposé des règles de la conservation idéale de l'ale. George a paru satisfait de mes connaissances.

— Futé, le mec, a-t-il remarqué.

Il s'est tourné vers Dave.

— J'apprécie les gens qui savent reconnaître leurs limites et se faire aider en cas de besoin. C'est donc Don qui va s'occuper de ma bière, n'est-ce pas ?

— Euh, pas vraiment, a répondu Dave. Don est plutôt un… consultant.

— Reçu cinq sur cinq. Combien ?

Dave possède une éthique très stricte en matière de pratique commerciale.

— Il faut que je calcule ça. Vous êtes satisfait de l'installation ?

Dave a désigné du doigt l'équipement de réfrigération, l'isolation et la plomberie qui passait à travers le plafond.

— Qu'est-ce que vous en pensez, Don ? a demandé George.

— Isolation insuffisante. La consommation électrique sera excessive.

— Ça m'est égal. J'ai déjà eu assez d'embrouilles avec le syndic. Il n'a pas apprécié que je perce le plafond. Je m'occuperai de ça au moment de l'installation de l'escalier hélicoïdal. (Il a ri.) Et à part ça, tout est correct ?

— Exact.

Je faisais confiance à Dave.

George nous a fait monter à l'étage supérieur. C'était un appartement incroyable, mais un pub anglais tout à fait conventionnel. Les cloisons qui séparaient trois chambres avaient été abattues pour créer un grand salon, meublé de plusieurs tables et chaises de bois. Il y avait aussi un bar équipé de six robinets reliés par des tuyaux à la cave à bière de l'étage inférieur, et un grand écran de télévision disposé en hauteur dans l'angle d'un mur. On avait même installé une estrade pour un orchestre ; le piano, la batterie et les amplificateurs étaient en place. George était très aimable et il est allé nous chercher des bières artisanales dans un des frigos du bar.

— Saloperie, a-t-il grommelé pendant que nous les buvions sur le balcon qui donnait, au-delà de l'Hudson, sur le New Jersey. La bonne camelote devrait être là lundi. Elle est arrivée par le même bateau que nous.

George est rentré dans l'appartement d'où il est revenu avec une sacoche de cuir.

— Bon, allez-y pour les mauvaises nouvelles, a-t-il lancé à Dave, qui a interprété cette phrase comme une demande de facture et lui a tendu une feuille de papier pliée.

George y a jeté un rapide coup d'œil puis a sorti de sa sacoche deux grosses liasses de billets de cent dollars. Il en a donné une à Dave et a prélevé trente-quatre autres billets de la seconde.

— Treize mille quatre cents. Le compte est bon. Pas la peine de donner du boulot au fisc. (Il m'a remis sa carte.) N'hésitez pas à m'appeler si vous avez un problème, Don.

George avait clairement fait savoir qu'il voulait que je contrôle sa cave matin et soir, au moins pendant les premières semaines. Dave avait besoin de ce contrat. Il avait renoncé à un emploi stable pour monter sa propre entreprise avant la grossesse de Sonia et ne gagnait pas beaucoup d'argent. Récemment, il avait même manqué des fonds nécessaires à l'achat de billets pour assister aux matchs de baseball. Sonia avait l'intention d'arrêter de travailler après la naissance du bébé, et celui-ci représenterait une source de dépenses.

Comme Dave était mon ami, je n'avais donc pas le choix. J'allais devoir modifier mon emploi du temps pour y intégrer un détour biquotidien par Chelsea.

Quand je suis arrivé devant mon immeuble, je me suis fait intercepter par le gardien, que je prenais généralement soin d'éviter en raison de la probabilité d'une plainte quelconque.

— Monsieur Tillman, nous avons reçu une plainte sérieuse d'un de vos voisins. Il semblerait que vous l'ayez agressé.

— Inexact. C'est lui qui m'a agressé et j'ai répondu par une prise d'aïkido à très faible impact pour éviter tout risque de blessure, pour lui comme pour moi. Par ailleurs, il a teint les sous-vêtements de ma femme et il l'a insultée.

— Donc, vous l'avez agressé.

— Inexact.

— Je ne vois pas où est l'inexactitude. Vous venez de me dire que vous lui aviez fait une prise de karaté.

Je m'apprêtais à argumenter mais, sans me laisser le temps de dire quoi que ce soit, il s'est lancé dans un long discours.

— Monsieur Tillman, nous avons une liste d'attente longue comme ça de gens qui aimeraient bien obtenir un appartement dans cet immeuble. (Il a écarté les mains dans un geste probablement censé prouver son affirmation.) Si nous vous expulsons, votre appartement sera occupé par un autre locataire, un locataire *normal*, dès le lendemain. Ce n'est pas une menace en l'air : je vais immédiatement en parler aux propriétaires. Nous n'avons pas besoin de cinglés par ici, monsieur Tillman.

5.

La communication sur Skype du samedi soir avec ma mère depuis Shepparton a été établie, conformément au programme, à dix-neuf heures, heure d'été de l'Est ; neuf heures du matin, heure normale de l'est de l'Australie.

La quincaillerie familiale survivait ; mon frère Trevor aurait bien fait de sortir davantage et de se trouver quelqu'un comme Rosie ; mon oncle était apparemment en rémission, Dieu merci.

J'ai pu rassurer ma mère en lui disant que nous étions en pleine forme Rosie et moi, que mon travail marchait bien aussi et que tous les remerciements relatifs à l'amélioration du pronostic de mon oncle devaient s'adresser à la science médicale plutôt qu'à une divinité qui avait sans doute permis que mon oncle ait un cancer. Ma mère a précisé que ce n'était qu'une expression et qu'elle ne cherchait pas à apporter une preuve scientifique de l'existence d'un Dieu interventionniste, Dieu l'en préserve, ce qui n'était également qu'une expression, Donald. Nos conversations n'avaient pas beaucoup changé en trente ans.

La préparation du dîner m'a pris du temps, car les sushis mixtes comportaient un nombre substantiel d'éléments, et au moment où nous nous sommes assis pour manger, Rosie et moi, je ne lui avais toujours pas communiqué l'information concernant Gene.

Mais Rosie avait envie de parler de sa grossesse.

— J'ai regardé sur Internet. Tu te rends compte que le bébé ne mesure même pas un centimètre ?

— Le terme de *bébé* est fallacieux. Il a à peine dépassé le stade du blastocyste.

— Si tu t'imagines que je vais parler du blastocyste, tu te trompes.

— De l'embryon alors. Ce n'est pas encore un fœtus.

— Fais gaffe, Don. Je ne le répéterai pas deux fois. Je n'ai pas l'intention de me farcir quarante semaines de commentaires techniques.

— Trente-cinq. Le temps de gestation se mesure conventionnellement à partir de deux semaines avant la conception, et notre estimation la plus probable est que l'événement en question s'est produit il y a trois semaines, à la suite de l'imitation de *Vacances romaines*. Ce qui doit encore être confirmé par un médecin professionnel. Tu as pris rendez-vous ?

— Je sais que je suis enceinte depuis hier, c'est tout. De toute façon, pour moi, c'est un bébé. Un bébé potentiel, si tu préfères.

— Un bébé en développement.

— En effet.

— Parfait. Nous pouvons donc l'appeler le Bébé En Développement. BED.

— Bède ? Comme Bède le Vénérable ? Arrête, c'est un bébé, pas un moine de soixante-dix ans ! En plus, rien ne nous dit que ce sera un garçon.

— Il n'y a qu'à parler de Bébé Humain en Développement, BHUD, diminutif : Bud. Toute question de genre mise à part, il y a statistiquement de très fortes probabilités pour que Bud atteigne l'âge de soixante-dix ans, à supposer que son développement se passe comme il faut, que sa naissance se déroule sans problème et qu'il ne se produise aucune évolution majeure de l'environnement sur lequel se fondent les statistiques, tels qu'holocauste nucléaire, chute de météorite du genre de celle qui a provoqué l'extinction des dinosaures…

— … risque de périr d'ennui en écoutant discourir son père. Ça n'en reste pas moins un nom masculin.

— Je te rappelle qu'en anglais, « bud » désigne aussi un élément végétal. Une excroissance qui donne naissance à la fleur. Les fleurs sont considérées comme étant du genre féminin. Ton nom possède un lien avec une fleur. « Bud » est parfait. Mécanisme reproductif de la fleur. Rosebud – bouton de rose. *Rosie*bud…

— C'est bon, c'est bon. Je me disais que le *bébé*, au futur, pourrait dormir au salon. Jusqu'à ce que nous puissions déménager dans un plus grand appartement.

— Bien sûr. Il faudra acheter un lit pliant pour Bud.

— Quoi ? Mais enfin, Don, les bébés dorment dans des berceaux.

— Je pensais à plus tard. Quand il sera assez grand pour dormir dans un lit. On pourrait en acheter un tout de suite. Pour être prêts. Et si nous passions au magasin de lits demain ?

— Nous n'avons pas besoin de lit. Pour le moment, nous n'avons même pas encore besoin d'acheter de berceau. Attendons d'abord d'être sûrs que tout se passe bien.

Je me suis versé le reste du pinot gris de la veille au soir en regrettant qu'il n'en reste pas plus dans la bouteille. J'ai préféré renoncer à toute subtilité.

— Nous aurons besoin de ce lit pour Gene. Claudia et lui se sont séparés. Il a obtenu un poste à la Columbia et logera chez nous jusqu'à ce qu'il ait trouvé autre chose.

C'était l'élément du Congé Sabbatique de Gene qui avait peut-être fait l'objet d'une analyse insuffisante. J'aurais sans doute dû consulter Rosie avant de proposer à Gene de l'héberger. Mais il paraissait raisonnable qu'il habite chez nous pendant qu'il se cherchait un appartement. Nous accueillerions un sans-abri.

Je suis parfaitement conscient de mon inaptitude à prédire les réactions humaines. J'aurais pourtant été prêt à parier sur le premier mot que Rosie prononcerait en apprenant la nouvelle. Exact, multiplié par six.

« Merde. Merde, merde, merde, merde, merde. »

J'avais également prévu qu'elle finirait par accepter ma proposition. Malheureusement, j'avais tort. Au lieu de briser progressivement sa résistance, ma série d'arguments a apparemment eu l'effet inverse. Mon argument massue lui-même – Gene était la personne la plus qualifiée *sur toute la planète* pour l'aider à terminer sa thèse – a été repoussé pour des motifs essentiellement émotionnels.

— Pas question. Absolument pas question que ce *porc* narcissique, menteur, misogyne, sectaire, dénué de toute rigueur scientifique dorme sous notre toit.

Je trouvais injuste d'accuser Gene de manquer de rigueur scientifique, mais quand j'ai entrepris de dresser la liste de ses références universitaires, Rosie est entrée dans notre chambre et a refermé la porte derrière elle.

J'ai cherché la carte de George pour noter ses coordonnées dans mon carnet d'adresses. Elle comprenait le nom d'un groupe : les Dead Kings. À ma grande surprise, je l'ai reconnu. Mes goûts musicaux ayant été essentiellement façonnés par la collection de disques de mon père, je connaissais bien ce groupe de rock anglais dont la musique avait été populaire à la fin des années 1960.

Selon Wikipédia, les Dead Kings s'étaient reconstitués en 1999 pour accompagner des croisières sur l'Atlantique. Deux des membres d'origine étaient morts, mais ils avaient été remplacés. George était batteur. Il avait beau avoir collectionné les mariages – quatre – les divorces – quatre – et les enfants – sept –, il paraissait être, toutes proportions gardées, le membre psychologiquement le plus stable du groupe. Son profil ne mentionnait pas sa passion pour la bière.

Quand je suis allé me coucher, Rosie dormait déjà. J'avais établi une liste complémentaire des avantages d'une cohabitation avec Gene, mais il ne m'a pas paru judicieux de la réveiller.

Contrairement à son habitude, Rosie s'est levée avant moi, sans doute parce qu'elle avait commencé son cycle de sommeil avant l'heure habituelle. Elle avait fait du café dans la cafetière à piston.

— Il vaut sans doute mieux que je ne boive pas d'expresso, a-t-elle expliqué.

— Pourquoi ?

— Trop de caféine.

— En réalité, la préparation de la cafetière à piston contient un taux de caféine à peu près deux fois et demie supérieur à celui d'un expresso.

— Et merde ! Moi qui voulais bien faire…

— Ce ne sont que des valeurs approximatives. Les expressos que je prends chez Otha's représentent l'équivalent de trois petites tasses. Alors que le café que tu viens de préparer est inhabituellement faible, sans doute en raison de ton manque d'expérience.

— Très bien, tu sais qui le fera la prochaine fois.

Rosie souriait. J'ai pensé que c'était un bon moment pour présenter mes quelques arguments complémentaires en faveur de la venue de Gene. Elle ne m'en a pas laissé le temps.

— Don, à propos de Gene. Je sais que c'est ton ami. Je comprends parfaitement que tu veuilles être sympa avec lui. Peut-être même que si je ne venais pas d'apprendre que je suis enceinte… Mais voilà. Je ne te le dirai qu'une fois et ensuite, on pourra recommencer à vivre normalement : nous n'avons pas la place d'héberger Gene. Un point, c'est tout.

J'ai classé mentalement la formule « un point c'est tout » parmi les techniques utiles pour mettre fin à une conversation, mais Rosie y a apporté un démenti quelques secondes plus tard, au moment où je m'apprêtais à sortir du lit.

— Hé toi ! Il faut que je rédige aujourd'hui, mais je t'attends au tournant ce soir. Tu vas te prendre une sacrée branlée. Embrasse-moi.

Elle m'a attiré vers elle et m'a embrassé. Comment imaginer que l'on puisse déduire l'état émotionnel d'une personne à partir d'une série de messages aussi incohérente ?

En réfléchissant à mon interaction avec Rosie, j'ai conclu que son allusion à la branlée qui m'attendait était métaphorique et devait être interprétée positivement. Nous avions pris l'habitude de rivaliser d'efficacité à L'Alchimiste. Je considère généralement que l'introduction artificielle d'un élément de compétition dans les activités professionnelles est contreproductive, mais notre courbe de rendement avait été en hausse régulière. Quand nous étions au bar à cocktails, le temps passait très vite, un indice fiable du plaisir que cette occupation nous procurait. Malheureusement, il y avait eu un changement de propriétaire. Toute altération d'une situation optimale ne peut être que négative et le nouveau patron, qui s'appelait Hector mais que nous surnommions Pinard entre nous, en offrait une excellente démonstration.

Pinard avait approximativement vingt-huit ans, IMC estimé vingt-deux, il portait un bouc noir et des lunettes à grosse monture du genre qui m'avait autrefois fait passer pour un ringard mais qui était maintenant à la mode.

Il avait remplacé les petites tables par de longs établis, augmenté l'intensité de l'éclairage et changé sa carte des boissons, réduisant la place des cocktails au profit de vin espagnol destiné à accompagner son menu revu et corrigé, composé en tout et pour tout de paella.

Pinard venait de terminer un master de gestion, et je supposais que ses changements étaient conformes aux bonnes pratiques de l'industrie de la restauration. Il n'empêche que l'effet net avait été une baisse de la fréquentation et le licenciement consécutif de deux de nos collègues, que Pinard attribuait à des conditions économiques difficiles.

— Je suis arrivé juste à temps, disait-il. Souvent.

Nous nous sommes tenus par la main, Rosie et moi, pendant toute la partie pédestre du trajet jusqu'au quartier de Flatiron. Elle avait l'air d'excellente humeur, malgré son objection rituelle au port de l'uniforme noir et blanc que je trouvais, pour ma part, extrêmement séduisant. Nous sommes arrivés à 19 h 28, avec deux minutes d'avance sur l'horaire. Trois tables seulement étaient occupées ; il n'y avait personne au bar.

— Tip top chrono, a approuvé Pinard. Le rendement se mesure aussi à la ponctualité.

Rosie a parcouru du regard la salle presque déserte.

— Ça n'a pas l'air trop chaud ce soir.

— Ne crois pas ça, a répliqué Pinard. On a une réservation pour seize. À vingt heures.

— Je croyais qu'on ne prenait pas de réservations, ai-je remarqué. Il m'avait semblé comprendre que c'était la nouvelle règle.

— La nouvelle règle, c'est de faire du fric. Et ce sont des VIP. Des VVIP. Des amis à moi.

Vingt-deux minutes de plus se sont écoulées sans la moindre commande de cocktails en raison de l'absence de clientèle. Un groupe de quatre (âges estimés milieu de la quarantaine, IMC estimés entre vingt et vingt-huit) est arrivé et a pris place au bar, malgré tous les efforts de Pinard pour les diriger vers une table.

— Que puis-je vous servir ? a demandé Rosie.

Les deux hommes et les deux femmes ont échangé des regards. Incroyable que les gens aient besoin de l'avis de leurs amis ou de leurs collègues pour prendre une décision aussi banale. S'ils tenaient à avoir un conseil extérieur, cependant, mieux valait qu'il émane d'un professionnel. Il m'a paru judicieux d'intervenir.

— Je vous recommande les cocktails. C'est un bar à cocktails. Nous pouvons nous adapter à toutes les exigences et à tous les goûts répertoriés en matière d'alcools.

Pinard avait pris position au bar, à ma gauche, côté clients.

— Don se fera également un plaisir de vous présenter notre nouvelle carte des vins, a-t-il ajouté.

Rosie a posé un exemplaire fermé du document relié cuir sur le bar. Le groupe l'a ignoré. Un des hommes a souri.

— Les cocktails me tentent bien. Un whisky sour pour moi.

— Avec ou sans blanc d'œuf ? ai-je demandé conformément à ma responsabilité de négociateur des commandes.

— Avec.

— Sec ou avec de la glace ?

— *On the rocks.*

— Parfait.

J'ai crié à Rosie : « Un Boston sour avec de la glace ! », j'ai donné une claque sur le bar et mis en marche le chronomètre de ma montre. Rosie était déjà derrière moi, devant les étagères à bouteilles. Je savais qu'elle cherchait le whisky. J'ai posé un shaker sur le bar, j'ai ajouté une cuiller de glace pilée et coupé un citron en deux tout en sollicitant et en élucidant les trois commandes restantes. Je sentais le regard de Pinard posé sur nous. J'espérais qu'en tant que diplômé de gestion, il serait favorablement impressionné.

Le processus que j'avais imaginé et mis au point faisait le meilleur usage possible de nos compétences respectives. Ma base de données de recettes est bien meilleure, mais le niveau de dextérité de Rosie est supérieur au mien. On réalise d'appréciables économies d'échelle quand un seul individu se charge de presser tous les jus de citron requis ou de verser un alcool précis dans tous les verres. Il convient bien sûr d'identifier ce type de possibilités en temps réel, ce qui exige une grande agilité d'esprit et une certaine pratique. J'estimais tout à fait improbable que deux employés de bar préparant des cocktails individuels puissent obtenir d'aussi bons résultats.

Au moment où j'ai versé le troisième cocktail, un Cosmopolitan, Rosie se tapotait les doigts, car elle avait déjà fini de décorer le mojito. Elle m'avait foutu une branlée, au premier round en tout cas. Quand nous avons servi les cocktails d'un mouvement simultané de nos quatre bras, nos clients ont ri, puis applaudi. Nous étions habitués à cette réaction.

Pinard souriait aussi.

— Installez-vous donc à une table, a-t-il dit à nos consommateurs.

— On est très bien ici, a rétorqué l'Homme au Boston sour. (Il a siroté son cocktail.) Au moins, on profite du spectacle. C'est le meilleur whisky sour que j'aie jamais bu.

— Je vous en prie, asseyez-vous, je vais vous apporter des tapas. C'est la maison qui vous les offre.

Pinard a sorti quatre verres du râtelier.

— Vous avez vu *Indiana Jones et le temple maudit* ? nous a-t-il demandé.

J'ai secoué la tête.

— Eh bien Rosie et toi, vous m'avez rappelé la scène où l'agresseur de M. Jones fait une démonstration de ses talents au sabre.

Pinard a désigné nos clients qui buvaient leurs cocktails et a esquissé quelques mouvements probablement censés imiter le maniement de l'épée.

— Whouch, whouch, whouch, whouch, super impressionnant, quatre cocktails, soixante-douze dollars.

Pinard a attrapé une bouteille de vin rouge déjà ouverte.

— Flor de Pingus.

Il a rempli quatre verres et a fait un signe de la main, tendant son index et son pouce à un angle de quatre-vingt-dix degrés tout en repliant ses autres doigts.

— Bang, bang, bang, bang. Cent quatre-vingt-douze dollars.

— Pauvre con, a murmuré Rosie pendant que Pinard apportait les verres à un groupe de quatre personnes qui était arrivé pendant que nous préparions les cocktails. (Cette fois, son ton n'avait rien d'affectueux.) Tu as vu leurs tronches ?

— Ils ont l'air contents. L'argument de Pinard est valable.

— Bien sûr qu'ils sont contents. Ils n'ont rien commandé pour le moment. Tout le monde est content quand c'est la maison qui régale.

Rosie a rangé un grand verre sur le râtelier avec une énergie inutile. J'ai décelé de la colère.

— Je recommande que tu rentres à la maison, lui ai-je dit.

— Comment ? Non, non, tout va bien. J'en ai ras le bol, c'est tout. Pas de toi.

— Exact. Stressée. Sécrétion de cortisol, ce qui est préjudiciable à Bud. L'expérience m'incite à conclure à une forte probabilité que tu t'engages dans une interaction déplaisante avec Pinard et que tu sois stressée jusqu'à la fin de la soirée. Prendre sur toi serait également une source de stress.

— Tu me connais trop bien. Tu pourras te passer de moi ?

— Bien sûr. Il n'y a pas beaucoup de monde.

— Ce n'est pas ce que je voulais dire.

Elle a ri et m'a embrassé.

— Je vais dire à Pinard que je ne me sens pas bien.

Un groupe de dix-huit personnes est arrivé à 21 h 34 et il a fallu agrandir la table réservée, restée inutilisée pendant toute la soirée, pour qu'ils puissent tous s'asseoir. Plusieurs d'entre eux étaient visiblement en état d'ébriété. Une femme, âgée d'environ vingt-cinq ans, monopolisait l'attention. J'ai estimé automatiquement son IMC : vingt-six. À en juger par le volume et le ton de son élocution, j'ai calculé son taux d'alcoolémie à 0,1 gramme par litre.

— Elle est plus petite que je ne croyais. Et un peu plus grosse.

Jamie-Paul, notre collègue du bar, observait le groupe.

— Qui donc ?

— À ton avis ?

Il a désigné la Femme Bruyante.

— C'est qui ?

— Tu te fous de moi ?

Je ne me foutais pas de lui, mais Jamie-Paul ne m'a pas donné d'explications.

Quelques minutes plus tard, quand tous ont été assis, Pinard s'est approché de moi.

— Ils réclament l'allumé des cocktails. Je suppose que c'est toi.

Je me suis dirigé vers la table où j'ai été accueilli par un homme roux, d'un roux moins spectaculaire cependant que celui de Rosie. Le groupe semblait exclusivement constitué d'individus de vingt-cinq à trente ans.

— C'est vous, le type aux cocktails ?

— Exact. Je suis employé pour confectionner des cocktails. Que puis-je vous servir ?

— Vous êtes le type qui… euh… un cocktail pour chaque occasion, c'est ça ? Et vous retenez toutes les commandes par cœur ? C'est vous ?

— Il peut exister d'autres personnes dotées des mêmes compétences.

Il s'est adressé au reste de la table, très fort, car le niveau sonore ambiant était désormais élevé.

— D'accord, ce type… vous vous appelez comment ?

— Don Tillman.

— Salut, Dan, a dit la Femme Bruyante. Qu'est-ce que vous faites quand vous ne préparez pas de cocktails ?

— J'exerce plusieurs activités. Je suis employé comme professeur de génétique.

La Femme Bruyante a recommencé à rire, encore plus fort.

Le Rouquin a poursuivi.

— D'accord. Don est le roi des cocktails. Il a appris par cœur tous les cocktails du monde et il suffit que vous lui disiez bourbon et vermouth pour qu'il vous réponde martini.

— Manhattan. Un Américain à Paris, Boulevardier, Oppenheim, American Sweetheart ou encore Man o' War.

La Femme Bruyante a ri. Bruyamment.

— Mais c'est Rain Man ! Vous savez bien ! Dustin Hoffman, quand il retient toutes les cartes. Dan est le Rain Man des cocktails.

Rain Man ! J'avais vu le film. Je ne m'identifiais en rien à Rain Man, qui s'exprimait mal, était dépendant et incapable d'exercer un emploi. Une société de Rain Men aurait été dysfonctionnelle. Une société de Don Tillman serait efficace, sûre et agréable pour tous.

Quelques membres du groupe ont ri, mais j'ai préféré ignorer le commentaire, comme j'avais ignoré l'erreur de nom. La Femme Bruyante était en état d'ébriété et serait certainement embarrassée si elle voyait une vidéo d'elle plus tard.

Le Rouquin a repris.

— Don va choisir un cocktail qui correspondra à tout ce que vous voudrez, ensuite il va mémoriser les commandes de tout le monde, les apporter et les poser devant la bonne personne. D'accord, Don ?

— À condition que vous ne changiez pas de place. Ma mémoire ne traite pas les visages aussi bien que les chiffres. (J'ai regardé le Rouquin.) Vous voulez commencer le processus ?

— Vous avez un truc avec de la tequila et du bourbon ?

— Je recommande une Highland Margarita. Le nom sous-entend la présence de whisky écossais, mais l'utilisation de bourbon constitue une variante attestée par de nombreuses sources.

— D'accoooord ! a hurlé le Rouquin comme si je venais de marquer un point, remportant ainsi la partie à la fin de la neuvième manche.

Je n'avais encore accompli qu'un dix-huitième de ma mission. J'ai donc préféré me concentrer sur les commandes plutôt que sur l'élaboration d'une analogie de baseball détaillée autour de ce chiffre intéressant. Elle pourrait attendre ma prochaine soirée avec Dave.

Le voisin du Rouquin voulait quelque chose comme une margarita mais qui ressemble plus à un long drink sans être une simple margarita on the rocks ou une margarita à l'eau de Seltz mais un machin – vous voyez ce que je veux dire – différent, susceptible d'en faire une création vraiment unique. J'ai recommandé une paloma confectionnée avec du jus de pamplemousse et servie dans un verre au bord glacé au sel fumé.

C'était maintenant au tour de la Femme Bruyante. J'ai eu beau l'observer attentivement, j'ai été incapable de l'identifier. Ce qui n'était pas incompatible avec son éventuelle célébrité. Je ne m'intéresse pas beaucoup à la culture populaire. Et même si elle avait été une éminente généticienne, je ne pense pas que j'aurais connu son visage.

— OK, Dan Ray Man. Préparez-moi un cocktail qui exprime ma personnalité.

Cette suggestion a été accueillie par une manifestation d'approbation assourdissante. Malheureusement, je n'étais pas en mesure de satisfaire cette requête.

— Je regrette, mais je ne sais rien de vous.

— Vous me faites marcher. Pas vrai ?

— Faux.

J'ai essayé de trouver une manière polie de l'interroger sur sa personnalité.

— Quelle est votre profession ?

Tout le monde a ri, sauf la Femme Bruyante qui a eu l'air de réfléchir à ce qu'elle allait me répondre.

— C'est bon. Je suis actrice et chanteuse. Et je vais vous dire autre chose. Tout le monde croit me connaître, mais personne ne me connaît vraiment. Et maintenant, mon cocktail, c'est quoi, Dan Rain Man ? La Mystérieuse Chanteuse peut-être ?

Je ne connaissais aucun cocktail de ce nom, ce qui voulait probablement dire qu'elle l'avait inventé pour impressionner ses amis. Mon cerveau est remarquablement efficace quand il s'agit de rechercher un cocktail à partir de ses ingrédients, mais il est très fort aussi pour trouver des schémas inhabituels. La combinaison des deux professions et la description que la Femme Bruyante m'avait donnée d'elle-même se sont associées pour me suggérer une solution sans effort délibéré.

Un Two-Face Cheater, un Hypocrite.

J'allais lui en faire part quand j'ai pris conscience d'un obstacle – un obstacle qui me mettait en danger de contrevenir à mes obligations juridiques et morales de titulaire d'un Certificat de formation et de sensibilisation aux problèmes de l'alcool délivré par le service des spiritueux de l'État de New York. Je me suis repris immédiatement.

— Je vous recommande une Virgin Colada.

— Qu'est-ce que ça veut dire ? Vous me prenez pour une vierge ?

— En aucun cas.

Tout le monde a ri. J'ai développé.

— C'est comme une Piña Colada, mais sans alcool.

— Sans alcool. Et *ça*, ça veut dire quoi ?

La conversation prenait un tour inutilement compliqué. Il était plus facile d'aller droit au but.

— Êtes-vous enceinte ?

— Pardon ?

— La consommation d'alcool n'est pas recommandée aux femmes enceintes. Si vous êtes simplement en surpoids, je peux vous servir un cocktail alcoolisé, mais il est essentiel que ce point soit éclairci préalablement.

Dans le métro de 21 h 52 qui me ramenait chez moi, je me suis demandé si mon jugement avait été affecté par l'état de Rosie. Je n'avais encore jamais supposé qu'une cliente était enceinte. Peut-être la Femme Bruyante était-elle *vraiment* simplement en surpoids. Devais-je intervenir dans la décision d'une inconnue de consommer de l'alcool dans un pays qui fait si grand cas de l'autonomie et de la responsabilité individuelles ?

J'ai dressé mentalement la liste des problèmes qui s'étaient accumulés au cours des cinquante-deux dernières heures et exigeaient désormais une solution rapide :

1. Modification de mon emploi du temps pour intégrer des inspections biquotidiennes de la cave à bière.
2. Problème de l'Hébergement de Gene.
3. Problème de la Lessive de Jérôme, qui s'était aggravé.
4. Menace d'expulsion due à (3).
5. Hébergement d'un bébé dans notre petit appartement.
6. Règlement de notre loyer et autres factures maintenant que Rosie et moi avions tous les deux perdu notre emploi à temps partiel à la suite de mes actions.

7. Nécessité de révéler (6) à Rosie sans provoquer de stress pour éviter les effets toxiques associés du cortisol.

8. Risque de rechute du pétage de plombs et conséquences néfastes irréversibles pour ma relation avec Rosie à la suite de tous les points susmentionnés.

Résoudre un problème prend du temps. Or mon temps était limité. La bière serait livrée sous vingt-quatre heures, le gardien m'aborderait probablement avant le lendemain soir et Jérôme pouvait lancer une opération de représailles à tout moment. Gene allait bientôt arriver et Bud serait là dans trente-cinq semaines seulement. Il fallait que je trouve le moyen de trancher le nœud gordien : une unique intervention qui résoudrait d'un coup l'essentiel voire la totalité des problèmes.

Quand je suis arrivé à la maison, Rosie dormait et j'ai décidé de consommer un peu d'alcool pour stimuler ma réflexion créative. Au moment où je réorganisais le contenu du réfrigérateur pour accéder à la bière, j'ai trouvé la réponse. Le frigo ! Nous aurions un plus grand frigo et tous les autres problèmes seraient réglés.

J'ai téléphoné à George.

6.

Il est généralement admis que les gens apprécient les surprises : ce qui explique les traditions liées à Noël, aux anniversaires et autres fêtes. D'après mon expérience, l'essentiel du plaisir revient à l'auteur de la surprise, alors que la victime est souvent obligée de feindre, à l'improviste, une réaction positive à un objet indésirable ou à un événement imprévu.

Rosie tenait à ce que nous respections la tradition des cadeaux, mais elle avait toujours témoigné d'une remarquable perspicacité dans ses choix. Mes collègues avaient déjà fait des commentaires extrêmement favorables sur les chaussures qu'elle m'avait offertes pour mes quarante et un ans et que je mettais désormais pour aller travailler à la place de mes tennis qui avaient rendu l'âme.

Rosie prétendait apprécier les surprises, au point de dire « Fais-moi la surprise » quand je lui demandais son avis sur les réservations à prendre pour une pièce de théâtre, un concert ou un restaurant. Et voilà que je m'apprêtais à lui faire une surprise qui éclipserait toutes les précédentes, exception faite de la révélation de l'identité de son père biologique et de l'offre d'une bague de fiançailles.

Se livrer à une supercherie provisoire pour accentuer l'effet de surprise est considéré comme acceptable.

— Tu viens, Don ? m'a demandé Rosie le lendemain matin, au moment de partir.

Bien que théoriquement en congé, elle continuait à se rendre à la Columbia en semaine pour travailler sur sa thèse, car elle se sentait « comme un lion en cage » quand elle restait à l'appartement.

Elle portait une robe courte à pois bleus qu'elle avait dû acheter récemment, me semblait-il. Sa ceinture, également bleue, était plus large que nécessaire pour remplir sa fonction supposée : souligner ses formes. L'effet global était positif, davantage parce que la robe révélait les jambes de Rosie que par les qualités esthétiques de cette tenue.

J'avais renoncé à me déplacer avec mon nouveau vélo et je l'accompagnais en métro pour allonger notre temps de contact. Il a fallu que je me fasse la leçon : la supercherie est provisoire et permet d'accentuer l'effet de surprise ; les surprises sont positives ; Rosie ne m'avait pas révélé à l'avance notre excursion à la Smithsonian pour le week-end de mon anniversaire. Je me suis réfugié dans la salle de bains pour empêcher Rosie d'interpréter mon langage corporel.

— Je suis un peu en retard. Je prendrai le prochain métro, ai-je dit.

— Tu es *quoi* ?

— En retard. Ce n'est pas grave. Je n'ai pas de cours aujourd'hui.

Ces trois énoncés étaient exacts en théorie, mais le premier était fallacieux. J'avais l'intention de prendre toute une journée de congé.

— Ça va, Don ? C'est cette histoire de grossesse qui te tourneboule ?

— De quelques minutes, c'est tout.

Rosie m'avait rejoint à la salle de bains et observait un élément de son visage dans le miroir.

— Je vais t'attendre.

— Inutile. En fait, je me demande si je ne vais pas prendre mon vélo. Pour rattraper mon retard.

— Hé, mais c'est que je veux te parler, moi ! On n'a presque rien pu se dire de tout le week-end.

Elle avait raison : le week-end avait été perturbé, ce qui avait eu pour effet de réduire la communication. J'ai commencé à formuler une réponse, mais maintenant que j'étais en mode supercherie, j'avais du mal à mener une conversation normale.

Heureusement, Rosie a renoncé sans que j'aie à argumenter davantage.

— D'accord. Mais appelle-moi pour déjeuner, si tu veux.

Elle m'a embrassé sur la joue, elle a fait demi-tour et a quitté notre appartement pour la dernière fois.

Dave est arrivé avec sa camionnette huit minutes plus tard. Il fallait faire vite parce qu'on l'attendait à la Cave Aérienne pour réceptionner l'ale anglaise.

Il nous a fallu cinquante-huit minutes pour emballer les meubles et les plantes. Je me suis ensuite attaqué à la salle de bains. J'ai été étonné par le nombre de produits de beauté et de substances chimiques aromatiques que possédait Rosie. Il aurait sans doute été insultant que je lui explique qu'au-delà de l'utilisation occasionnelle spectaculaire de rouge à lèvres ou de parfum (qui s'atténuait rapidement par suite d'absorption, d'évaporation ou d'habituation), je n'avais jamais remarqué la moindre différence visible. Rosie me satisfaisait sans aucune modification.

Malgré leur quantité, les produits chimiques tenaient dans un unique sac poubelle. Pendant que nous rangions, Dave et moi, le reste du contenu de l'appartement dans les valises de Rosie ainsi que dans des cartons et des sacs en plastique complémentaires, j'ai été stupéfait par l'incroyable quantité de *machins* que nous avions accumulés depuis notre arrivée. Je me suis rappelé un énoncé de Rosie avant notre départ de Melbourne.

— Je laisse tout le bazar. Je n'emporte presque rien.

Elle avait ensuite contredit cet énoncé en emportant *trois valises*, mais son intention était claire : déménager était une excellente occasion de faire le tri dans ses possessions. J'ai décidé de renoncer à tout ce qui n'était pas vital pour nous et je me suis rappelé un conseil que j'avais lu dans une revue, dans la salle d'attente du dentiste, le 5 mai 1996 : « Si vous ne l'avez ni porté ni utilisé depuis six mois, c'est que vous n'en avez pas besoin. » Le principe paraissait raisonnable et j'ai entrepris de le mettre en pratique.

Dave m'a accompagné au bureau pour rendre la clé. Celle de Rosie devrait être restituée plus tard. Nous avons été accueillis par le gardien, qui s'est montré désagréable, comme d'habitude.

— J'espère que vous ne venez pas vous plaindre de quelque chose, monsieur Tillman. Je n'ai pas oublié que je devais parler au propriétaire.

— Inutile. Nous partons. (Je lui ai remis la clé.)

— Comment ça ? Sans préavis ? Vous devez donner un préavis d'un mois.

— Vous m'avez fait comprendre que j'étais un locataire indésirable qu'il serait facile de remplacer dès demain par un locataire désirable. Il m'a semblé que c'était une bonne solution pour tout le monde.

— Si vous êtes prêt à payer un mois de loyer pour rien, libre à vous.

Il a ri.

— Cela ne me paraît pas raisonnable. Si un nouveau locataire occupe l'appartement, vous toucherez un double loyer pendant un mois.

— Ce n'est pas moi qui fais les règles, monsieur Tillman. Parlez-en au propriétaire si vous voulez.

J'avais conscience d'être contrarié. La journée allait inévitablement inclure un taux élevé de stress, dû en premier lieu à la nécessité de renoncer aux activités programmées pour le lundi. Le moment était venu d'exercer mes aptitudes à l'empathie. Pourquoi le gardien était-il toujours aussi désagréable ? La réponse n'exigeait pas une longue réflexion. Il avait régulièrement affaire à des locataires qui venaient se plaindre de problèmes qu'il n'était pas en mesure de résoudre en raison de son statut inférieur et de la mauvaise volonté de la société à qui appartenait l'immeuble. Il se trouvait donc en présence de situations conflictuelles permanentes. À lui seul, son statut inférieur lui faisait courir un risque accru de coronaropathie par suite d'un taux excessif de cortisol. Le pire métier du monde. Soudain, j'ai eu pitié de lui.

— Je suis désolé de vous mettre dans l'embarras. Pourriez-vous me mettre en relation avec le propriétaire, s'il vous plaît ?

— Vous voulez parler au propriétaire ?

— Exact.

— Bonne chance.

Incroyable. Un simple exercice d'empathie avait suffi à faire basculer le gardien dans mon camp, au point qu'il me souhaitait bonne chance. Il a passé un coup de fil.

— J'ai le locataire du 204 avec moi. Il part… maintenant, aujourd'hui même… c'est ça, sans préavis… et s'imagine qu'on va lui rendre sa caution.

Il a ri et m'a tendu le combiné. Dave me l'a pris des mains.

— Laisse-moi faire.

La voix de Dave a changé. Son ton était difficile à décrire mais c'était un peu comme si on avait fait jouer à Woody Allen le rôle de Marlon Brando dans *Le Parrain*.

— Mon ami m'a fait part d'un problème touchant la réglementation en matière de climatisation. Il n'est pas impossible que les normes de sécurité ne soient pas parfaitement respectées.

Il y a eu un instant de silence.

— Inspecteur certifié de systèmes de climatisation, a repris Dave. Vous avez des unités autonomes sur tout l'immeuble comme des verrues sur un crapaud. En l'absence de plainte, nous renoncerons à intervenir, mais le cas échéant, nous serons obligés d'inspecter tout ce foutu bâtiment. J'imagine que si mon ami est obligé de payer un mois de loyer supplémentaire, il risque fort de se décider à porter plainte. Ce qui pourrait vous coûter un paquet. Mais peut-être préférerez-vous le laisser partir. Avec son dépôt de garantie.

Il y a eu un nouveau silence, plus long. Le visage de Dave a exprimé la déception. Peut-être la métaphore des « verrues sur un crapaud » avait-elle troublé le propriétaire. Les crapauds sont censés *causer* des verrues, pas en *avoir*. Il m'a tendu le combiné.

— Vous avez fini ? a dit une voix masculine au bout du fil.

— Salutations.

— Et merde, c'est vous. Alors vous partez ?

J'ai reconnu la voix. Ce n'était pas le propriétaire. C'était l'employé auquel j'avais souvent eu affaire à propos de problèmes dont le propriétaire était contractuellement responsable mais dont le gardien estimait qu'ils n'étaient pas de son ressort : la stabilité de la température, la rapidité de la connexion Internet, la régularité des exercices d'évacuation. *Et caetera.*

— Exact. En fait, j'ignorais jusqu'à présent le problème de conformité du système de climatisation. Cela me paraît extrêmement grave. Je recommande…

— Laissez tomber. Faites un saut jusqu'ici. Je prépare votre chèque. Il vous attendra.

— Et la climatisation ?

— Laissez tomber cette histoire de clim et nous vous remettrons une lettre de recommandation chaleureuse pour votre prochain propriétaire. Vous allez nous manquer, professeur.

Dans la camionnette, Dave avait les mains qui tremblaient.

— Il y a un problème ?

— Il faut que je mange quelque chose. J'ai horreur de faire ce genre de trucs. L'affrontement. Ce n'est pas mon fort.

— Tu n'avais pas besoin de…

— Si. Pas seulement pour ton loyer. Il faut que je m'entraîne. Les gens ont tendance à croire qu'ils peuvent me marcher sur les pieds.

George nous attendait, nous et la bière, quand nous sommes arrivés à la Cave Aérienne.

— Je suis épaté, a-t-il déclaré à Dave. Figurez-vous que Don se fait tellement de souci pour ma bière qu'il tient à dormir à côté d'elle.

— Ce n'est pas tellement à cause de la bière. C'est parce qu'il s'agit d'un logement de grand standing qui, autrement, resterait vacant.

— C'est l'adresse la plus chic de New York. Et en plus, vous l'avez à l'œil.

— Pas de loyer, pas de plaintes, a fait remarquer Dave.

Il s'exerçait à prendre sa voix de gros dur.

— Vous savez qu'on répète là-haut ? a demandé George. Ça fait du bruit. Et je vous préviens que l'isolation sonore, c'est du pipeau.

— Autrement dit, un logement impossible à louer, a conclu Dave.

Incroyable. Un appartement de trois chambres à coucher, plus une chambre froide, considéré comme impropre à la location à cause d'un problème de bruit occasionnel, facile à neutraliser grâce à des bouchons d'oreilles. George aurait aussi pu passer une annonce pour rechercher des locataires sourds.

George a haussé les épaules.

— Je n'ai pas le droit de le louer. Je l'ai acheté pour pouvoir loger les gosses. Si jamais il leur arrivait de venir à New York et d'avoir envie de voir leur père. Vous ne risquez pas grand-chose, en fait.

— Vous répétez souvent ?

George a ri.

— À peu près une fois par an. Mais qui sait, peut-être que la bière me donnera de l'inspiration.

Nous avons été interrompus par les livreurs qui apportaient six gros tonneaux de bière avec leurs supports. Un accident mineur s'est produit pendant le transport du dernier des six à travers le salon, avec pour conséquence le déversement d'un volume de liquide que j'ai estimé à une vingtaine de litres. Quand Dave a réussi à mettre la main sur des torchons et des serpillières, la bière avait imprégné la moquette.

— Désolé, a dit George. Pas de plaintes, vous vous rappelez ? J'ai un sèche-cheveux si ça peut vous rendre service.

Pendant que Dave séchait la moquette avec le sèche-cheveux de Rosie, j'ai commencé à déballer les sacs poubelle. La Cave Aérienne possédait trois salles de bains, ce qui était de toute évidence excessif. Comme celle qui n'était pas attenante à une chambre était assez vaste pour servir de bureau, j'y ai installé mon ordinateur et ma table de travail. Il ne restait plus de place pour mettre un siège, mais celui des toilettes était juste à la bonne hauteur. Je l'ai recouvert d'une serviette pour une question d'hygiène et de confort. Comme cela, je pourrais travailler toute la journée sans jamais avoir à sortir, sauf pour m'alimenter.

J'ai chassé de mon esprit le fantasme d'un isolement définitif. J'avais des tâches concrètes à accomplir dans un laps de temps limité.

J'ai réservé la plus grande chambre pour le bureau de Rosie et, avec l'aide de Dave, j'y ai disposé les plantes et les sièges excédentaires. J'ai choisi comme chambre à coucher conjugale la plus petite et la moins lumineuse des pièces. Dormir, ai-je expliqué à Dave qui émettait des objections, exige un espace minimal et la lumière est un inconvénient. Il restait encore quelques mètres carrés de sol inutilisés après l'installation du lit.

Nous avons fini à 18 h 27. Rosie quittait rarement la Columbia avant 18 h 30, pour éviter la foule du métro en pleine chaleur. Afin de maximiser l'effet de surprise, j'ai retardé l'annonce de notre changement de logement jusqu'au tout dernier moment. Quelques secondes après lui avoir envoyé mon texto, j'ai entendu un bruit en provenance de son sac à main – celui qu'elle emportait pour travailler à L'Alchimiste de préférence au plus grand, qu'elle prenait pour aller à l'université. Elle avait laissé son téléphone à la maison. Ce n'était pas la première fois : conséquence prévisible de la possession de plus d'un sac à main.

Dave est revenu de l'étage supérieur d'où il avait rapporté le sèche-cheveux de George et a proposé d'intercepter Rosie à notre ancien appartement.

— En attendant, tu ferais bien de te débarrasser de cette infection, a-t-il observé.

Je m'y étais déjà habitué, mais l'odeur de bière se mêlait désormais aux émanations âcres produites par le moteur du sèche-cheveux de Rosie quand il avait grillé. Celui de George était manifestement de meilleure qualité puisqu'il a duré presque trois fois plus longtemps. Je me suis dit que du poisson à forte odeur serait approprié pour masquer la puanteur, tout en résolvant le problème du dîner.

J'étais chez le traiteur quand mon téléphone a sonné. Un numéro inconnu s'est affiché. C'était Rosie.

— Don, qu'est-ce qui s'est passé ? Le gardien ne veut pas me laisser entrer.

— Tu as oublié ton téléphone à la maison.

— Je sais. Je t'appelle sur celui de Jérôme.

— Jérôme ? Tu es en danger ?

— Non, non, il est désolé pour la lessive. Il est là, avec moi. Qu'est-ce que tu lui as dit ? (Elle ne m'a pas laissé suffisamment de temps pour répondre.) Que se passe-t-il ?

— Nous avons déménagé. Je te fais parvenir l'adresse par texto. Il faut que j'appelle Dave.

J'ai raccroché et ai envoyé sur le téléphone de Jérôme un texto avec l'adresse de notre nouvel appartement. Dave, Rosie, Jérôme, Gene, le poisson. Mon système multitâche avait atteint ses limites.

Le maquereau fumé était déjà au four et dégageait des arômes d'une intensité équivalente à celle de la bière éventée et des câbles électriques brûlés quand la sonnette a retenti. C'était Rosie. J'ai débloqué la porte d'entrée de l'immeuble et, approximativement trente secondes plus tard, elle a frappé.

— Pas la peine de frapper, ai-je fait remarquer. C'est notre appartement.

J'ai ouvert la porte théâtralement pour lui révéler le vaste salon.

Rosie a regardé autour d'elle, avant de se diriger tout droit vers les fenêtres pour regarder dehors. La vue ! Évidemment, Rosie s'intéressait aux vues. J'espérais que celle du New Jersey ne lui posait pas de problème.

— Oh la vache ! a-t-elle dit. Tu te fous de moi ! Combien ça coûte ?

— Rien.

J'ai sorti de ma poche la liste des attributs d'un appartement désirable que nous avions établie et je la lui ai tendue. Elle ressemblait au Questionnaire de l'Opération Épouse qui, malgré toutes les critiques de Rosie, nous avait indirectement rapprochés, à cette différence près, cette fois, que toutes les cases étaient cochées. L'appartement parfait. Manifestement, Rosie était du même avis. Elle a ouvert les portes-fenêtres donnant sur le balcon et a passé approximativement six minutes à regarder de l'autre côté de l'Hudson avant de rentrer.

— Qu'est-ce que tu prépares ? a-t-elle demandé. Du poisson ? Toute la journée, j'ai eu une envie maladive d'aliments fumés. Au point que je me suis demandé si ma grossesse n'allait pas m'inciter à me remettre à la cigarette. Ce qui est franchement bizarre. Du poisson fumé, c'est génial ! Tu l'as noirci au gril et fait cuire dans de la bière, c'est ça ? Ma parole, tu as dû lire dans mes pensées.

Elle a laissé tomber son sac sans téléphone par terre et m'a serré dans ses bras.

Je n'avais ni lu dans les pensées de Rosie, ni créé le désastre culinaire qu'elles avaient échafaudé. Mais il était parfaitement inutile d'amoindrir son bonheur. Elle s'est promenée dans l'appartement sans but manifeste pendant un moment, avant d'en entreprendre une exploration plus systématique, en commençant par sa salle de bains, un choix étrange en apparence.

— Don, mes produits de beauté ! Toutes mes affaires. Comment as-tu pu faire ça ?

— J'ai commis une erreur ?

— Bien au contraire. On dirait que… tout est exactement à la même place qu'avant. Dans la même position.

— J'ai pris des photos. Ton système était inintelligible. J'ai fait pareil pour tes vêtements.

— Tu as tout déménagé aujourd'hui ?

— Bien sûr. J'avais prévu de procéder à une certaine élimination, mais j'ai été incapable de me rappeler tout ce que tu avais porté au cours des six derniers mois. En général, je ne remarque pas tes vêtements. Du coup, j'ai été obligé de tout garder.

— C'est ici que tu as l'intention de travailler ? a-t-elle demandé quelques secondes après avoir ouvert la porte de mon bureau-salle de bains.

— Exact.

— Eh bien au moins, je ne risque pas d'envahir ton espace personnel. Dans la mesure où je ne saurai jamais quel usage tu es en train d'en faire.

Quand elle a découvert la cave à bière, je lui ai expliqué l'accord conclu avec George.

— C'est une sorte de home-sitting. Au lieu d'un enfant ou d'un chien, il a de la bière à garder. Que, contrairement à un enfant ou à un chien, on n'a pas besoin de nourrir.

— Apparemment, elle a quand même réussi à faire l'équivalent d'un pipi par terre.

J'avais oublié l'odeur. Les humains s'habituent rapidement à leur environnement. Je ne pensais pas que le bonheur à long terme de Rosie serait considérablement compromis si l'odeur de bière persistait. Inversement, il ne serait pas non plus significativement accru par le changement d'appartement. Pourvu que les besoins physiques élémentaires soient satisfaits, le bonheur humain est presque indépendant de la richesse. Exercer un emploi qui ait un sens est nettement plus important. Une journée d'Ivan Denissovitch consacrée à poser des briques en Sibérie engendrait probablement un plus haut niveau de bonheur que la journée d'une rock star à la retraite dans un luxueux appartement de Manhattan avec à sa disposition toute la bière qu'il était capable d'ingurgiter. Le travail était indispensable à la santé mentale. C'était sans doute la raison pour laquelle George continuait à se produire sur ce navire de croisière.

Rosie parlait toujours.

— C'est vrai qu'il n'y a pas de loyer à payer ?

— Exact.

— Dans ce cas, tu ne crois pas que je pourrais arrêter de bosser à L'Alchimiste ? Ce n'est plus comme avant. De toute façon, Pinard va sûrement me virer un de ces jours.

Incroyable. Notre licenciement collectif par Pinard se transformait en élément positif, ou du moins à impact nul. Une mauvaise nouvelle, susceptible de réduire le succès de ma journée, avait perdu toute importance.

— Nous n'avons qu'à laisser tomber tous les deux, ai-je répondu. Ce serait beaucoup moins amusant sans toi.

Rosie m'a encore serré dans ses bras. J'étais terriblement soulagé. Je m'étais engagé dans une opération majeure et à haut risque pour résoudre plusieurs problèmes à la fois, et c'était une réussite complète. J'avais tranché le nœud gordien.

La seule réaction négative de Rosie concernait, comme l'avait prévu Dave, l'affectation de la plus petite pièce à notre chambre à coucher. « Tu m'as laissé la plus grande chambre comme bureau, a-t-elle fini par reconnaître. Et nous aurons évidemment besoin d'une chambre à coucher supplémentaire. »

J'étais content qu'elle accepte ma solution au problème de Gene sans discuter. Je lui ai envoyé un texto pour lui annoncer la bonne nouvelle et lui donner notre adresse.

J'ai servi le poisson avec un chardonnay Reserve Robert Mondavi (moi) et du jus de céleri (Rosie). Je n'avais pas pris la peine d'acheter la pompe à vide pour le vin. Tout excédent pourrait être conservé au frais dans la cave à bière. Pendant les huit mois à venir, je boirais pour deux.

Rosie a levé son verre de jus, a trinqué avec moi puis, en quelques mots, m'a rappelé le problème, le problème qui était resté tapi derrière tous les autres.

— Et alors, professeur Tillman, quel effet ça vous fait d'être père ?

7.

Mes réflexions sur la paternité avaient suivi l'évolution suivante :

1. Avant dix-huit ans, je supposais que la paternité s'inscrirait dans mon existence selon le schéma le plus courant. Je n'avais pas étudié la question plus en détail.

2. À l'université, j'avais découvert mon incompatibilité avec les femmes et avais peu à peu renoncé à ce projet, par suite de l'improbabilité de trouver une partenaire.

3. J'avais rencontré Rosie, et la question de la paternité était revenue à l'ordre du jour. J'avais commencé par me demander si mon étrangeté générale ne risquait pas d'être une source d'embarras pour d'éventuels enfants, mais Rosie s'était montrée encourageante et s'attendait clairement à ce que nous nous reproduisions un jour ou l'autre. La création concrète d'enfants n'ayant pas été programmée, je n'y avais plus pensé.

4. Et puis un événement capital avait tout changé. J'avais eu l'intention d'en parler à Rosie, sans accorder pourtant de priorité à ce sujet, cette fois encore parce que rien n'avait été programmé, et aussi parce que cela donnait une mauvaise image de moi. À présent, en raison du manque de planification, un enfant était presque inévitable et j'avais omis de lui révéler une information de première importance.

Cet événement capital était l'Incident du Thon Rouge. Il ne s'était produit que sept semaines auparavant, et il m'est revenu à l'esprit dès que Rosie a abordé le sujet de la paternité.

Nous avions été invités à un déjeuner dominical avec Isaac et Judy Esler, mais Rosie avait oublié qu'elle avait prévu une réunion de son groupe de travail. Il était donc raisonnable que je réponde seul à cette invitation. Isaac m'avait demandé de lui recommander un restaurant. Alors que ma réaction instinctive avait été de choisir un endroit où j'avais déjà mangé plusieurs fois, Rosie m'en avait dissuadé.

— Tu es bien plus fort en restaus qu'avant. En plus, tu es un gourmet. Alors tâche de dénicher un endroit intéressant et fais-leur la surprise.

À la suite de recherches approfondies, mon choix s'était porté sur un nouveau restaurant japonais de cuisine fusion à Tribeca et j'avais prévenu Isaac.

À mon arrivée, j'avais découvert qu'Isaac avait réservé une table pour cinq, ce qui était légèrement contrariant. Une conversation à trois crée trois paires d'interactions humaines, trois fois plus qu'une conversation à deux. Avec des familiers, la complexité est gérable.

Mais s'il y avait cinq convives, cela ferait dix paires d'interactions, quatre auxquelles je serais mêlé directement, six en tant qu'observateur. Sept d'entre elles mettraient en jeu des étrangers, à supposer qu'Isaac et Judy n'aient pas, par pure coïncidence, invité Dave et Sonia, ou le Doyen de la faculté de médecine de la Columbia, ce qui était statistiquement improbable dans une ville de l'importance de New York. Suivre la dynamique serait presque impossible et la probabilité de commettre un impair accrue. Le décor était planté : des inconnus, un restaurant où je n'avais jamais mis les pieds, l'absence de Rosie pour contrôler la situation et m'alerter à temps. Rétrospectivement, le désastre était inévitable.

Les invités supplémentaires étaient un homme et une femme qui sont arrivés avant Isaac et Judy. Ils m'avaient rejoint à la table où je buvais un verre de saké et s'étaient présentés : Seymour, un collègue d'Isaac (donc probablement un psychiatre), et Lydia qui n'avait pas précisé sa profession.

Seymour avait approximativement cinquante ans et Lydia approximativement quarante-deux. J'avais essayé (avec un succès minimal) de renoncer à calculer l'indice de masse corporelle, fondé sur des estimations de taille et de poids, une habitude acquise pendant l'Opération Épouse ; dans le cas présent, il m'aurait pourtant été impossible de ne pas en prendre note. J'avais estimé l'IMC de Seymour à trente et celui de Lydia à vingt, essentiellement en raison de leur différence de taille. Seymour mesurait approximativement 165 centimètres (ou, pour présenter les choses de façon plus descriptive, il était petit), à peu près de la même taille qu'Isaac, qui est mince, alors que la taille de

Lydia était approximativement de 175 centimètres, sept centimètres seulement de moins que moi. Ils représentaient un contre-exemple frappant de l'affirmation de Gene prétendant que les gens ont tendance à rechercher des partenaires qui leur ressemblent physiquement.

Il m'avait semblé qu'un commentaire sur ce contraste serait une façon judicieuse d'engager la conversation et d'introduire un sujet intéressant, sur lequel j'étais solidement informé. J'avais pris soin d'attribuer les recherches à Gene pour éviter de donner de moi une image d'égotiste.

Bien que je n'aie pas employé de termes péjoratifs pour évoquer la taille ou le poids, la réaction de Lydia m'avait paru froide.

— Pour commencer, Don, nous ne formons pas un couple. Nous ne nous étions jamais vus avant de nous rencontrer devant le restaurant.

Seymour avait été plus aimable.

— Isaac et Judy nous ont invités séparément. Judy m'a tellement parlé de Lydia que je suis ravi de faire enfin sa connaissance.

— Je fais partie du club de lecture de Judy, avait expliqué Lydia en s'adressant à Seymour plutôt qu'à moi. Si vous saviez toutes les histoires que Judy raconte sur *vous*.

— J'espère qu'elles sont flatteuses, avait dit Seymour.

— Elle prétend que vous avez fait des progrès depuis votre divorce.

— On devrait pardonner aux gens tout ce qu'ils font trois mois avant et trois mois après un divorce.

— Pas d'accord, avait objecté Lydia. C'est précisément à cela qu'il faut les juger.

L'information de Lydia selon laquelle ils n'étaient que deux individus invités par hasard au même déjeuner confirmait la théorie de Gene. Ce qui m'avait donné l'occasion de me réintroduire dans la conversation.

— Un bon point pour la psychologie évolutionniste. La théorie prédit l'absence d'attirance mutuelle entre vous ; j'observe un exemple qui me paraît contraire à la théorie ; un examen plus approfondi des données valide la théorie.

Mon objectif n'était pas de me livrer à une véritable analyse scientifique et je n'avais employé un langage savant qu'à des fins récréatives. J'ai une longue expérience de cette technique, et elle produit habituellement un certain niveau d'hilarité. Cela n'avait pas été le cas. Lydia avait eu l'air encore plus mécontente.

Seymour, au moins, avait souri.

— Je crains que votre théorie ne repose sur des hypothèses non recevables, avait-il fait remarquer. Pour tout vous avouer, j'ai un faible pour les grandes femmes.

Une information extrêmement personnelle, selon moi. Si j'avais exposé les attributs physiques que je trouvais attirants chez Rosie, ou chez les femmes en général, je suis convaincu qu'on aurait jugé cela inapproprié. Mais ceux qui possèdent plus de compétences sociales disposent d'une marge de manœuvre supérieure.

— C'est une chance, avait poursuivi Seymour. Dans le cas contraire, mes possibilités de choix auraient été très restreintes.

— Vous cherchez une partenaire ? avais-je demandé. Je recommande Internet.

L'extraordinaire succès que j'avais obtenu en trouvant la partenaire parfaite était le résultat d'événements aléatoires qui n'infirmaient pas l'utilité d'approches plus structurées. Isaac et Judy étaient arrivés à ce moment-là, ce qui avait accru la complexité communicationnelle d'un facteur 3,33 tout en améliorant mon niveau de confort. Si j'étais resté seul avec Seymour et Lydia plus longtemps, j'aurais probablement commis une ou plusieurs erreurs sociales.

Nous avions échangé des formules de salutations. Tous les autres avaient commandé du thé, mais j'avais estimé que si j'avais eu tort de boire du saké, il était trop tard pour y remédier. J'avais donc commandé une deuxième bouteille.

Notre serveur avait ensuite apporté le menu. Il y avait toute une gamme de plats fascinants, qui coïncidaient avec la recherche que j'avais effectuée sur ce restaurant, et Judy avait suggéré que nous choisissions tous une spécialité différente pour pouvoir partager. Excellente idée.

— Vous avez des préférences ? avait-elle demandé. Nous ne mangeons pas de porc, Isaac et moi, mais si quelqu'un d'autre veut prendre des gyozas, n'hésitez pas.

De toute évidence, elle avait cherché à être polie, puisque commander des gyozas aurait rendu leur repas moins intéressant que les autres par suite d'une baisse de diversité. Je n'avais pas commis cette erreur. Quand mon tour était venu, j'avais décidé de profiter de l'absence de Rosie pour goûter à un aliment qui aurait, si elle avait été là, fait l'objet d'un débat.

— Les sashimis au thon rouge, s'il vous plaît.

— Oh ! était intervenue Lydia. Ça m'avait échappé. Don, vous ignorez sans doute que le thon rouge est une espèce en danger.

Je ne l'ignorais pas. Rosie ne mangeait que du poisson « issu de l'aquaculture durable ». En 2010, Greenpeace avait ajouté le thon rouge du sud à sa liste rouge des espèces marines, ce qui donnait à penser que la pêche de ce poisson se faisait certainement par des méthodes non durables.

— Je sais, mais ce spécimen est déjà mort et nous n'en partagerons qu'une portion à cinq. L'effet incrémentiel sur la population mondiale de thons a de fortes probabilités d'être infime. En revanche, cela nous permettra de faire l'expérience d'un goût nouveau.

Je n'avais encore jamais mangé de thon rouge, or ce poisson avait la réputation d'être supérieur à l'albacore plus courant, qui est mon aliment préféré.

— Je suis partant, à condition qu'il soit vraiment mort, était intervenu Seymour. En contrepartie, je laisserai tomber mes comprimés à la corne de rhinocéros ce soir.

J'avais déjà ouvert la bouche pour commenter l'extraordinaire énoncé de Seymour, mais Lydia m'avait coupé la parole, me laissant le temps d'envisager la possibilité d'une plaisanterie de sa part.

— Eh bien moi, je ne suis *pas* partante. Prétendre que des individus n'exercent aucun effet est un argument irrecevable. C'est précisément à cause de raisonnements de ce genre que nous ne faisons rien pour lutter contre le réchauffement climatique.

Isaac avait apporté une contribution utile, bien qu'évidente.

— Sans compter les Indiens, les Chinois et les Indonésiens qui voudraient bien atteindre notre niveau de vie.

Lydia était peut-être d'accord avec lui. Mais c'était à moi qu'elle s'adressait.

— J'imagine que le modèle de voiture que vous conduisez et l'endroit où vous faites vos courses sont le cadet de vos soucis.

Sa supposition était inexacte, tout comme l'était son accusation implicite d'irresponsabilité environnementale. Je n'ai pas de voiture. Je circule à vélo, j'emprunte les transports en commun, ou bien je cours. J'ai une garde-robe relativement limitée. À l'époque où le Système de Repas Normalisés était en vigueur, et il n'avait été abandonné que récemment, je ne gaspillais presque aucune denrée alimentaire et l'utilisation efficace des restes était devenue désormais un défi créatif. Je n'en considère pas moins ma contribution à la réduction du réchauffement planétaire comme négligeable. Ma position sur les solutions envisageables n'a pas l'air de séduire de nombreux écologistes et je n'avais aucune envie de gâcher notre déjeuner par des discussions improductives. Cependant, dans la mesure où Lydia semblait déjà en mode écolo irrationnel, il n'y avait aucune raison, comme pour le saké, de faire marche arrière.

— Nous devrions investir davantage dans l'énergie nucléaire, ai-je dit. Et trouver de nouvelles solutions technologiques.

— Du genre ?

— Décarbonisation de l'atmosphère. Géo-ingénierie. J'ai beaucoup lu à ce sujet. Incroyablement intéressant.

Les humains ne sont pas les champions de la modération, mais ils sont très forts en technologie.

— Voilà bien le genre de réflexions que je déteste. Fais ce que tu veux en espérant qu'un autre viendra réparer les dégâts. Et tant qu'à faire, enrichis-toi en cours de route. C'est aussi comme ça que vous avez l'intention de sauver le thon ?

— Bien sûr ! Il n'est pas du tout exclu que nous réussissions à modifier génétiquement l'albacore pour lui donner le goût du thon rouge. Exemple classique de solution technologique à un problème créé par l'homme. Je serais volontaire pour faire partie du jury de dégustation.

— Faites ce que vous voulez. Mais je refuse que, collectivement, nous commandions du thon.

L'expression faciale humaine est capable de communiquer des idées d'une incroyable complexité. Bien qu'elle n'ait certainement figuré dans aucun guide, je pense avoir interprété correctement celle d'Isaac : « Bordel de Dieu, Don, ne commande pas le thon. » Quand notre serveur était arrivé, j'avais donc commandé les coquilles Saint-Jacques au foie gras de canard.

Lydia s'était levée, puis rassise.

— Ce n'est même pas de la provocation, n'est-ce pas ? avait-elle demandé. Évidemment. Vous êtes tellement insensible que vous ne vous rendez même pas compte de ce que vous faites, c'est tout.

— Exact.

Dire la vérité était plus facile et j'avais été soulagé que Lydia ne m'attribue pas de mauvaises intentions. Par quel raisonnement logique aurais-je pu établir un lien entre un souci de durabilité environnementale et ce qui était probablement une objection au traitement infligé aux volailles d'élevage ? Mystère. Je désapprouve d'ordinaire les extrapolations concernant le comportement humain, mais en l'occurrence, ce genre de généralisation aurait pu m'être utile.

— J'ai déjà rencontré des gens comme vous, avait-elle repris. À titre professionnel.

— Vous êtes généticienne ?

— Je suis travailleuse sociale.

— Lydia, était intervenue Judy. Ça commence à être pénible. Je vais commander pour tout le monde, et je suggère que nous reprenions à zéro. Je meurs d'envie d'en savoir plus long sur le livre de Seymour. Seymour écrit un livre. Vous voulez bien nous en parler, Seymour ?

Seymour avait souri.

— Il porte sur la culture de viande en laboratoire. Pour permettre aux végétariens de se taper un hamburger sans culpabiliser.

Alors que je m'apprêtais à réagir à ce sujet d'un intérêt inattendu, Isaac m'avait coupé la parole.

— Je ne suis pas sûr que le moment soit bien choisi pour plaisanter, Seymour. Le livre de Seymour traite de la culpabilité, mais il n'est pas question de hamburgers.

— En fait, si, je mentionne vraiment les hamburgers de labo. Pour montrer à quel point toutes ces questions sont complexes et comment certains préjugés profondément enracinés entrent en jeu. Il faut avoir l'ouverture d'esprit nécessaire pour penser en dehors des cadres. Don ne disait rien d'autre.

C'était exact pour l'essentiel, mais Lydia avait réagi violemment.

— Ce n'est pas ce qui me hérisse. Il a le droit d'avoir un avis. J'ai laissé passer les trucs de psychologie évolutionniste, bien que ce soient des conneries. Ce dont il est question ici, c'est de son inconscience.

— Nous avons besoin de gens qui disent la vérité, avait repris Seymour. Nous avons besoin de techniciens. Si mon avion se casse la figure, j'aimerais que quelqu'un comme Don soit aux manettes.

J'aurais eu tendance à penser qu'il préférerait avoir un pilote qualifié plutôt qu'un généticien aux commandes de l'avion, mais j'avais deviné qu'il cherchait à expliquer que les émotions interféraient avec un comportement rationnel. J'avais noté mentalement cet exemple pour un usage ultérieur en me disant qu'il heurterait peut-être moins que l'histoire du bébé qui pleurait et du fusil.

— Vous auriez envie qu'un Asperger pilote votre avion ? avait demandé Lydia.

— Plutôt que quelqu'un qui emploie des termes qu'il ne comprend pas, oui, certainement.

Judy avait essayé de s'interposer, mais la dispute entre Lydia et Seymour avait pris un élan qui nous excluait tous, alors même que j'étais le sujet de leur conversation. J'avais une certaine connaissance du syndrome d'Asperger parce que je lui avais consacré une conférence seize mois auparavant, un soir où l'occasion d'avoir un rapport sexuel avait empêché Gene de s'acquitter de l'engagement qu'il avait pris. À la suite de cette expérience, j'avais contribué au lancement d'un programme de recherche de marqueurs génétiques de ce syndrome chez des individus très performants. J'avais relevé certaines caractéristiques de ma propre personnalité dans les descriptions que j'avais lues, mais les humains ont toujours tendance à suridentifier certains schémas et en tirer des conclusions erronées. J'avais également, à différentes périodes de ma vie, été étiqueté comme schizophrène, bipolaire, atteint de trouble obsessionnel compulsif et gémeau typique. Bien que je n'aie pas considéré le syndrome d'Asperger comme une particularité négative, je n'avais pas besoin d'une nouvelle étiquette. Mais j'avais trouvé plus intéressant d'écouter que de discuter.

— Vous pouvez parler, vous, avait rétorqué Lydia. S'il y a des gens qui ne comprennent rien à l'Asperger, à l'autisme si vous préférez, ce sont bien les psys. Vous auriez envie que Rain Man pilote votre avion ?

La comparaison n'était pas plus pertinente qu'elle ne le serait plus tard, dans la bouche de la Femme Bruyante. Je n'aurais certainement pas eu envie que Rain Man pilote mon avion, si j'en avais eu un, pas plus qu'un avion dont j'aurais été le passager.

Lydia avait dû prendre conscience qu'elle me déstabilisait.

— Pardon, Don, n'y voyez aucune attaque personnelle. Ce n'est pas *moi* qui suis en train de vous traiter d'autiste. C'est lui. (Elle avait tendu le doigt vers Seymour.) Parce que ses petits camarades et lui ne sont même pas capables de distinguer l'autisme et l'Asperger. Rain Man et Einstein, pour eux, c'est du pareil au même.

Seymour ne m'avait pas traité d'autiste. Il n'avait utilisé aucune étiquette, et m'avait présenté comme quelqu'un d'honnête, comme un technicien compétent, des attributs indispensables pour un pilote, et positifs en règle générale. Lydia cherchait curieusement à donner une mauvaise image de Seymour – et les complexités d'une interaction tridirectionnelle dépassaient désormais mes facultés d'interprétation.

Seymour s'était tourné vers moi.

— Judy m'a dit que vous étiez marié. C'est bien ça ?

— Exact.

— Arrêtez, ça suffit, avait objecté Judy.

Quatre personnes. Six interactions.

Isaac avait levé la main et hoché la tête. Apparemment, Seymour avait interprété cette combinaison de signaux comme une invitation à poursuivre. Nous participions à présent tous les cinq à une conversation répondant à des intentions cachées.

— Vous êtes heureux ? Heureux en ménage ?

Je ne comprenais pas très bien ce que Seymour cherchait à savoir, mais j'avais déduit que c'était un homme fondamentalement charmant, qui cherchait à me soutenir en démontrant qu'il existait au moins une personne qui m'appréciait suffisamment pour accepter de vivre avec moi.

— Extrêmement.

— Vous avez des relations familiales ?

— Seymour ! avait protesté Judy.

J'avais répondu à la question de Seymour, qui était bienveillante.

— Ma mère me téléphone tous les samedis ; enfin, le dimanche, heure normale de l'est de l'Australie. Je n'ai pas d'enfants à moi.

— Un emploi salarié ?

— Je suis professeur associé de génétique à la Columbia. J'estime que mon travail possède une valeur sociale en plus du revenu tout à fait correct qu'il m'assure. Je travaille aussi dans un bar.

— Intégration ne posant pas de difficulté dans un environnement social généralement détendu mais parfois stimulant, sans perte de vue des impératifs commerciaux. Vous aimez la vie ?

— Oui.

C'était la réponse qui m'avait paru la plus utile.

— Donc, vous n'êtes pas autiste. C'est un avis professionnel. Le dysfonctionnement fait partie des critères de diagnostic, et vous appréciez visiblement la vie. Continuez à l'apprécier et évitez les gens qui sont persuadés que vous avez un problème.

— Bien, avait dit Judy. Serait-il possible maintenant de nous faire servir à manger et de déjeuner tranquillement ?

— Allez vous faire foutre, avait lancé Lydia. (Elle s'adressait à Seymour, pas à Judy.) Vous feriez mieux de lever le nez de votre manuel de diagnostic et de descendre dans la rue. Allez voir les vrais gens chez eux, et regardez ce que font vos pilotes d'avion. (Elle s'était levée et avait ramassé son sac.) Commandez ce que vous voulez. Pardon, avait-elle ajouté en se tournant vers moi. Vous n'y êtes pour rien. Vous ne vous débarrasserez pas du traumatisme que vous avez subi dans votre enfance, quel qu'il soit. Mais ne laissez pas un petit psy ventripotent vous dire que ça n'a pas d'importance. Et puis, je vous en prie, faites-moi une faveur, à moi et au monde.

J'avais supposé qu'elle allait me reparler du thon rouge. Je m'étais trompé.

— N'ayez jamais d'enfants.

8.

— Ici la Terre ! Don, tu me reçois encore ? Je t'ai demandé ce que tu éprouvais à l'idée d'être bientôt père.

Je n'avais pas besoin que Rosie me le rappelle. Mes réflexions sur l'Incident du Thon Rouge avaient cédé la place à un effort intensif pour lui répondre et je ne progressais pas beaucoup. La réaction recommandée par Claudia en présence d'interrogations personnelles difficiles – *Pourquoi poses-tu cette question ?* – n'était certainement pas appropriée dans le cas présent. La raison pour laquelle Rosie m'avait interrogé était évidente. Elle voulait s'assurer que j'étais psychologiquement prêt pour la tâche la plus stimulante et la plus importante de ma vie. Or la vérité était que j'avais déjà été jugé, jugé *professionnellement*, inapte par une travailleuse sociale habituée à faire face à des désastres familiaux.

En faisant à Rosie le récit de ce déjeuner sept semaines auparavant, je m'étais concentré sur des sujets susceptibles de l'intéresser directement : le restaurant, les plats qu'on y servait et le livre de Seymour sur la culpabilité. Je n'avais pas mentionné l'évaluation de mes aptitudes de père par Lydia, car il s'agissait d'une opinion isolée, bien qu'experte, et sans pertinence immédiate.

Ma mère m'avait inculqué une règle utile quand j'étais petit : avant de partager avec quelqu'un une information intéressante qui n'a pas été sollicitée, demande-toi sérieusement si elle ne risque pas de faire de la peine à cette personne. Elle m'avait répété ce conseil en de nombreuses occasions, généralement alors que je venais précisément de partager une information intéressante. Je réfléchissais encore quand la sonnette de la porte d'entrée a retenti.

— Merde ! Qui c'est ? a demandé Rosie.

Je pouvais prédire qui c'était, avec un degré élevé de certitude, compte tenu de l'heure prévue de l'arrivée du vol de la Qantas de Melbourne via Los Angeles et de la durée du trajet depuis JFK. J'ai appuyé sur le bouton pour débloquer la porte de l'immeuble et Rosie s'est précipitée sur le palier. Quand il est sorti de l'ascenseur, Gene portait deux valises et un bouquet de fleurs qu'il a immédiatement tendu à Rosie. J'ai moi-même pu constater que son arrivée était à l'origine d'une évolution de la dynamique humaine. Quelques instants auparavant, je m'efforçais de trouver les mots à prononcer. Maintenant, ce problème était devenu celui de Rosie.

Heureusement, Gene est extrêmement compétent en interactions sociales. Il s'est avancé vers moi comme pour me prendre dans ses bras, puis, percevant mon langage corporel et se rappelant nos protocoles passés, il s'est ravisé et m'a serré la main. Après l'avoir lâchée, il a serré Rosie contre lui.

Gene a beau être mon meilleur ami, je suis mal à l'aise quand il me donne l'accolade. En fait, les seules personnes dont j'apprécie la proximité corporelle sont celles avec qui j'ai des rapports sexuels, une catégorie qui n'inclut qu'une personne. Rosie n'aime pas Gene et pourtant, elle a réussi à lui rendre son étreinte pendant approximativement quatre secondes d'affilée.

— Franchement, j'apprécie énormément votre générosité, s'est écrié Gene. Je sais bien que vous n'êtes pas ma plus fervente groupie.

Il parlait à Rosie, bien sûr. J'ai toujours eu beaucoup de sympathie pour Gene, même s'il a fallu que j'accepte certains comportements immoraux de sa part.

— Tu as pris du poids, ai-je remarqué. Il va falloir qu'on programme un peu de jogging.

J'ai estimé l'IMC de Gene à vingt-huit, trois points de plus par rapport à la dernière fois que je l'avais vu, dix mois auparavant.

— Vous avez l'intention de rester jusqu'à quand ? a demandé Rosie. Don vous a dit que je suis enceinte ?

— Non, a répondu Gene. Quelle excellente nouvelle ! Félicitations.

Il a utilisé l'excellente nouvelle comme prétexte pour réitérer son accolade et éviter de répondre à la question sur la durée de son séjour.

Gene a regardé autour de lui.

— Vraiment, vraiment, j'apprécie. Quel endroit formidable ! Il faut croire que la Columbia paye mieux que je ne le pensais. Mais je vous interromps en plein dîner.

— Non, non, a fait Rosie. Nous n'aurions pas dû commencer sans vous. Vous avez mangé ?

— Je suis un peu déphasé. Je ne sais pas très bien quelle heure mon corps s'imagine qu'il est.

Je pouvais l'aider à résoudre ce problème.

— Tu devrais boire de l'alcool. Ça rappellera à ton corps que c'est le soir.

Je suis allé dans la pièce réfrigérée chercher une bouteille de pinot noir pendant que Gene commençait à défaire ses bagages dans ce qui avait été, jusqu'à présent, la chambre libre. Rosie m'a suivi.

Après avoir contemplé les tonneaux de bière un court instant, elle est devenue toute pâle et est sortie précipitamment. Il est vrai que l'odeur était beaucoup plus puissante à l'intérieur de la cave. J'ai entendu claquer la porte de la salle de bains. Puis un bruit fracassant, un choc métallique, mais venu d'ailleurs. Il a été suivi par un grondement tonitruant d'intensité identique. Quelqu'un jouait de la batterie à l'étage supérieur. Les percussions ont été rejointes par une guitare électrique. Quand Rosie est revenue de la salle de bains, j'avais déjà préparé les bouchons d'oreilles, mais j'ai eu l'impression que son niveau de satisfaction avait baissé.

Elle s'est dirigée vers son nouveau bureau pendant que j'enfonçais mes propres bouchons dans mes oreilles et que je terminais mon dîner. La musique a cessé cinquante-deux minutes plus tard et j'ai pu bavarder avec Gene. Il était convaincu que son couple était irrémédiablement brisé, alors que j'avais l'impression qu'il aurait suffi qu'il révise son comportement. Définitivement.

— C'était bien mon intention, a-t-il acquiescé.

— C'était la seule solution raisonnable. Tu n'as qu'à tracer un tableau. Deux colonnes. D'un côté tu as Claudia, Carl, Eugénie, la stabilité, un logement, l'efficacité domestique, l'intégrité morale, la respectabilité, l'absence de toute plainte pour comportement inapproprié, d'immenses avantages. De l'autre, tu as des rapports sexuels occasionnels avec des femmes choisies au hasard. Est-ce que vraiment, c'est tellement mieux que ceux que tu as avec Claudia ?

— Bien sûr que non. Encore que, ces derniers temps, je n'ai pas eu l'occasion de faire de comparaison. On ne pourrait pas parler de tout ça plus tard ? J'ai un long voyage derrière moi, tu sais. Deux avions.

— Nous pourrons en parler demain. Tous les jours jusqu'à ce que nous ayons trouvé une solution.

— Don, c'est fini. Je me suis fait une raison. Dis-moi plutôt quel effet ça te fait d'être bientôt père.

— Ça ne me fait aucun effet du tout. C'est trop tôt.

— Et si je te reposais la question tous les jours, jusqu'à ce que nous ayons trouvé la réponse ? Tu dois être un peu inquiet, non ?

— Comment tu sais ça ?

— Tous les hommes le sont. Anxieux à l'idée que le bébé monopolise leur femme. Anxieux à l'idée de ne plus jamais coucher avec elle. Anxieux à l'idée de ne pas être à la hauteur.

— Je ne suis pas comme la moyenne des gens. Je suppose donc que mes problèmes seront uniques.

— Et que tu les résoudras à ta façon. Unique elle aussi.

Il venait de m'apporter une contribution très utile. Résoudre les problèmes est un de mes points forts. Mais cela ne réglait pas mon dilemme immédiat.

— Qu'est-ce que je dois dire à Rosie ? Elle veut savoir quel effet ça me fait.

— Dis-lui que tu es très excité à l'idée d'être bientôt père. Ne lui casse pas les pieds avec tes incertitudes. Tu as du porto ?

La musique a repris. Je n'avais pas de porto, alors je l'ai remplacé par du Cointreau et nous sommes restés assis sans parler jusqu'à ce que Rosie vienne me chercher. Gene s'était endormi dans le fauteuil. C'était sans doute plus confortable que de dormir par terre et c'était indéniablement mieux que d'être un sans-abri à New York.

Dans notre chambre, Rosie m'a souri et m'a embrassé.

— Alors, la présence de Gene est acceptable ? ai-je demandé.

— Non. Pas plus que l'odeur de bière, pour laquelle il va falloir faire quelque chose si tu ne veux pas que je dégobille tous les soirs en plus de tous les matins. Et puis il va évidemment falloir que tu parles aux gens de l'appartement du dessus à propos du bruit. Quand même, on ne peut pas mettre des bouchons d'oreilles à un bébé. Mais pour le reste, l'appartement est tout simplement incroyablement, merveilleusement génial.

— Suffisant pour contrebalancer les inconvénients ?

— Presque.

Elle a souri. J'ai regardé la plus belle femme du monde, vêtue en tout et pour tout d'un T-shirt trop grand, assise dans mon lit – dans notre lit. Attendant que je prononce les mots qui permettraient à cette situation extraordinaire de se prolonger.

J'ai pris une profonde inspiration, j'ai expulsé l'air, puis j'ai pris une nouvelle inspiration pour pouvoir parler.

— Je suis incroyablement excité à l'idée d'être père.

J'employais le mot *excité* dans le sens où je l'aurais employé pour qualifier un électron : activé, plutôt que dans un état émotionnel particulier. J'étais donc sincère, ce qui était une bonne chose, parce que Rosie aurait décelé un mensonge.

Rosie m'a pris dans ses bras et m'a serré contre elle bien plus longtemps qu'elle ne l'avait fait avec Gene. Je me sentais beaucoup mieux. Je pouvais laisser mon cerveau se reposer et profiter pleinement de l'expérience de la proximité de Rosie. Le conseil de Gene avait été excellent et, à mes yeux du moins, justifiait amplement sa présence. Je réglerais le problème du bruit, le problème de la bière et le problème de la paternité à ma façon.

Je me suis réveillé avec un mal de tête que j'ai attribué au stress lié au souvenir de l'Incident du Thon Rouge. Ma vie devenait plus complexe. En plus de mes obligations de professeur et d'époux, j'étais désormais responsable de la surveillance d'une cave à bière, de Gene et, potentiellement, de Rosie qui risquait, je le craignais, de continuer à négliger sa santé, même pendant cette période capitale. Et bien sûr, il fallait que je me livre à quelques recherches pour me préparer à la paternité.

Face à ce surcroît de charge deux réactions étaient possibles. La première consistait à définir un programme plus rigoureux pour assurer une répartition efficace du temps, tenant compte de la priorité relative de chaque tâche et de sa contribution à des objectifs supérieurs. La seconde consistait à accepter le chaos. Le choix correct était évident. Il était temps de lancer l'Opération Bébé.

Comme je soupçonnais que Rosie réagirait négativement à l'installation d'un tableau blanc dans le salon, j'ai imaginé une solution géniale. Les carreaux blancs des murs de mon nouveau bureau-salle de bains étaient hauts et étroits : environ trente centimètres de haut sur dix de large. Ils dessinaient une grille toute faite, dont la surface convenait aux marqueurs pour tableaux blancs. Un des murs comportait dix-neuf colonnes de sept carreaux, interrompues seulement par le support à rouleau de papier toilette qui occupait un carreau et projetait de l'ombre sur un autre – un modèle presque parfait de calendrier glissant de dix-huit semaines. Chaque carreau pouvait être divisé en dix-sept cases horizontales pour couvrir les heures de veille, avec une possibilité de subdivision verticale supplémentaire. Rosie ne risquait pas de voir cet emploi du temps, puisqu'elle avait manifesté l'intention de respecter mon espace personnel.

Bien sûr, j'aurais pu utiliser un tableur informatique ou une application de calendrier. Mais le mur était bien plus grand que mon écran et le simple fait de reporter sur les carreaux des quatre premières semaines mes horaires de réunions de recherche, d'entraînement d'arts martiaux et de marchés-joggings m'a inspiré un sentiment de bien-être inattendu.

Le lendemain de l'arrivée de Gene, nous avons pris ensemble le métro pour la Columbia. Depuis notre nouvel appartement, le trajet était bien plus court qu'auparavant, et j'avais reprogrammé mon horaire de départ en fonction de cette donnée. Rosie, qui n'avait pas encore révisé ses habitudes quotidiennes, était partie plus tôt.

J'ai profité de ce moment pour parler à Gene de son problème familial.

— Elle t'a mis dehors parce que tu l'as trompée. À de multiples reprises. Et ensuite, tu lui as menti en prétendant que tu ne le ferais plus. Il faut donc arriver à la convaincre que tu n'es plus ni volage ni menteur.

— Pas si fort, Don.

J'avais élevé la voix pour insister sur ces éléments essentiels, et des gens nous regardaient – surtout Gene – d'un air désapprobateur. Une femme qui descendait à Penn Station lui a lancé : « Vous devriez avoir honte. » Et celle qui la suivait a ajouté : « Salaud. » Mon argumentation s'en trouvait utilement renforcée, mais Gene a cherché à changer de sujet.

— Tu as continué à réfléchir à la paternité ?

Mon nouvel emploi du temps sur carreaux blancs n'incluait encore aucune activité liée au bébé, qui était pourtant la motivation initiale de sa création. Peut-être mon cerveau réagissait-il à un événement inattendu en activant des mécanismes de défense primitifs et en faisant comme s'il n'existait pas. Deux actions s'imposaient : admettre la réalité de la naissance à venir en l'annonçant tout haut à autrui et entreprendre quelques recherches concrètes.

Une fois Gene installé dans son bureau de la Columbia, nous avons pris un café avec le professeur David Borenstein. Rosie s'est jointe à nous, dans son rôle d'épouse plus que d'étudiante en médecine. David nous avait beaucoup aidés en soutenant notre demande de visa et de mutation. « Alors, quoi de neuf, Don ? » m'a-t-il demandé.

J'étais sur le point d'informer David de l'état actuel de mes recherches sur la prédisposition génétique de la cirrhose du foie chez les souris, désormais en bonne voie d'achèvement, quand j'ai repensé à ma décision antérieure de reconnaître publiquement ma paternité imminente.

— Rosie est enceinte, ai-je dit.

Tout le monde s'est tu. J'ai immédiatement compris que j'avais commis une erreur, parce que Rosie m'a donné un coup de pied sous la table. C'était pourtant parfaitement inefficace ; je ne pouvais pas reprendre ce que j'avais dit.

— Eh bien, a finalement répondu David. Félicitations.

Rosie a souri.

— Merci. Ce n'est pas encore officiel, alors…

— Bien sûr. En tant que professeur, je peux vous assurer que vous ne serez pas la première étudiante à devoir interrompre ses études pendant quelque temps.

— Il n'est pas question que j'interrompe mes études.

J'ai reconnu le ton *ne-me-fais-pas-chier* de Rosie. Il paraissait déconseillé de l'employer avec le Doyen.

Mais David ne l'a pas décelé, ou alors il a préféré l'ignorer.

— De toute façon, ce n'est pas à moi qu'il faut en parler. Le moment venu, vous devriez en discuter avec Mandy Rau. Vous connaissez Mandy ? C'est notre conseillère d'orientation. N'oubliez pas de lui dire que vous êtes couverte par la mutuelle de Don.

Rosie s'apprêtait à ajouter quelque chose, mais David a levé les deux mains dans un double signal « stop » et nous avons parlé du programme de Gene.

David a refusé un deuxième café.

— Désolé, il faut que j'y aille, mais je voudrais parler à Don de ses recherches sur la cirrhose. Vous voulez bien m'accompagner, Don ? Vous pouvez vous joindre à nous, Gene.

Gene, qui ne s'intéressait pourtant pas à mon travail, nous a emboîté le pas.

— J'imagine que vous en avez fini avec la partie de votre étude qui exigeait la présence d'un professeur associé, non ? m'a demandé le Doyen.

— J'ai encore une grande quantité de données à analyser, ai-je répondu.

— C'est précisément ce que je voulais dire : il s'agit essentiellement de travail de compilation. J'ai pensé que vous auriez peut-être besoin d'aide.

— Pas si ça nous oblige à demander une subvention. En général, je perds moins de temps à faire le travail moi-même qu'à remplir tous les formulaires nécessaires pour obtenir un assistant.

— Non, non, vous n'aurez pas à demander de subvention. *Dans ce cas précis*. (Il a ri et Gene l'a imité.) J'ai sur les bras une postdoc, très forte en statistiques, qu'on nous a prêtée, un petit service personnel que je rends à un collègue, mais il faut qu'elle ait un vrai travail à effectuer. Ne serait-ce que dans l'éventualité où son visa serait vérifié.

— Prends-la, est intervenu Gene.

La liste de publications de Gene abonde en travaux réalisés par des personnes de ce genre, soumises à une supervision parfaitement fictive de sa part. Je ne voulais pas que mon nom figure sur des articles que je n'avais pas écrits. Mais je devais à David Borenstein de ne pas perdre mon temps à accomplir des tâches qui pouvaient être confiées à un chercheur moins qualifié, lequel pourrait de surcroît tirer un grand profit de cette expérience.

— Elle s'appelle Inge, a repris David. Elle est lituanienne.

Gene nous a quittés et nous avons marché un moment, le Doyen et moi, sans parler. J'ai supposé qu'il réfléchissait – une agréable différence par rapport à la plupart des gens qui considèrent un blanc dans la conversation comme un espace qu'il faut absolument remplir. Nous avions presque atteint son bureau quand il a repris la parole.

— Don, je suis sûr que la conseillère d'orientation va recommander à Rosie de prendre un congé de maternité. C'est la solution la plus raisonnable. Mais nous ne voulons pas la perdre. Nous aimons garder nos étudiants, et elle est vraiment douée. Je dois dire que le moment n'est pas très bien choisi. Elle va sans doute être obligée de différer le premier semestre de sa partie clinique, d'accoucher et de revenir pour le deuxième semestre, ou bien l'année suivante. Je lui dirais bien de prendre toute son année. Cela vous donnerait le temps de trouver une solution de garde pour le bébé, un problème qui ne sera sans doute pas sans répercussions sur vous, Don.

Je n'avais pas pensé à cette question pratique et le conseil de David paraissait avisé.

— Il y a des femmes qui prennent un ou deux mois de congé, qui reviennent tout de suite après et s'arrangent pour rattraper ce qu'elles ont manqué pendant leur absence. À mon avis, c'est une erreur. Surtout pour vous deux.

— Pourquoi nous, précisément ?

— Vous n'avez personne sur place pour vous aider. Si vos parents étaient ici, ou bien des frères et sœurs, je ne dis pas. Mais les solutions de garde ont leurs limites. Croyez-moi, il vaudrait mieux à tous égards qu'elle prenne une année de congé parental. Autrement, le bébé en pâtira, ses études en pâtiront et elle en pâtira. Et permettez-moi de vous le dire, vous en pâtirez aussi, j'en ai fait l'amère expérience.

— Votre conseil me paraît excellent. Je vais en parler à Rosie.

— Inutile de lui dire que ça vient de moi.

Le Doyen de la faculté de médecine, notre protecteur, lui-même père expérimenté. Pouvait-on imaginer quelqu'un de plus apte à prodiguer des conseils sur le juste équilibre entre études de médecine et responsabilités maternelles ? Je soupçonnais pourtant qu'il avait raison de me recommander de ne pas mentionner son nom. Rosie refuserait instinctivement l'avis d'un homme d'un certain âge en position d'autorité.

Ma prédiction était exacte.

— Je n'interromprai certainement pas mes études pendant un an, a protesté Rosie quand je lui ai transmis le conseil de David le soir même, sans citer sa source.

Nous dînions avec Gene, le nouveau membre de notre famille, qui était assis sur un des sièges excédentaires.

— Une année, ce n'est pas le bout du monde, a remarqué Gene.

— Vous avez pris un congé à la naissance d'Eugénie ? a demandé Rosie.

— Claudia en a pris un, oui.

— Comparez-moi à vous, plutôt qu'à Claudia. Ou est-ce trop vous demander ?

— Parce que c'est Don qui va s'occuper du bébé ?

Rosie a ri.

— Ça m'étonnerait. Pour commencer, Don a du travail. Et puis…

J'étais curieux de savoir quelles autres raisons Rosie avancerait pour justifier mon inaptitude à m'occuper de Bud, mais Gene l'a interrompue.

— Dans ce cas, qui va s'en occuper ?

Rosie a réfléchi quelques instants.

— Je l'emmènerai avec moi.

J'étais stupéfait.

— Tu veux emmener Bud à la Columbia… dans les hôpitaux ?

Au moment de la naissance de Bud, Rosie travaillerait au contact de vrais patients – des gens atteints d'une quantité de maladies infectieuses – dans des situations où avoir un bébé dans les jambes pouvait être à l'origine de désastres potentiellement mortels. Son approche me paraissait irresponsable et irréaliste.

— Je suis encore en train d'y réfléchir, c'est bon ? Mais il serait grand temps qu'on commence à tenir compte des besoins des mères. Au lieu de nous dire de rester chez nous et de revenir quand le bébé aura grandi. (Rosie a repoussé son assiette. Elle n'avait pas fini son risotto.) C'est pas le tout mais j'ai du boulot.

Une fois de plus, nous sommes restés seuls pour parler, Gene et moi. J'ai pris mentalement note de reconstituer les stocks d'alcool.

Gene a choisi le sujet de conversation avant que j'aie eu le temps de mentionner son couple.

— Alors, tu te sens mieux à l'idée d'être papa ?

Le mot de « papa » m'a fait bizarre, s'agissant de moi. J'ai pensé à mon propre père. Je supposais que son rôle dans ma vie de bébé avait été minime. Ma mère avait démissionné de son poste d'enseignante pour élever ses trois enfants alors que mon père tenait la quincaillerie familiale. C'était une répartition du travail pratique, bien que stéréotypée. Dans la mesure où nous partageons, mon père et moi, certains des traits de personnalité qui me créent le plus de difficultés, il était probablement judicieux de maximiser la part d'apport maternel.

— J'y ai pensé. Il me semble que la contribution la plus utile que je puisse apporter est de me tenir à l'écart pour éviter de créer des problèmes.

Cette conclusion était en accord avec l'évaluation que Lydia avait faite de moi lors de l'Incident du Thon Rouge et conforme à la maxime médicale : *Primum non nocere.*

— Tu n'as peut-être pas tort, après tout. Rosie est une féministe indécrottable, si bien que philosophiquement, elle aimerait bien que tu portes une jupe, mais en même temps, elle se prend pour Superwoman. L'indépendance est un trait de caractère féminin typiquement australien. Elle voudra tout faire toute seule.

Gene a rempli nos deux verres après avoir bu son Midori.

— Quoi qu'en disent les femmes, elles entretiennent avec le bébé un lien biologique qui nous est étranger. Pendant les premiers mois, il ne te reconnaîtra même pas. Alors ne te ronge pas pour ça. Attends qu'il ait dans les deux ans pour essayer d'avoir une interaction avec lui.

Une information utile. J'avais la chance de bénéficier des conseils d'un père expérimenté, directeur d'un Institut de psychologie. Mais il n'avait pas terminé.

— Oublie tout ce que racontent les psychologues. Ils fétichisent la parentalité. Ils te rendent parano en te persuadant que tu vas tout faire de travers. Si tu entends le mot *attachement*, prends tes jambes à ton cou.

Une information *extrêmement* utile. Lydia faisait indéniablement partie du groupe que décrivait Gene.

Celui-ci a poursuivi.

— Tu n'as pas de neveux ou de nièces ?

— Exact.

— Autrement dit, tu n'as aucune expérience concrète des gamins.

— À part Eugénie et Carl, non.

Je connaissais presque assez bien les enfants de Gene pour les inclure sur ma liste d'amis, mais ils étaient trop grands pour me servir de guides du jeune enfant.

Rosie est sortie de son bureau et s'est dirigée vers notre chambre en faisant des gestes que j'ai interprétés comme *Vous avez assez bu tous les deux et il est temps d'aller vous coucher au lieu de partager d'autres informations passionnantes.*

Gene a fait mine de se lever, avant de retomber dans son fauteuil.

— Un dernier conseil avant que je m'écroule. Observe des gosses, regarde-les jouer. Tu constateras que ce sont des petits adultes, rien d'autre. Simplement, ils ne connaissent pas encore les règles et tous ces machins-là. Aucune raison de te faire du mouron.

9.

Rosie était assise dans le lit quand je l'ai rejointe.

— Don, avant que tu te déshabilles, je pourrais te demander une faveur ?

— Bien sûr. À condition qu'elle ne réclame pas une trop grande coordination mentale ni physique.

Le remplissage systématique de mon verre auquel avait procédé Gene avait eu pour résultat une surdose accidentelle d'alcool.

— À quelle heure ferme le traiteur ? Celui où tu as acheté le maquereau fumé ?

— Je ne sais pas.

Pourquoi fallait-il que je reste habillé pour répondre à cette question ?

— Tu crois que tu pourrais aller m'en acheter ?

— J'y passerai plus tard dans la journée. (Il était 24 h 04.) On pourra le manger froid à l'apéritif, si tu veux.

— C'est-à-dire que j'en voudrais maintenant. Tout de suite. Avec des cornichons à l'aneth. Ceux avec du piment si tu en trouves.

— Il est trop tard pour manger. Ton système digestif…

— Je m'en fous. Je suis enceinte. Les femmes enceintes ont des envies. C'est normal.

La normalité avait manifestement été redéfinie.

Je me doutais que trouver du maquereau fumé et des cornichons après minuit exigerait un effort non négligeable, d'autant plus que mon état d'ébriété excluait l'usage de ma bicyclette. D'un autre côté, c'était la première occasion que j'avais d'accomplir un acte directement lié à la grossesse de Rosie.

Un jogging à l'aventure dans un quartier peu familier ne m'a pas permis de mettre la main sur du maquereau fumé. Les rues étaient encore animées, et le choix de mon itinéraire était influencé par la nécessité d'éviter les piétons. J'ai décidé de pousser jusqu'à Brooklyn où je savais qu'un traiteur bien approvisionné restait ouvert toute la nuit sur Graham Avenue. Statistiquement, le temps nécessaire pour dénicher du maquereau serait sans doute inférieur si je continuais à explorer Manhattan, mais j'étais prêt à payer un certain prix en échange de la certitude.

Tout en traversant le pont de Williamsburg au pas de course, j'ai analysé le problème. L'organisme de Rosie réagissait probablement à une carence, l'intensité de son désir étant accrue par l'importance d'une alimentation correcte pendant la grossesse. Elle avait refusé le risotto aux champignons et aux artichauts mais voulait du maquereau. J'en ai conclu à titre provisoire que son organisme avait besoin de protéines et d'huile de poisson.

Comme pour gérer la complexité croissante de mon existence, j'ai envisagé deux approches. Un ravitaillement en vivres à la demande, en réponse à des envies qui ne se manifestaient probablement qu'une fois que l'organisme avait identifié une carence, risquait fort d'être un facteur de perturbation, inefficace de surcroît, comme le démontrait ma recherche de maquereau. Une approche planifiée respectant le régime spécialisé requis en période de grossesse et veillant à ce que tous les ingrédients soient disponibles au moment opportun était de toute évidence supérieure.

Quand je suis arrivé chez moi à 2 h 32 dans la Ville qui ne dort jamais, j'avais parcouru approximativement vingt kilomètres et avais acheté du maquereau, des cornichons et du chocolat (Rosie avait toujours envie de chocolat). Rosie dormait. J'ai agité le maquereau sous son nez sans provoquer de réaction.

À mon réveil, Rosie et Gene étaient déjà prêts à partir pour la Columbia et j'avais de nouveau mal à la tête, cette fois indéniablement à cause du manque de sommeil. Une quantité adéquate de sommeil relativement paisible est essentielle à un fonctionnement physique et mental optimal. La grossesse de Rosie exerçait des conséquences négatives majeures sur mon organisme. Au moins, l'achat anticipé d'aliments compatibles avec la grossesse rendrait les expéditions nocturnes inutiles. En guise de solution à court terme, j'ai pris un jour de congé pour me concentrer sur l'Opération Bébé.

J'ai employé de façon productive cette journée libérée, d'abord en rattrapant un peu de sommeil, puis en me mettant à la recherche d'informations complémentaires sur l'allégation de Rosie à propos du lien entre cortisol et dépression. La documentation était convaincante et établissait également une corrélation avec des affections cardiaques. Il était donc capital de minimiser les niveaux de stress de Rosie dans l'intérêt de sa santé et de celle de Bud.

Après avoir accompli les tâches d'entretien corporel programmées, j'ai consacré le reste de la matinée à une étude sur l'alimentation de la femme enceinte. Le temps que j'y avais affecté s'est révélé tout à fait insuffisant. Il y avait tant de conseils contradictoires ! Même après avoir écarté les articles qui affichaient obligeamment leur absence de fondements scientifiques en recourant à des termes tels que *bio*, *holistique* et *naturel*, je me suis retrouvé à la tête d'une masse de données, de recommandations et de recettes. Certains documents se concentraient sur les aliments à inclure, d'autres sur les aliments à exclure. Les recouvrements étaient importants. Un site Internet commercial mais remarquable consacré aux bébés proposait un Système de Repas Normalisé pour chaque trimestre. Malheureusement, ses menus incluaient de la viande, un élément inacceptable pour Rosie. Il allait me falloir plus de temps, à moins que je ne trouve une méta-analyse. D'autres que moi s'étaient certainement heurtés au même problème et avaient dû codifier leurs conclusions.

Les sites sur la grossesse contenaient également de nombreuses informations sur le développement du fœtus. Rosie m'avait clairement fait comprendre qu'elle ne voulait pas de commentaires théoriques, mais c'était incroyablement *intéressant*, d'autant plus qu'une étude de cas était en cours dans mon propre appartement. J'ai choisi un des carreaux muraux au-dessus de la baignoire et je lui ai attribué l'étiquette « 5 » pour représenter le nombre estimé de semaines de gestation antérieures au samedi précédent. J'ai dessiné un point de la taille d'un pépin d'orange pour indiquer la taille actuelle de Bud puis j'ai ajouté un croquis. J'ai eu beau y consacrer quarante minutes, le résultat était sommaire par rapport à certains des diagrammes disponibles en ligne. Pourtant, à l'image du calendrier dessiné sur les carreaux du mur d'en face, sa réalisation m'a inspiré un indéniable sentiment de satisfaction.

Pour résoudre le problème immédiat de nutrition, j'ai sélectionné une recette végétarienne au hasard sur un des sites. Un jogging au Trader Joe's m'a permis de me procurer tous les ingrédients nécessaires à la confection d'un flan au tofu et à la courge.

Il me restait un après-midi imprévu de temps libre – l'occasion rêvée pour entreprendre une recherche conforme aux recommandations de Gene. Il m'a paru raisonnable d'attendre d'être rentré de mon expédition de ravitaillement pour prendre une douche et me changer, d'autant plus que le bulletin météorologique indiquait une probabilité de trente pour cent de pluie. J'ai enfilé mon imperméable léger sur ma tenue de jogging et ajouté une casquette de cycliste pour me protéger les cheveux.

Il y avait une petite aire de jeux sur la Dixième Avenue, à quelques pâtés de maisons seulement. C'était parfait. J'ai pu m'asseoir sur un banc, seul, et observer les enfants en compagnie de leurs gardiennes. J'ai regretté de ne pas avoir de jumelles, mais cela ne m'a pas empêché de relever les principales actions motrices des participants et même d'entendre certaines conversations, d'autant plus qu'il s'agissait en grande partie de cris. Je n'ai pas été dérangé – en fait, la seule fois où un enfant s'est approché de moi, sa gardienne l'a immédiatement rappelé.

J'ai noté plusieurs observations dans mon carnet.

Les enfants partaient en exploration sur de courtes distances, mais s'arrêtaient systématiquement pour revenir auprès de leurs gardiennes. Je me suis rappelé avoir vu un documentaire qui rendait ce comportement plus évident en le repassant en accéléré, mais j'ai été incapable de me rappeler de quel animal il s'agissait. Comme mon téléphone disposait d'une mémoire disponible substantielle, j'ai commencé à filmer. Cette vidéo intéresserait certainement Gene.

Mon tournage a été interrompu par une activité collective : les gardiennes et les enfants se sont regroupés pendant environ vingt secondes avant de se déplacer en bloc à l'autre extrémité de l'aire de jeux. Un îlot central de feuillage m'empêchait désormais de les voir. Je les ai donc suivis pour m'asseoir à un endroit d'où je pouvais reprendre mes observations. Ils n'ont pas recommencé à jouer. J'ai décidé d'attendre et j'ai mis ce délai à profit pour modifier la résolution vidéo de mon téléphone dans l'éventualité où j'aurais la possibilité de filmer une plus longue séquence. Concentré sur les questions de fonctionnement de la caméra, je n'ai pas vu s'approcher deux policiers en uniforme.

Rétrospectivement, je n'ai peut-être pas correctement géré la situation, mais il s'agissait d'un protocole social peu familier dans des circonstances inattendues, obéissant à des règles que je ne connaissais pas. De plus, je me débattais avec l'application vidéo que j'avais téléchargée en accordant la priorité à la supériorité de son algorithme de compression aux dépens de sa convivialité.

— Vous pouvez me dire ce que vous faites là ?

C'était le policier le plus âgé (légèrement). J'ai estimé qu'ils avaient tous les deux entre trente et quarante ans et étaient en bonne forme physique – IMC approximativement vingt-trois.

— Oui, bien sûr. Je cherche à reconfigurer la résolution. Il est peu probable que vous puissiez m'aider, à moins que vous ne connaissiez très bien cette application.

— Dans ce cas, nous ferons sans doute mieux de ne pas vous importuner plus longtemps et de vous laisser avec les gamins.

— Parfait. Bonne chance dans votre lutte contre la criminalité.

— Levez-vous.

Un changement d'attitude inattendu de la part du plus jeune des deux. Peut-être se livraient-ils à une démonstration du protocole « gentil flic, méchant flic ». J'ai regardé Gentil Flic en me demandant s'il allait me donner des instructions contraires.

— Vous voulez que je me lève, vous aussi ?

Gentil Flic m'a aidé à me lever. Énergiquement. Mon aversion pour le contact physique est viscérale et ma réaction a été tout aussi instinctive. Je n'ai pas cloué ni projeté mon agresseur au sol, mais j'ai effectué une simple prise d'aïkido pour me dégager et m'écarter de lui. Il a reculé en trébuchant et Méchant Flic a brandi son pistolet. Gentil Flic a sorti des menottes.

Au commissariat, les policiers ont voulu que je fasse une déposition reconnaissant que j'étais venu au parc pour observer des enfants et que je m'étais opposé à mon arrestation. J'ai fini par obtenir une réponse à la question évidente : qu'avais-je fait de mal ? Il est illégal à New York d'entrer dans une aire de jeux pour enfants signalée comme telle sans être accompagné d'un enfant de moins de douze ans. Apparemment, il y avait un panneau affiché sur la grille à cet effet.

Incroyable. Si j'avais réellement été, comme le soupçonnait probablement la police et l'anticipaient les législateurs, quelqu'un qui tire une satisfaction sexuelle de l'observation d'enfants, j'aurais dû kidnapper préalablement un enfant pour pouvoir accéder à l'aire de jeux. Gentil Flic et Méchant Flic n'ont manifesté aucun intérêt pour cet argument, et j'ai fini par leur livrer un récit des événements qui a paru les satisfaire.

On m'a ensuite laissé seul dans une petite pièce pendant cinquante-quatre minutes. On m'avait confisqué mon téléphone.

Après tout ce temps, un homme plus âgé, en uniforme lui aussi, m'a rejoint avec ce qui était probablement la version imprimée de ma déposition.

— Professeur Tillman ?

— Salutations. Il faut que j'appelle un avocat.

Le temps que j'avais passé seul avait été utile car il m'avait permis de me concentrer. Je me suis rappelé avoir vu dans le métro une publicité pour des avocats pénalistes avec un numéro de téléphone commençant par 800.

— Vous ne voulez pas appeler votre femme d'abord ?

— Un conseil professionnel est prioritaire.

J'étais également conscient que la nouvelle de mon arrestation stresserait Rosie, d'autant plus que le problème n'était pas encore réglé et qu'elle ne pouvait pas faire grand-chose pour m'aider.

— Vous pouvez appeler un avocat si vous y tenez. Mais vous n'en aurez peut-être pas besoin, vous savez. Vous voulez boire quelque chose ?

Ma réponse a été automatique.

— Volontiers, oui. Une tequila – sans eau.

Mon interrogateur m'a regardé pendant approximativement cinq secondes. Il n'a manifesté aucune intention d'aller me chercher un verre.

— Vous êtes sûr que vous ne préféreriez pas une margarita ? Ou peut-être un daiquiri fraise ?

— Non, la préparation d'un cocktail est complexe. Une tequila ira très bien.

Je me doutais qu'ils ne devaient pas avoir de jus de fruits frais. Mieux valait une bonne tequila qu'une margarita au sirop de citron ou au sweet-and-sour mix.

— Vous venez de Melbourne, en Australie, c'est bien ça ?

— Exact.

— Et vous êtes en ce moment professeur à la Columbia.

— Professeur associé.

— Y a-t-il quelqu'un qui puisse confirmer vos dires ?

— Bien sûr. Vous pouvez appeler le Doyen de la faculté de médecine.

— Vous êtes un vrai crack, hein ?

Il était difficile de répondre à cette question sans avoir l'air prétentieux. J'ai simplement hoché la tête.

— Très bien, professeur, alors dites-moi. Intelligent comme vous l'êtes, quand je vous ai proposé une margarita, vous avez vraiment imaginé que j'allais passer dans la kitchenette et presser des citrons verts ?

— Des citrons normaux m'auraient parfaitement convenu. Mais je ne vous ai demandé qu'une tequila. Presser des agrumes pour confectionner des cocktails me paraît être une utilisation inappropriée du temps de travail d'un professionnel du maintien de l'ordre.

Il s'est appuyé contre son dossier.

— Vous ne blaguez pas, si ?

J'avais beau être soumis à une terrible pression, j'étais conscient que j'avais dû commettre une erreur. J'ai fait de mon mieux pour clarifier les choses.

— J'ai été arrêté, et je cours le risque d'être incarcéré. J'ignorais la loi. Je n'ai pas plaisanté intentionnellement.

J'ai réfléchi un moment, puis j'ai ajouté, simplement dans l'espoir de réduire les risques de privation de liberté et de nourriture médiocre, de conversation ennuyeuse et d'avances sexuelles importunes liés à la détention.

— Je suis un peu incompétent socialement.

— J'avais cru comprendre. Vous avez vraiment dit : « Bonne chance dans votre lutte contre la criminalité » à l'agent Cooke ?

J'ai hoché la tête. Il a ri.

— J'ai un neveu qui est un peu comme vous.

— Il est professeur de génétique ?

— Non. Mais si vous voulez tout savoir sur les Spitfires de la Seconde Guerre mondiale, il est incollable. Il n'ignore rien sur les avions et tout sur la façon d'éviter les ennuis. Vous deviez être drôlement fort en classe. Pour devenir professeur.

— J'avais de très bonnes notes. En revanche, je n'appréciais pas les aspects sociaux.

— Des problèmes avec l'autorité ?

Instinctivement, j'ai failli répondre « non » : je respecte les règles et n'ai aucune envie de créer des problèmes. Mais des souvenirs spontanés du professeur d'éducation religieuse, du principal et de la Doyenne de la faculté des sciences de Melbourne m'ont traversé l'esprit, suivis de Pinard, du gardien de l'immeuble de Brooklyn et des deux flics.

— Exact. Pour des raisons de franchise – manque de tact – plus que par mauvaise intention.

— Vous avez déjà eu maille à partir avec la police ?

— C'est la première fois.

— Et vous vous trouviez à l'aire de jeux pour… (Il a consulté son document.) … observer le comportement des enfants dans le cadre d'une étude sur la paternité.

— Exact. Ma femme est enceinte. Je tiens à acquérir une certaine familiarité avec les enfants.

— Bon sang. (Il a incliné la tête vers son papier, mais ses yeux ne donnaient pas l'impression qu'il lisait.) Bien, bien, bien. Je ne pense pas que vous soyez un danger pour les gosses, mais je ne peux pas non plus vous laisser filer comme ça. Si la semaine prochaine, vous allez faire un carnage dans une école et que je n'ai pris aucune mesure pour…

— Cela me paraît statistiquement improbable…

— Taisez-vous. Vous ne feriez qu'aggraver votre cas. – Le conseil m'a paru judicieux. – Je vais vous envoyer à Bellevue. Quelqu'un discutera avec vous et s'il estime que vous êtes inoffensif, vous serez tiré d'affaire. Nous serons tous tirés d'affaire.

Il m'a rendu mon téléphone et a agité les menottes.

— Brendan est un chic type. Je compte sur vous pour respecter le rendez-vous. Autrement, nous serons obligés d'employer la manière forte.

10.

Il était 18 h 32 quand je suis sorti du commissariat. J'ai immédiatement téléphoné à l'hôpital Bellevue pour prendre rendez-vous. La réceptionniste m'a invité à rappeler le lendemain, sauf s'il s'agissait d'une urgence. J'avais entrepris de lui exposer la situation depuis approximativement quatre minutes quand elle a pris une décision apparemment irrévocable : ce n'était pas une urgence.

Dans le métro, j'ai hésité à informer Rosie de l'Incident de l'Aire de Jeux. C'était embarrassant, notamment par la méconnaissance des règles qu'il suggérait. Connaître les règles est un de mes points forts. Rosie serait contrariée qu'il me soit arrivé quelque chose de désagréable et furieuse contre la police – bref, *stressée*. La décision que j'avais prise de la tenir à l'écart de cette affaire jusqu'à ce qu'elle soit réglée conservait toute sa validité. J'avais évité le pire des scénarios au commissariat. Le seul obstacle restant était l'évaluation psychologique du Bellevue.

J'ai cherché à me persuader que je n'avais *aucune raison* de m'inquiéter à l'idée de rencontrer un psychologue. Quand j'avais une vingtaine d'années, j'avais été interrogé par de nombreux psychologues et psychiatres. Mon cercle actuel d'amis comprenait Claudia, psychologue clinicienne ; Gene, directeur d'un Institut de psychologie ; Isaac Esler, psychiatre ; ainsi que Rosie, diplômée et doctorante en psychologie. La compagnie de ces professionnels m'était familière et j'étais à l'aise avec eux. Par ailleurs, le psychologue n'avait pas de motif de me juger dangereux. Je n'avais donc *aucune raison* de m'inquiéter à la perspective de cette évaluation. En l'absence de raison, toute inquiétude était irrationnelle.

Rosie était déjà rentrée et travaillait dans son nouveau bureau quand je suis arrivé. J'avais manqué ma station de métro, puis j'avais pris la mauvaise direction. J'ai imputé ces erreurs au déménagement. J'ai commencé à préparer le dîner, qui offrirait un sujet de conversation moins risqué que mes activités de la journée.

— Où étais-tu passé ? a crié Rosie. J'avais cru comprendre qu'on déjeunait ensemble.

— Tofu. Nourrissant, digeste, excellente source de fer et de calcium.

— Bonsoir ?

Elle est sortie de son bureau et est arrivée derrière moi alors que je me concentrais sur le repas.

— Tu m'embrasses ?

— Bien sûr.

Malgré tous mes efforts pour le rendre intéressant, le baiser a malheureusement été insuffisant pour dissuader Rosie de poursuivre son enquête.

— Et alors, qu'est-ce que tu as fabriqué ? Et le déjeuner ?

— Je n'avais pas compris que le déjeuner était confirmé. J'ai pris une journée de congé. Je suis allé me promener. J'étais patraque.

Tous ces énoncés étaient exacts.

— Ça ne m'étonne pas. Tu as passé toute la nuit à picoler avec Gene.

— Et à acheter du maquereau fumé.

— Merde ! J'avais oublié. Pardon. J'ai mangé des œufs au vinaigre et je me suis endormie.

Elle a tendu le doigt vers le tofu que j'étais en train de préparer.

— Je croyais que tu sortais avec Dave.

— C'est pour toi.

— C'est sympa, mais je vais prendre une pizza.

— Le tofu est plus sain. Riche en bêta-carotène, indispensable au bon fonctionnement du système immunitaire.

— Peut-être, mais j'ai envie de pizza.

Devais-je me fier à l'instinct qui réclamait une pizza ou au site Internet qui recommandait du tofu ? En tant que généticien, j'avais tendance à miser sur l'instinct, mais en tant que scientifique, j'avais une certaine confiance dans la recherche. En tant que mari, je savais qu'il était plus facile de ne pas discuter. J'ai rangé le tofu au réfrigérateur.

— Ah ! Et puis, emmène Gene, tu veux ?

La définition de la soirée entre garçons supposait la présence de deux participants, Dave et moi, avec l'adjonction éventuelle d'anciens collègues de travail de Dave. Elle supposait aussi que Rosie puisse ainsi disposer « de temps pour elle ». La seule solution permettant de ne déroger à aucun des deux éléments de cette définition aurait été de demander à Gene de manger seul, ce qui aurait enfreint une autre règle de comportement éthique. Le changement semblait décidément inéluctable.

Quand nous avons quitté l'ascenseur, Gene et moi, et sommes sortis dans la rue, George débarquait d'un taxi, chargé d'un sac. Je l'ai intercepté.

— Salutations. Je croyais que vous repartiez en Angleterre.

Une recherche en ligne m'avait appris le nom du bateau de croisière de George, qui avait pris la mer quelques heures plus tôt.

— Comme ça, vous auriez eu la paix, hein ? En fait, on a quelques mois de congé grâce aux Herman's Hermits. Notre agent nous cherche des engagements à New York. Comment va la bière ?

— Température correcte et stable. Une fuite mineure produit des odeurs occasionnelles, mais nous nous y sommes habitués. Vous avez prévu de répéter ce soir ?

— C'est marrant que vous me posiez la question. Je dois dire que je n'en meurs pas d'envie, mais Jimmy – le bassiste – se pointera peut-être. Enfin, c'est ce qu'il dit. Trois jours à New York et il tourne déjà en rond, alors autant se retrouver, boire de la bière et faire un peu de musique, non ?

— Vous n'avez pas plutôt envie d'aller voir du base-ball ?

L'idée avait surgi dans ma tête pour résoudre le problème du bruit que George risquait d'infliger à Rosie. C'était peut-être la première fois de ma vie que je proposais spontanément à quelqu'un qui n'était pas un ami intime de m'accompagner dans une activité sociale.

— Vous sortez, c'est ça ?

— Exact. Pour manger de la nourriture, boire de l'alcool et regarder du baseball. Nous parlons aussi.

J'avais choisi le Dorian Gray, un bar de l'East Village comme lieu de réunion régulier. Il présentait la combinaison la plus favorable entre écrans de télévision, niveau sonore, bière, prix et durée de trajet pour Dave et moi. J'ai présenté George comme mon voisin vertical et expliqué que Gene logeait chez moi. La présence d'un locataire supplémentaire à titre gratuit n'a pas eu l'air d'inquiéter George.

Dave n'a jamais de mal à s'adapter aux changements de projets et il a été content que George et Gene se joignent à nous. Nous avons commandé des burgers avec tous les suppléments disponibles. Le régime de Dave est suspendu lors des soirées entre garçons. Gene a commandé une bouteille de vin, une boisson plus chère que la bière que nous consommons habituellement. Je savais que cela contrarierait Dave.

— Alors, a dit Gene, où est-ce que tu étais passé aujourd'hui ? J'ai dû me coltiner ta nouvelle assistante.

— Votre ton donne à penser que la corvée n'a pas été insurmontable, est intervenu George. Je suppose qu'il s'agissait d'une jeune dame, n'est-ce pas ?

— C'est exactement cela, a répondu Gene, cherchant probablement à imiter l'accent de George. Elle s'appelle Inge. Tout à fait charmante.

Je me suis demandé s'il était judicieux de leur demander conseil à propos de l'Incident de l'Aire de Jeux, conformément à l'objectif premier des soirées entre garçons qui était de se prêter mutuellement assistance en cas de problèmes personnels. Je souhaitais avoir un avis extérieur sur ma décision de ne pas confier cette information à Rosie, mais il ne m'a pas paru judicieux d'apprendre à George, qui était dans les faits mon propriétaire, que j'avais été arrêté par la police.

— J'ai un problème mineur, ai-je dit. J'ai commis une erreur sociale qui pourrait avoir des suites.

Je n'ai pas précisé que cette erreur était la conséquence directe du conseil que Gene m'avait donné d'observer des enfants.

— Eh bien, tout cela est on ne peut plus précis, a remarqué Gene. Tu ne veux pas nous en dire un peu plus ?

— Non. Tout ce que je veux, c'est savoir si je dois en parler à Rosie. Et le cas échéant, comment.

— Bien sûr que oui, a repris Gene. Le mariage doit reposer sur la confiance et la franchise. Absence totale de secrets.

Puis il a ri, sans doute pour me faire comprendre qu'il plaisantait. Ce qui était cohérent avec son comportement de menteur et de coureur.

Je me suis tourné vers Dave.

— Qu'est-ce que tu en penses ?

Dave a contemplé son assiette vide.

— Je suis mal placé pour te donner des conseils. Je suis à deux doigts de la faillite et je ne l'ai pas dit à Sonia.

— Votre entreprise de réfrigération est en difficulté ? a demandé George.

— L'aspect réfrigération va bien, c'est la partie compta qui coince.

— La paperasse, a compati George. Je vous dirais bien d'engager quelqu'un pour s'en occuper, mais un beau matin, vous vous réveilleriez pour découvrir que c'est vous qui avez bossé pour lui, et non l'inverse.

J'avais du mal à comprendre comment une telle information pouvait être disponible au réveil, ce qui ne m'a pas empêché d'approuver la thèse générale de George : l'administration représentait aussi un important désagrément pour moi. Au contraire, Gene était incroyablement fort pour l'utiliser à son propre avantage.

La conversation déviait. Je l'ai recentrée sur la question essentielle : devais-je en parler à Rosie ?

— Sérieusement, est-ce qu'il faut qu'elle le sache ? a demandé Gene. Est-ce que ça la concerne directement ?

— Pas encore. Ça dépendra des suites.

— Dans ce cas, attends. Les gens passent leur vie à se faire du souci pour des trucs qui n'arrivent jamais.

Dave a hoché la tête.

— Elle n'a sûrement pas besoin d'un stress de plus.

Ce mot, encore.

— C'est vrai, a approuvé Gene.

Il s'est tourné vers George.

— Qu'en pensez-vous ?

— Je pense que ce vin est étonnamment bon, a répondu George. C'est du chianti ? (Il a fait signe à notre serveur.) Une autre bouteille de votre meilleur chianti, patron.

— Nous n'avons qu'une sorte de chianti. Celui que vous avez bu.

— Alors apportez-nous votre meilleur vin rouge.

L'horreur s'est peinte sur le visage de Dave. J'étais moins inquiet. Le meilleur vin rouge du Dorian Gray ne risquait pas d'être hors de prix.

George a attendu que la bouteille arrive.

— Ça fait combien de temps que vous êtes marié ?

— Dix mois et quinze jours.

— Et vous faites déjà des trucs dont vous ne pouvez pas lui parler ?

— Il faut croire.

— Pas de gosse, j'imagine.

— C'est une question intéressante.

Tout dépendait de la définition de « gosse ». Si George était un intégriste religieux, il pouvait considérer qu'un gosse avait commencé à exister à un moment situé entre une heure et cinq jours après le retrait de ma chemise en ce samedi fatidique, en fonction de la vitesse de parcours du spermatozoïde vainqueur. Pendant que je réfléchissais, Gene a répondu à la question.

— Don et Rosie attendent leur premier enfant… c'est pour quand, Don ?

La durée moyenne de gestation humaine est de quarante semaines ; trente-huit à partir de la conception. Si le récit de Rosie était exact et si la conception avait eu lieu le jour même, le bébé devait naître le 21 février.

— Eh bien, a repris George, voilà qui répond à votre question sur la nécessité de la mettre au courant. Il ne faut rien lui dire qui risque de l'inquiéter.

— Excellent principe, a approuvé Gene.

Même sans preuve scientifique de la corrélation entre le stress et la future santé mentale de Bud, mes compagnons étaient parvenus pour l'essentiel à la même conclusion que moi. Mieux valait me taire jusqu'à ce que le problème soit réglé. Le plus tôt serait le mieux si je voulais éviter d'être moi-même victime d'un empoisonnement au cortisol.

Gene a goûté le vin au nom du groupe et a poursuivi.

— Il est naturel de tromper son conjoint. Il ne faut pas contrarier la nature.

George a ri.

— Je serais curieux de savoir comment vous défendez cette thèse.

Gene s'est lancé dans son laïus habituel sur les femmes qui recherchent les meilleurs gènes, même à l'extérieur de leur relation primaire, tandis que les hommes s'efforcent de féconder le plus de femmes possible sans se faire prendre. Heureusement, c'était un discours bien rodé, parce que j'ai décelé un niveau d'ébriété non négligeable. George a beaucoup ri.

Dave n'a pas ri du tout.

— Foutaises. Je n'ai jamais sérieusement envisagé de tromper Sonia.

— Comment vous expliquer ça ? a repris Gene. C'est une question de statut hiérarchique. Plus vous êtes haut placé, plus les femmes disponibles sont nombreuses. Un de nos collègues est directeur de l'Institut de recherche médicale de Melbourne et il vient de se faire surprendre dans une situation pour le moins compromettante. Et pourtant, je ne connais pas de gars plus sympa que lui.

Gene faisait allusion à mon cochercheur de Melbourne, Simon Lefebvre, et j'étais content d'apprendre qu'il le considérait à présent comme un « gars sympa ». Par le passé, il y avait eu entre eux une rivalité malsaine.

Gene a vidé la bouteille de vin.

— Alors, sans vouloir vous froisser, Dave, Don est professeur associé, et je suis directeur d'institut. À peu près au même niveau que Lefebvre, mais plus haut sur l'échelle que Don. Je ne dispose sans doute pas d'autant d'occasions que Lefebvre dont le dévouement à la tâche est un exemple pour nous tous, mais j'en ai plus que Don.

— Et moi, en tant que technicien supérieur en réfrigération, je me situe plus bas que vous deux, a remarqué Dave.

— En termes de hiérarchie sociale, c'est probablement exact. Ça ne retire rien à votre valeur en tant qu'individu. Si mon frigo tombe en panne, je ne vais pas appeler Lefebvre ; il n'empêche que en moyenne, quelqu'un qui exerce votre métier aura moins d'occasions de coucher avec des femmes qui se focalisent inconsciemment – ou consciemment, en fait – sur les questions de statut. Vous êtes probablement un type meilleur que moi par bien des aspects, mais dans ce groupe, le mâle alpha, c'est moi. (Gene s'est tourné vers George.) Pardon. Je suis peut-être présomptueux. Je suppose que vous n'êtes ni président de l'université de Cambridge ni international de football.

— Trop con pour l'option un. Quant à la deux, j'aurais bien voulu. J'ai fait un essai à Norwich – je n'étais pas assez bon.

Le serveur a apporté l'addition et George s'en est emparé, il a posé un tas de billets dessus et s'est levé.

Nous avons pris un taxi, George, Gene et moi pour regagner notre immeuble. Quand les portes de l'ascenseur se sont refermées devant George, Gene m'a dit :

— Un repas à l'œil. Tu vois ce qu'un mec est capable de faire pour défier le mâle alpha ? Tu sais ce qu'il fait dans la vie, ce type ?

— Rock star.

Rosie était en tenue de nuit mais encore éveillée quand je suis entré dans la chambre.

— Tu as passé une bonne soirée ? a-t-elle demandé, et j'ai éprouvé un instant de panique avant de me rendre compte que je n'avais pas besoin de lui mentir.

— Excellente. Nous avons bu du vin et mangé des hamburgers.

— Et parlé baseball et femmes.

— Inexact. Nous ne parlons jamais de femmes en général – seulement de Sonia et de toi. Et ce soir, nous avons parlé génétique.

— J'ai bien fait de rester à la maison. J'imagine que parler génétique veut dire que Gene a infligé à Dave son fameux discours « Les hommes sont programmés pour tromper leurs femmes ». J'ai raison ?

— Exact. Il me paraît improbable que Dave modifie son comportement à la suite de cette soirée.

— J'espère que personne ne modifiera son comportement à cause de quoi que ce soit que Gene puisse raconter, a-t-elle rétorqué en me jetant un regard bizarre. Il y a quelque chose que tu ne m'as pas dit ?

— Bien sûr. Il y a un grand nombre de choses que je ne te dis pas. Tu serais en surcharge d'information.

C'était un excellent argument, mais il était temps d'introduire un changement de sujet et de recentrer la conversation sur Rosie. J'avais préparé une question appropriée pendant le trajet en taxi.

— Comment était ta pizza ?

— J'ai fini par faire cuire le tofu. Ce n'était pas trop mauvais.

J'avais rejoint Rosie au lit depuis quelques minutes quand George s'est mis à la batterie. Rosie a suggéré que je monte lui demander d'arrêter. « Si tu n'y vas pas, j'irai moi-même », a-t-elle dit.

J'avais le choix entre trois solutions : un conflit avec mon épouse, un conflit avec mon propriétaire, un conflit entre mon propriétaire et mon épouse.

À en juger par son apparence quand il a ouvert la porte, George avait joué en pyjama. Ma théorie est que quand les gens sont seuls, ils sont tous aussi bizarres que moi. J'étais aussi en pyjama, évidemment.

— Trop de bruit pour vous et la madame ? Et pour Don Juan ?

— Seulement pour la madame.

J'essayais de réduire l'ampleur de ma plainte de soixante-sept pour cent. Ma voix sonnait étrangement comme celle de mon grand-père.

George a souri.

— Franchement, je crois que c'est la meilleure soirée que j'aie jamais passée. Au moins, on n'a pas parlé foot et ça m'a obligé à faire marcher ma cervelle.

— Vous avez eu de la chance. D'habitude, on parle baseball.

— Foutrement intéressant, ce truc sur la génétique.

— Gene n'est pas toujours d'une exactitude théorique irréprochable.

— Ça, je m'en doute. (Il a ri.) Je ne sais pas où est le rapport, mais ça faisait une paye que je n'avais pas eu une telle envie de me mettre à la batterie. Votre pote a dû réveiller le mâle alpha qui sommeille en moi.

— Vous jouez pour embêter Gene ?

— Les gens payent pour m'entendre. Vous avez la chance d'en profiter à l'œil.

J'ai été incapable de trouver un bon contre-argument, mais George a encore souri.

— Un petit dernier pour lui et je vais me pieuter.

11.

Donner le change à Rosie le lendemain matin n'a pas été une mince affaire.

— Qu'est-ce que tu as, Don ?

— Je suis de nouveau patraque.

— Ah bon ? Toi aussi ?

— Je me demande si je devrais pas aller voir le médecin.

— J'ai une meilleure idée : fais comme moi, mets-toi au jus d'orange. Tu empestais comme une brasserie quand tu es rentré hier soir.

— C'est sûrement la bière qui a recommencé à fuir.

— Don, je crois qu'il faut qu'on parle. J'ai comme l'impression que tu n'assures pas vraiment.

— Si, si, tout va bien. Je retourne à la fac cet après-midi. Tout reprendra son cours conformément au programme.

— Bien, bien. Je dois dire que je suis un peu stressée, moi aussi. Ma thèse n'avance pas comme je voudrais.

— Tu dois absolument éviter le stress. Tu as encore huit semaines pour finir. Je te recommande de parler à

Gene. Tu es censée discuter de ta thèse avec ton directeur de thèse.

— Pour le moment, j'ai toute ma partie stats à mettre en ordre, ce qui n'est pas vraiment la spécialité de Gene. Ce n'était déjà pas marrant de devoir lui faire un rapport tous les mois sans qu'en plus, il partage mon appartement et soit au courant de mes problèmes. Et fasse picoler mon mari.

— Je suis très compétent en statistiques. Tu te sers de quoi ?

— Tu veux m'aider à tricher sous le nez de mon directeur de thèse ? De toute façon, personne ne peut faire ça à ma place. J'ai du mal à me concentrer, c'est tout. J'ai une idée en tête et puis d'un coup, mon cerveau se met à divaguer et je n'ai plus qu'à tout recommencer.

— Tu es sûre que tu ne souffres pas d'un Alzheimer précoce ou d'une autre forme de démence ?

— Je suis *enceinte*, Don. Et je ne sais plus où donner de la tête. Figure-toi que j'ai croisé la conseillère d'orientation hier et elle me dit, comme ça, l'air de rien : « J'ai appris la nouvelle ; si vous avez envie qu'on en parle, c'est quand vous voulez. » Merde, j'arrive à peine à garder la tête hors de l'eau avec tout ce que j'ai à faire et elle veut me parler d'un machin qui ne se passera que dans plusieurs mois.

— La conseillère est probablement très compétente pour…

— Non. Laisse tomber pour le moment. Gene t'a dit quelque chose à propos de son déménagement ? Tu lui as parlé hier soir, j'espère ?

— Bien sûr. Je lui reparlerai aujourd'hui.

Les deux énoncés étaient théoriquement exacts. Tout développement n'aurait fait qu'augmenter le niveau de stress de Rosie.

Ma deuxième tentative pour prendre rendez-vous au Bellevue a été un *désastre*. Brendan, la personne à qui l'officier de police m'avait adressé, était en congé pour cause de stress, nous rejoignant ainsi, Rosie et moi, ainsi que probablement une grande partie des New-Yorkais sur la liste des individus à qui il était conseillé de faire redescendre leur taux de cortisol en deçà du seuil de danger. Aucun rendez-vous n'était possible avant huit jours. J'ai estimé que me présenter personnellement serait plus efficace, dans l'espoir de profiter d'une annulation ou d'un désistement.

La clinique se trouvait approximativement à la même latitude que notre appartement mais sur la Première Avenue, du côté est de Manhattan. J'ai mis à profit la traversée de la ville à bicyclette pour planifier mon approche et mon discours était prêt quand je suis arrivé au service d'évaluation psychiatrique. Au-dessus du guichet muni de barreaux de la réceptionniste, un écriteau indiquait ACCUEIL.

— Salutations. Je m'appelle Don Tillman et je suis soupçonné de pédophilie. Je souhaite m'inscrire sur la liste d'attente pour une évaluation.

Elle n'a relevé la tête de ses papiers que quelques secondes.

— Nous n'avons pas de liste d'attente. Il faut prendre rendez-vous.

Je m'étais préparé à cette tactique.

— Puis-je parler à votre directeur ?

— Je regrette. Elle n'est pas disponible.

— Quand sera-t-elle disponible ?

— Je suis désolée, monsieur…

Elle a attendu comme si elle s'attendait à ce que je dise quelque chose, avant de poursuivre.

— Il faut absolument prendre rendez-vous. C'est le règlement. Je vous demanderai aussi de bien vouloir sortir votre bicyclette d'ici.

J'ai réexpliqué pourquoi je souhaitais me soumettre à une évaluation immédiate, en détail cette fois. Cela m'a pris un certain temps et elle a essayé de m'interrompre à plusieurs reprises. Elle a fini par arriver à ses fins :

— Monsieur, il y a des gens qui attendent.

Elle avait raison. Un public croissant paraissait vivement intéressé par mes arguments. Je lui ai fait un résumé de la situation.

— Statistiquement, à un moment ou à un autre de la matinée, un psychologue, payé par les contribuables, prendra un café ou surfera sur Internet parce qu'un client ou une cliente n'aura pas respecté son rendez-vous, pendant qu'un pédophile psychopathe potentiel se promènera en liberté dans les rues de New York, sans avoir fait l'objet d'une évaluation…

— Vous êtes pédophile ?

La question était posée par une femme d'environ trente ans, vêtue d'un survêtement, IMC estimé quarante.

— Je suis *accusé* de pédophilie. J'ai été arrêté par la police dans une aire de jeux pour enfants.

Elle s'est adressée à la réceptionniste.

— Faut que quelqu'un voie ce mec.

Les autres personnes qui se trouvaient en salle d'attente approuvaient manifestement son intervention.

La réceptionniste a parcouru une liste du regard et a pris son téléphone. Approximativement une minute plus tard, elle m'a dit :

— Mme Aranda vous recevra dans une heure si vous êtes prêt à attendre.

Elle m'a tendu un formulaire à remplir. Une victoire de la rationalité.

— Si j'ai bien compris, vous teniez absolument à parler à quelqu'un, a dit Mme Aranda (âge estimé quarante-cinq, IMC vingt-deux), qui s'est présentée sous le nom de Rani.

Elle m'a écouté pendant les quarante et une minutes dont j'ai eu besoin pour lui exposer les événements de la veille. J'ai observé une amélioration progressive de son expression faciale qui est passée de la désapprobation au sourire.

— Ce n'est pas la première fois que vous vous retrouvez dans une situation délicate ? a-t-elle demandé quand je me suis tu.

— Exact.

— Mais jusqu'à présent, vous n'aviez jamais eu de problèmes avec des enfants ?

— Seulement pendant ma scolarité. Quand les enfants étaient mes contemporains.

Elle a ri.

— Visiblement, vous avez réussi à survivre. Si vous ne vous étiez pas conduit un peu bizarrement avec les policiers, ils se seraient probablement contentés d'un rappel à l'ordre et vous auraient laissé partir. Il n'est pas illégal d'être bizarre.

— Heureusement. Autrement, j'aurais déjà été condamné à la chaise électrique.

Ce n'était qu'une petite plaisanterie, mais elle a fait rire Rani.

— Je vais vous donner une lettre pour la police et vous pourrez reprendre tranquillement votre enquête sur les enfants. Je vous conseille d'aller rendre visite à des proches, ce qui est de toute façon une excellente chose. Je souhaite bonne chance à votre épouse pour l'heureux événement.

Je me suis senti soulagé d'un immense fardeau. J'avais réglé le problème sans stresser Rosie. Je lui raconterais toute l'histoire le soir même et elle dirait : « Don, quand j'ai accepté de t'épouser, je t'ai dit que je voulais de la loufoquerie permanente. Tu es incroyable. »

Puis j'ai constaté que quelqu'un nous regardait à travers la vitre. Je ne l'ai reconnue qu'au moment où elle a fait signe à Rani, qui est sortie de la salle d'interrogatoire pour la rejoindre. Notre rencontre remontait à cinquante-trois jours, mais la haute taille, le faible IMC et le déficit associé de dépôts adipeux faciaux étaient parfaitement identifiables. C'était Lydia de l'Incident du Thon Rouge.

Rani a discuté avec Lydia pendant quelques minutes, puis s'est éloignée. Lydia m'a rejoint dans le bureau.

— Salutations, Lydia.

— Je m'appelle Mercer. Lydia Mercer. Je suis la responsable du service de médiation sociale et je vais me charger personnellement de votre dossier.

— J'avais cru comprendre que tout était réglé. Je pensais que vous m'aviez reconnu…

Elle m'a interrompu.

— Monsieur Tillman, je suis toute prête à admettre que nos chemins se sont déjà croisés, mais je pense que vous feriez mieux de l'oublier. Vous avez été arrêté pour un délit, et une évaluation… réservée… de notre part pourrait mettre la police dans l'obligation de donner suite. Suis-je suffisamment claire pour vous ?

J'ai hoché la tête.

— Votre femme est enceinte ?

— Exact.

« N'ayez jamais d'enfants », avait-elle dit. J'avais contrevenu à sa prescription, mais ce n'était pas à la suite d'une action délibérée de ma part. J'ai ajouté, pour me justifier :

— Ce n'était pas programmé.

— Et vous estimez avoir les qualités requises pour être père ?

Je me suis rappelé le conseil de Gene.

— Je prévois que l'instinct assurera pour l'essentiel un comportement correct.

— Comme lorsque vous avez agressé l'agent de police. Comment s'en sort votre femme ?

— Comment elle s'en sort ? Le bébé n'est pas encore là.

— Elle travaille ?

— Elle est étudiante en médecine.

— Vous ne croyez pas qu'elle pourrait avoir besoin d'un peu plus de soutien en ce moment ?

— Plus de soutien par rapport à quoi ? Rosie est autonome.

C'était une de ses caractéristiques essentielles. Elle se serait sentie insultée si j'avais laissé entendre qu'elle avait besoin de soutien.

— Avez-vous discuté des questions de garde d'enfant ?

— À peine. Pour le moment, Rosie se préoccupe surtout de sa thèse de doctorat.

— Vous ne venez pas de me dire qu'elle est étudiante en médecine ?

— Elle termine un doctorat en parallèle.

— Comme tout le monde, bien sûr.

— Non, ce n'est pas du tout courant, ai-je objecté.

— Et qui s'occupe du ménage, de la cuisine ?

J'aurais pu lui répondre que nous nous partagions les tâches ménagères et que la cuisine était de mon ressort, mais cela aurait retiré de son poids à mon énoncé sur l'autonomie de Rosie. J'ai trouvé une façon judicieuse de contourner le problème.

— Ça dépend. Hier soir, elle s'est préparé à dîner toute seule et j'ai acheté un hamburger de mon côté dans un bar sportif.

— Avec vos potes sans doute – vos *copains*.

— Exact. Inutile de traduire. Les expressions vernaculaires américaines me sont familières.

Elle a replongé le nez dans son dossier.

— Elle a de la famille ici ?

— Non. Sa mère est morte, elle est *décédée*, ce qui l'empêche d'être ici. Son père est lui aussi dans l'incapacité d'être ici parce qu'il est propriétaire d'un gymnase – d'un *centre de fitness* – qui exige sa présence sur place.

Lydia a noté quelque chose.

— Quel âge avait-elle à la mort de sa mère ?

— Dix ans.

— Et maintenant ?

— Trente et un.

— Professeur Tillman. J'ignore si ce que je vais vous dire aura le moindre sens pour vous, mais nous voici en présence d'une primipare, d'une jeune femme indépendante et très performante professionnellement, *hyper-performante* même, qui a perdu sa mère avant onze ans, pas de modèle maternel, pas de soutien, un mari complètement hors du coup. En tant que professeur, en tant qu'intellectuel, voyez-vous où je veux en venir ?

— Non.

— Votre femme a le profil type pour faire une dépression post-partum. Pour être dépassée par les événements. Pour se retrouver à l'hôpital. Ou pire. Et vous, vous ne faites absolument rien pour éviter ça. Je dirais même plus, si ça devait arriver, vous ne le remarqueriez même pas.

J'avais beau ne pas apprécier ce que disait Lydia, je ne pouvais que respecter sa compétence professionnelle.

— Vous n'êtes pas le seul conjoint indifférent qui existe, et de loin. Seulement, dans votre cas, je peux faire quelque chose.

Elle a agité le dossier.

— Je vais vous faire travailler un peu. Vous avez agressé un policier. J'ignore comment cette absence de contrôle se manifeste dans une situation domestique, mais une thérapie de groupe ne vous fera pas de mal. L'assiduité est obligatoire jusqu'à ce que le responsable estime que vous ne représentez plus de danger pour personne. Je vous reverrai dans un mois pour une évaluation. Avec votre femme.

— Et si j'échoue ?

— Je suis médiatrice sociale. On m'a demandé de vous recevoir à la suite d'un comportement inapproprié et illégal en présence d'enfants. C'est mon avis qui l'emportera en dernier recours. Services de police : il suffit d'un rapport de ma part pour que vous vous retrouviez entre leurs mains. Services d'immigration : je suppose que vous n'êtes pas citoyen américain. De plus, il existe des protocoles pour les pères que nous estimons dangereux.

— Que dois-je faire pour améliorer mes aptitudes ?

— Commencez par prêter attention à votre femme… et à la manière dont elle aborde sa future maternité.

Comme Lydia ne travaillait pas le 27 juillet, j'ai espéré un moment que cela réglerait le problème de la présence requise de Rosie pour une évaluation « dans un mois ». La réceptionniste a été inflexible : ce n'était pas une raison valable d'annulation, et elle m'a fixé un rendez-vous pour le 1er août, cinq semaines plus tard. L'idée d'attendre un rendez-vous pendant huit jours m'avait déjà tracassé mais j'allais maintenant devoir faire face à trente-cinq jours d'angoisse de niveau supérieur. En plus, je n'avais pas le choix : j'allais être obligé d'en informer Rosie.

Ce n'était pas le seul problème. Lydia avait évoqué l'état mental de Rosie. J'avais par hasard sous la main ce qu'il fallait pour intervenir immédiatement. Quand ma sœur était morte, trois ans plus tôt, je m'étais demandé si sa disparition n'avait pas provoqué chez moi des signes cliniques de dépression. Non sans réticences, Claudia m'avait remis le seul questionnaire sur la dépression qu'elle avait chez elle : l'échelle de dépression post-partum d'Édimbourg.

J'avais continué à utiliser l'EDPE pour évaluer mon état émotionnel, faisant passer la cohérence du suivi avant le fait que je ne venais pas d'accoucher. C'était un instrument parfait : malgré son nom, le guide qui l'accompagnait précisait que ce questionnaire était destiné à un usage prénatal aussi bien que postnatal. S'il révélait que Rosie ne courait aucun risque, je pourrais présenter ce document au prochain rendez-vous et Lydia serait bien obligée, en présence de preuves scientifiques, de revenir sur son diagnostic intuitif. Avec ces données en main, peut-être la présence de Rosie ne serait-elle pas indispensable.

Je la connaissais suffisamment pour me douter qu'elle refuserait de remplir le questionnaire et que, même si elle acceptait, elle était capable de falsifier les réponses pour me rassurer sur son niveau de bonheur. J'allais donc devoir introduire discrètement les items dans la conversation. L'EDPE ne comporte que dix courtes questions avec quatre réponses possibles pour chacune, si bien que sa mémorisation ne présentait aucune difficulté.

En attendant, il fallait que je fasse un saut à la Columbia après une journée et demie d'absence. J'ai prévu de voir Gene pour évoquer la question de son déménagement, puis de rencontrer ma nouvelle assistante.

Mon séquençage des événements s'est révélé superflu. Inge se trouvait en effet dans le bureau de Gene, où il lui expliquait ses recherches sur l'attraction sexuelle humaine. Les méthodes et les découvertes de Gene ne sont pas intrinsèquement humoristiques, mais il a l'habitude de les accompagner d'anecdotes et d'observations comiques. Inge riait. J'ai estimé son âge et son IMC à vingt-trois. Gene considère qu'aucune femme de moins de trente ans ne manque de séduction et Inge confirmait ce postulat.

J'ai conduit Inge au labo, sans Gene, et je l'ai présentée aux souris alcooliques – collectivement plutôt qu'individuellement. Il n'est pas judicieux de nouer des attachements individuels avec des souris. Étant donné le charme et la nationalité d'Inge, il m'a paru important de lui adresser une mise en garde subtile. Les souris m'en ont fourni l'occasion.

— En fait, elles s'enivrent, elles ont des rapports sexuels et elles meurent. La vie de Gene est identique, exception faite de ses obligations de professeur. Il n'est pas exclu non plus qu'il souffre d'une maladie sexuellement transmissible incurable.

— Pardon ?

— Gene est extrêmement dangereux et il convient de l'éviter socialement.

— Il ne m'a pas paru dangereux. Je l'ai trouvé très sympathique.

Inge souriait.

— Voilà pourquoi il est dangereux. S'il avait l'air dangereux, il serait moins dangereux.

— J'ai l'impression qu'il est très seul ici, à New York. Il m'a dit qu'il venait d'arriver. Nous sommes dans la même situation tous les deux. Aucune règle ne m'interdit de prendre un verre avec lui ce soir, ou bien ?

12.

Rosie est rentrée avant Gene, ce qui m'a permis de la soumettre à un test de dépistage de la dépression. Elle m'a embrassé sur la joue puis s'est dirigée vers son bureau en emportant son sac. Je l'ai suivie.

— Comment s'est passée ta semaine ? lui ai-je demandé.

— Ma *semaine* ? On n'est que jeudi. Ma *journée* s'est bien passée. Stefan m'a envoyé un tutoriel d'analyse de régression multiple. Nettement plus compréhensible que le manuel.

Stefan avait été un des condisciples de Rosie en troisième cycle à Melbourne. Il manifestait une attitude nonchalante en matière de rasage et l'avait accompagnée au bal de l'université avant que nous ne formions un couple, Rosie et moi. Je le trouvais agaçant. Mais le problème immédiat consistait à replacer notre conversation dans le cadre temporel défini par l'EDPE.

— Une journée unique est un médiocre indicateur de ton niveau général de bonheur. Les jours ne sont pas tous identiques. Une analyse hebdomadaire est plus significative. Il est conventionnel de demander : « Comment s'est passée ta journée ? » mais il est plus utile de demander : « Comment s'est passée ta semaine ? » Il serait judicieux que nous adoptions une nouvelle convention.

Rosie a souri.

— Tu pourrais me demander tous les jours comment s'est passée ma journée, puis calculer la moyenne.

— Excellente idée. Mais il me faut un point de départ. Alors, juste pour aujourd'hui, comment les choses se sont-elles passées depuis jeudi dernier ? T'es-tu sentie dépassée par les événements ?

— Puisque tu me poses la question : oui, un peu. Le matin, je suis à ramasser à la petite cuiller. Je suis en retard pour ma thèse ; Gene est là ; la conseillère d'orientation ne me lâche pas – j'ai l'impression que David Borenstein lui met la pression ; il faut que je trouve le temps de passer chez la gynéco ; et puis l'autre soir, j'ai eu l'impression que tu voulais absolument m'obliger à réfléchir à des trucs qui ne se passeront pas avant plusieurs mois. Ça fait beaucoup.

J'ai ignoré tout le développement qui avait suivi la quantification de base : *un peu.* Pas beaucoup.

— Tu dirais que tu ne t'en sors pas aussi bien que d'habitude ?

— Non. Ça va.

Zéro point.

— Tes problèmes t'empêchent-ils de dormir ?

— Je t'ai encore réveillé cette nuit ? J'ai toujours été une mauvaise dormeuse, tu sais bien.

Aucune évolution entre *mauvaise dormeuse* et *mauvaise dormeuse*.

Il m'a paru judicieux d'introduire une question aléatoire, sans lien avec l'EDPE, pour mieux masquer mes intentions.

— As-tu confiance dans mon aptitude à être père ?

— Bien sûr, Don. Pas toi ?

Improviser n'était pas une bonne idée : les ennuis commençaient. J'ai ignoré la question de Rosie et j'ai poursuivi.

— Tu as pleuré ?

— Je ne pensais pas que tu le remarquerais. Juste hier soir. J'en avais marre de tout, et tu étais sorti avec Dave. Ça n'a rien à voir avec ton aptitude à être un bon père.

Une seule fois.

— Tu es triste et malheureuse ?

— Non, non, je m'en sors. Sous pression, c'est tout.

Non. Zéro.

— Anxieuse et inquiète sans raison ?

— Peut-être un peu. J'ai probablement tendance à dramatiser les choses.

Curieusement, alors que c'était la première de ses réponses à révéler un risque de dépression, elle a souri. Le moyen le plus simple de quantifier *peut-être* et *probablement* était de réduire le score de la question de cinquante pour cent. Un point.

— Tu es inquiète, légèrement angoissée ?

— Un peu, je te l'ai dit. Mais franchement, dans l'ensemble, ça va.

Un point.

— Tu as tendance à te faire des reproches inutiles ?

— Ouah ! Quelle perspicacité, dis donc !

J'ai décodé sa réponse. Elle voulait dire que j'avais raison – autrement dit, oui. Points complets. Elle s'est levée et m'a pris dans ses bras.

— Merci. Tu es vraiment adorable. Quand on a parlé de cette histoire de congé, j'avais eu l'impression qu'on n'était pas sur la même longueur d'onde…

Elle s'est mise à pleurer ! Deuxième fois. Heureusement, la période d'une semaine sur laquelle portait le questionnaire était révolue depuis quelques minutes.

— Tu te réjouis à la perspective de dîner ? ai-je demandé.

Elle a ri, un changement d'humeur extraordinairement rapide.

— Pourvu que tu ne refasses pas du tofu.

— Et face à l'avenir en général ?

— Plus que tout à l'heure.

Elle m'a de nouveau serré dans ses bras, mais sa réponse sous-entendait qu'au cours de la semaine, considérée dans son ensemble, Rosie s'était *plutôt moins réjouie que d'habitude*.

La dernière question était délicate, mais j'en avais solidement posé les bases.

— As-tu déjà envisagé de porter atteinte à ton intégrité physique ?

— Quoi ? (Elle a ri.) Rassure-toi. Je ne vais certainement pas me tirer une balle à cause de la régression multiple ou d'un con d'administrateur qui se croit encore dans les années 1950. Don, tu es à mourir de rire. Tu ferais mieux d'aller préparer le dîner.

J'ai noté sa réponse dans la catégorie *capable de rire et de voir l'aspect comique des choses* ; toutefois, en tenant compte de l'ensemble de la semaine, la diminution de son taux de bonheur était flagrante.

Neuf points. Un score de dix points ou plus révélait un risque de dépression. Lydia avait probablement raison de s'inquiéter, mais le recours à la science avait livré une réponse incontestable.

Pendant que je me dirigeais vers la cuisine, Rosie m'a crié :

— Hé, Don. Merci. Ça va beaucoup mieux. Il y a des fois où tu m'étonnes.

Le lendemain soir, Gene est rentré à la maison à 19 h 38.

— Tu es en retard, ai-je remarqué.

Il a consulté sa montre.

— De huit minutes.

— Exact.

La qualité du dîner ne s'en ressentirait pas, mais cela m'obligeait à modifier mon programme personnel. J'étais le seul occupant de l'appartement à en être affecté, ce qui était agaçant : Rosie et Gene ne remarqueraient sans doute même pas le changement. La présence de Gene dans notre famille accroissait de façon notable ces risques de perturbation.

Rosie était encore dans son bureau. C'était un moment approprié pour avoir une discussion sérieuse avec Gene.

— Tu as pris un verre avec Inge ?

— Oui. Elle est vraiment charmante.

— Tu as l'intention de la séduire ?

— Hé ho, Don. Nous sommes deux adultes et rien ne nous empêche de nous fréquenter si ça nous chante.

C'était théoriquement vrai, mais deux raisons m'obligeaient à empêcher Gene d'ajouter une nouvelle nationalité à sa liste.

La première était la directive, qui relevait d'une forme de chantage, de David Borenstein que j'avais été obligé d'accepter pour obtenir que Gene puisse passer son congé sabbatique à la Columbia. Le doyen avait exigé que Gene évite les doctorantes, et je supposais qu'il serait tout à fait disposé à élargir cette consigne à une chercheuse de vingt-trois ans, même si aucune loi n'interdit aux professeurs d'avoir des rapports sexuels avec des attachées de recherche ni même avec des étudiantes, à condition que la personne en question soit majeure et que le professeur ne participe pas à son évaluation.

La seconde raison était que si Gene donnait une preuve de chasteté, Claudia lui pardonnerait peut-être ; de même, le désir inassouvi de rapport sexuel de Gene pourrait l'inciter à lui revenir. J'avais pensé que Gene serait affligé par la rupture de son couple et que nous devrions le consoler, Rosie et moi. Pour le moment, je n'avais relevé aucun indice de tristesse de sa part. Je me trouvais devant un autre problème humain qui ne se résoudrait pas sans intervention de ma part.

Au cours de la semaine suivante, j'ai cherché à laisser mon subconscient travailler tout seul sur le Problème Lydia. Une période d'incubation est toujours propice à la réflexion créative. Le samedi soir, après mon appel habituel par VoIP à ma mère, j'ai pris l'initiative d'une nouvelle interaction.

— *Salutations, Claudia.*

J'ai tapé le message au lieu d'essayer d'établir un lien vocal. Elle pouvait très bien être avec un patient. Je fonctionnais à un niveau d'empathie personnelle maximal, facilité par mon isolement dans mon bureau-salle de bains, par un jogging récent et par une margarita au pamplemousse rose que j'étais encore en train de consommer. Mon programme était à jour et la veille au soir, j'avais dessiné les contours de Bud sur le carreau de la semaine 7.

— *Salut, Don. Comment ça va ?* a répondu Claudia.

J'avais changé d'avis sur les formules de politesse. Je comprenais désormais qu'elles étaient utiles aux gens que les interactions humaines mettaient mal à l'aise.

— *Très bien, merci. Et toi ?*

— *Bien. Eugénie me rend chèvre, mais à part ça, ça va.*

— *On devrait passer à l'audio – plus efficace.*

— *Ça va très bien comme ça*, a tapé Claudia.

— *La parole est supérieure. Je peux parler plus vite que je ne tape.*

— *Restons en mode texte.*

— *Quel temps fait-il à Melbourne ?*

— *Je suis à Sydney. Avec un ami. Un nouvel ami.*

— *Tu as déjà un très grand nombre d'amis. Tu n'as certainement pas besoin d'en avoir d'autres.*

— *Ce n'est pas pareil.*

Les civilités nous avaient détournés de l'objet de cette communication. Il était temps d'en venir au fait.

— *Vous devriez vous remettre ensemble, Gene et toi.*

— *Tu es gentil de te faire du souci, Don, mais tu arrives un peu tard.*

— *Inexact. Vous n'êtes séparés que depuis peu de temps. Tu as investi énormément dans cette relation. Eugénie et Carl. L'infidélité de Gene est irrationnelle ; les éléments à rectifier sont insignifiants par rapport au coût d'un divorce, à la rupture de votre couple et au risque potentiel que vous trouviez de nouveaux partenaires.*

J'ai poursuivi dans cette veine. Un des avantages du texte écrit est que l'autre ne peut pas vous interrompre et mon argumentation n'a pas tardé à remplir plusieurs fenêtres. Entre-temps, j'ai reçu un message de Claudia, grâce aux capacités asynchrones de Skype.

— *Merci Don. J'apprécie beaucoup ta sollicitude. Mais il faut que j'y aille. Comment allez-vous, Rosie et toi ?*

— *Bien. Tu veux parler à Gene ? Je pense que ça serait une bonne chose.*

— *Don, pardonne-moi d'être brutale, mais je suis psychologue clinicienne et il me semble que les relations interpersonnelles ne font pas partie de ton champ d'expertise. Tu ferais peut-être mieux de me laisser régler ça.*

— *Tu n'es pas brutale. Ma vie conjugale est une réussite et la tienne un échec. À première vue, mon approche est donc plus efficace.*

Il s'est écoulé approximativement vingt secondes avant que la réponse de Claudia ne me parvienne – la connexion devait être lente.

— *Peut-être. J'apprécie tes efforts. Mais il faut que j'y aille. Et puis, ne considère pas la réussite de ton couple comme acquise.*

L'icône de Claudia a viré à l'orange avant que j'aie pu lui envoyer un message d'adieu normalisé.

Je ne considérais pas la réussite de mon couple comme acquise. Après une nouvelle semaine d'incubation du Problème Lydia, je me suis dit que je pourrais présenter les choses à Rosie comme une bonne occasion d'obtenir des conseils sur la parentalité. J'ai cherché à avancer cette idée pendant le dîner, auquel assistait Gene, bien sûr, mais comme il m'était impossible de révéler l'information à propos de l'Incident de l'Aire de Jeux, mes intentions ont été mal interprétées. Rosie a cru qu'en mentionnant nos responsabilités parentales, je faisais allusion à l'interruption de ses études de médecine.

— Si j'étais un étudiant qui attend un bébé, cette discussion n'aurait même pas eu lieu.

— La situation est biologiquement différente, ai-je fait remarquer. Le processus de l'accouchement exerce un effet minimal sur l'homme ; il peut très bien travailler ou regarder un match de baseball en même temps.

— Je ne le lui conseille pas. En théorie, je n'ai besoin que de quelques jours de congé, c'est tout. Tu prends bien une semaine, *toi*, quand tu as un rhume de rien du tout.

— Pour éviter de propager des germes.

— Ouais, ouais, je sais, mais ça ne change rien à la question. Il faut simplement que je voie combien de temps je peux m'absenter sans foutre en l'air toute mon année.

Gene a proposé une analyse plus convaincante, bien qu'embarrassante.

— À tort ou à raison, si un étudiant avait un bébé et ne prenait pas de congé, tout le monde supposerait que c'est sa femme qui s'occupe du bébé. Vous voulez demander à Don de prendre un congé parental ?

— Mais non, bien sûr. Je n'imagine pas un instant que Don puisse rester à la maison avec le bébé…

Je n'avais pas envisagé cette solution, mais il est vrai que je n'avais pas beaucoup réfléchi à notre vie après la naissance de Bud. Apparemment, l'évaluation que faisait Rosie de mes compétences de père coïncidait avec celle de Lydia.

Elle a dû remarquer mon expression.

— Pardon, Don. Je suis réaliste, c'est tout. Aucun de nous ne suppose que tu puisses te charger du bébé à temps plein. Je te l'ai dit : je l'emmènerai avec moi.

— Il paraît peu probable que ce soit autorisé. Tu as parlé à la conseillère d'orientation ?

— Pas encore.

J'avais fait part au Doyen de l'idée de Rosie, et il m'avait clairement répondu qu'emmener Bud à l'hôpital ne serait pas possible. Cette fois encore, il m'avait recommandé de ne pas dire que cette information autorisée venait de lui.

Rosie s'est tournée vers Gene.

— Don ne peut pas prendre de congé, de toute façon. On a besoin de son salaire. Voilà pourquoi je tiens à finir mes études. Comme ça, je pourrai prendre un emploi et je ne dépendrai pas de quelqu'un d'autre.

— Don n'est pas « quelqu'un d'autre ». C'est votre conjoint. Les couples, ça fonctionne comme ça.

— Vous êtes bien placé pour le savoir.

Après avoir félicité Gene pour ses connaissances, Rosie lui a, inexplicablement, présenté ses excuses.

— Pardon, je ne voulais pas dire ça. Simplement, je n'ai pas le temps de réfléchir à tous ces problèmes en ce moment.

C'était une bonne occasion d'aborder le sujet Lydia.

— Tu aurais peut-être besoin de conseils spécialisés.

— Stefan me donne un coup de main.

— Il te donne des informations sur la parentalité ?

— Mais non, Don, pas sur la parentalité. J'ai soixante-dix mille problèmes dans ma vie en ce moment, et je dois avouer que la garde d'un bébé qui naîtra dans huit mois n'en fait pas partie.

— Trente-deux semaines. Ce qui est plus près de sept mois. Il serait judicieux de nous préparer à temps. D'avoir une évaluation sur nos aptitudes de parents. Un audit extérieur.

Rosie a ri.

— C'est un peu tard maintenant.

Gene a ri, lui aussi.

— Don fait preuve d'un esprit méthodique qui lui ressemble bien. Comment aurions-nous pu imaginer qu'il allait se lancer dans un nouveau projet sans recherches préalables ? Pas vrai, Don ?

— Exact. Un bref entretien sera sans doute suffisant. Je vais prendre rendez-vous.

— Si tu as envie de parler à quelqu'un, a dit Rosie, pas de problème. Je trouve même ça super. Mais personnellement, je n'ai besoin de personne.

13.

Notre ménage à trois s'installait dans la routine. Après le dîner, Rosie s'est retirée dans son bureau pendant que Gene et moi consommions des ingrédients de cocktail.

— Qu'est-ce qui se passe ? m'a demandé Gene. Tu as pris rendez-vous pour une sorte d'évaluation, c'est ça ?

— Tu es arrivé à déduire ça de mes propos ?

— Uniquement grâce à ma connaissance professionnelle des subtilités du discours humain. Ça m'étonne que Rosie ne t'ait pas cuisiné pour en savoir plus long.

— Elle doit avoir d'autres soucis en tête.

— Tu as sûrement raison. Alors ?

J'étais devant un dilemme. Le questionnaire de l'EDPE avait exclu tout risque de dépression post-partum, mais les réponses de Rosie avaient tout de même révélé la présence de stress. Devais-je l'aggraver en l'informant de tout ce qui s'était passé ou ne pas respecter le rendez-vous de Lydia, ce qui entraînerait inévitablement un rapport défavorable à la police, suivi d'une arrestation et d'une incarcération éventuelle et donc, un taux de stress encore supérieur pour Rosie ?

Mon seul espoir, semblait-il, résidait en Gene. Ses compétences sociales et ses talents de manipulateur sont plus affûtés que ne le seront jamais les miens. Peut-être pourrait-il me proposer une solution qui m'éviterait à la fois de tout raconter à Rosie et d'aller en prison.

Je lui ai donc exposé l'Incident de l'Aire de Jeux, en lui rappelant que sa suggestion était à l'origine de cet enchaînement d'événements. J'ai eu l'impression que sa réaction était essentiellement amusée. Cela ne m'a apporté aucun réconfort : l'expérience m'a appris qu'il y a souvent une corrélation entre l'amusement et l'embarras ou le chagrin de la personne qui en est la cause.

Gene a versé le fond de la bouteille de curaçao bleu dans son verre.

— Merde, Don. Je suis navré d'avoir joué un rôle dans ce qui t'arrive, mais s'il y a une chose que je peux te dire, c'est qu'il ne servira à rien de te pointer à ton rendez-vous avec un questionnaire rempli. Je ne vois vraiment pas comment tu pourrais éviter la taule sans en parler à Rosie.

Je savais que sa conclusion ne le satisfaisait pas : en tant que scientifique, il considérait un problème irrésolu comme un affront personnel. Il a vidé son verre.

— Tu n'as pas autre chose ?

Gene a probablement continué à réfléchir à mon problème pendant que je faisais un saut à la chambre froide.

— Bon, a-t-il poursuivi, je pense qu'il va falloir prendre cette femme – cette Lydia – au mot. À propos, tu connais la différence entre une assistante sociale et un rottweiler ?

J'étais incapable de saisir la pertinence de cette question, mais il y a répondu lui-même.

— Le rottweiler te rend ton bébé.

C'était une blague, probablement de mauvais goût, mais j'ai compris que nous étions deux potes qui avaient bu et que c'était le contexte dans lequel on pouvait raconter ce genre de blagues.

— Putain, Don, c'est quoi ce machin ?

— Grenadine. Boisson non alcoolisée. Il faut que tu aies les idées claires. Et tu te déconcentres. Continue.

— Voilà où nous en sommes : il faut que tu affrontes cette fameuse Lydia, et il faut que Rosie t'accompagne. Tu pourrais sans doute trouver une excuse…

— Je pourrais dire qu'elle est malade à cause de sa grossesse. Tout à fait plausible.

— Tu ne ferais que gagner du temps. Et tu risques de l'inciter à envoyer son rapport quand même. La prudence commande de ne pas provoquer un rottweiler.

— Tu ne viens pas de dire que les travailleuses sociales et les rottweilers sont différents ?

— Je voulais dire qu'ils ne sont que *légèrement* différents.

Légèrement différents. Ce concept m'a inspiré une idée.

— Je pourrais engager une comédienne. Pour jouer le rôle de Rosie.

— Oui. Sophia Loren.

— Elle n'est pas trop âgée ?

— Je plaisante. Sérieusement, ça m'étonnerait que ça puisse marcher. Elle ne te connaîtrait pas assez bien. À mon avis, c'est sur ce point que se concentrera la médiatrice sociale : cette femme est-elle capable de gérer Don Tillman ? Parce que tu n'es pas tout à fait…

J'ai terminé la phrase à sa place :

— … comme la moyenne des gens. Exact. Combien de temps penses-tu qu'il faut pour me connaître suffisamment ?

— Je dirais six mois. Minimum. Désolé, Don, mais je crois qu'en parler à Rosie est un moindre mal.

J'ai renvoyé le problème à mon subconscient pour une semaine supplémentaire : semaine 9 de la gestation de Bud. Le dessin sur le carreau de céramique mesurait à présent 2,5 centimètres de long, conformément à sa taille actuelle, et ma représentation de sa forme légèrement modifiée était plus réussie, grâce à la pratique.

L'idée d'une actrice était séduisante et j'avais du mal à y renoncer. En jargon de résolution de problèmes, j'étais *dans l'impasse* – incapable de repérer la moindre alternative. Mais Gene avait raison : je n'avais pas le temps de donner à une étrangère des informations suffisantes sur ma personnalité pour lui permettre de répondre aux questions pointues d'une professionnelle. Finalement, je n'ai trouvé qu'une personne qui soit capable de m'aider.

Je lui ai raconté l'histoire de l'Incident de l'Aire de Jeux et l'obligation d'évaluation. J'ai essayé de bien lui faire comprendre que ma priorité était d'éviter d'être une source de stress et que le questionnaire de l'EDPE avait révélé que les craintes de Lydia étaient infondées. J'ai tout de même dû insister sur les risques d'un refus de coopérer avec elle.

— Il va falloir que nous nous présentions pour être évalués en tant que parents et que nous acceptions ses conseils, faute de quoi, je vais être poursuivi, expulsé et je me verrai interdire tout contact avec Bud.

J'ai peut-être légèrement exagéré, mais l'image du rottweiler de Gene était encore présente à mon esprit. Les chiens d'attaque ne faisaient pas partie de ma formation en arts martiaux.

— Quelle salope. Elle dépasse les bornes. Pour qui elle se prend ?

— C'est une professionnelle et elle a décelé des facteurs de risque. Ses exigences me paraissent raisonnables.

— Tu es vraiment trop sympa. Ça te ressemble bien, d'ailleurs. Quoi qu'il en soit, si je peux faire quelque chose pour toi, je le ferai, sois-en sûr.

C'était une réaction incroyablement généreuse. Je m'étais torturé l'esprit en me demandant s'il était pertinent de poursuivre dans cette voie, mais l'offre était sans ambiguïté.

— J'ai besoin de toi pour jouer le rôle de Rosie.

Sonia m'a paru choquée. Je n'avais pas discuté de mon plan avec Gene, mais je savais qu'il estimait que les comptables étaient très compétents en supercherie. J'espérais qu'il avait raison.

— Oh mon Dieu, Don ! (Elle a ri, et pourtant j'ai décelé de la nervosité.) Tu te fous de moi. Enfin, je veux dire… je sais bien que non. Oh mon *Dieu* ! Je ne vois vraiment pas comment je pourrais être Rosie.

— Moralement ou en termes de compétence ?

— Oh, tu me connais, Don. Je suis l'immoralité personnifiée.

Si ce n'était pas l'impression que je m'étais faite de Sonia, ce jugement était conforme à l'idée que Gene se faisait de son métier.

— Nous sommes tellement différentes, elle et moi.

— Exact. Mais Lydia ne connaît pas Rosie. Elle ne sait même pas qu'elle est australienne. Tout ce qu'elle sait, c'est que c'est une étudiante en médecine sans amis.

— Sans amis ? Et nous ? Dave et moi ?

— Elle ne vous fréquente qu'à cause de moi. L'essentiel de ses interactions se limite à son groupe de travail. Il lui arrive quelquefois de voir Judy Esler. Elle s'intéresse surtout aux conversations intellectuelles.

— Dans ce cas, il va falloir que je rattrape mon retard en lecture. Tu veux un café ?

Nous étions chez Dave et Sonia. C'était un dimanche, ce qui n'avait pas empêché Rosie d'aller à l'université en infraction à la règle « du temps libre du week-end ». Dave travaillait, lui aussi. Sonia, qui prétendait que ses origines italiennes lui imposaient la consommation d'expressos à heures fixes, avait une machine à café de très bonne qualité. Prendre un café était une excellente idée, mais n'était pas prioritaire.

— Quand nous aurons réglé la question de l'usurpation d'identité.

— Quand j'aurai pris un café.

Lorsque Sonia est revenue avec mon double expresso et son cappuccino décaféiné compatible avec sa grossesse, elle avait visiblement préparé son discours.

— Bien, Don. Il ne s'agit que d'une séance, c'est tout ?

J'ai hoché la tête.

— Pas de formulaires à remplir, ou je ne sais quoi ? Rien à signer ?

— Je ne pense pas.

Je ne pouvais pas en être certain, mais dans la mesure où Lydia était chargée de m'évaluer en tant que pédophile, il paraissait peu probable qu'elle fasse un rapport sur Rosie elle-même ou sur l'aspect parentalité. Sonia avait probablement raison de juger que son comportement « dépassait les bornes ».

— C'est d'accord. Je ferai ça pour toi, pour deux raisons. La première, c'est que tu as été super sympa avec Dave. Je sais bien qu'il aurait fait faillite sans le fric de George le Batteur. Ne dis pas le contraire.

Dave, c'était sûr, ne savait pas que Sonia le savait. Il faisait tout ce qu'il pouvait pour qu'elle ignore ses problèmes financiers. Un objectif ridicule, étant donné le métier de Sonia.

Sonia a fini son café.

— Mais il n'est pas question que tu en parles à Dave.

— Pourquoi ?

— Il a suffisamment de soucis comme ça. Tu connais Dave, c'est un angoissé de première.

C'était vrai. La motivation de cette supercherie était d'éviter de stresser Rosie. Le résultat serait désastreux si cette solution stressait Dave, provoquant une crise cardiaque ou un AVC, un risque déjà majeur pour cause de surpoids. Les secrets s'accumulaient, pourtant, et la supercherie n'est vraiment pas mon fort. J'ai promis à Sonia de faire de mon mieux, en précisant que mon mieux avait de fortes chances d'être largement inférieur à la faculté de mensonge moyenne de l'être humain. Les compétences de Gene m'auraient été utiles, mais ses compétences étaient le produit de sa personnalité, dont je n'avais pas besoin.

— Et la deuxième raison ? ai-je demandé.

— Je serai ravie de remettre cette salope à sa place, a répondu Sonia. Elle riait.

Rosie était en train de disposer des fleurs dans nos deux vases et dans la carafe à vin quand je suis arrivé à la maison. Elle était vêtue d'un short et d'un débardeur. Sa forme n'était pas visiblement différente de son état normal de perfection.

— J'en ai marre de bosser, je fais une pause, a-t-elle annoncé. Tu avais raison. J'ai tendance à dramatiser. Je vais essayer d'être plus cool.

— Excellente idée. Tu dois minimiser les sources de stress.

— Comment va Sonia ?

— Sonia va tout à fait bien. Dave s'inquiète à l'idée d'être père. Ce qui est normal pour un homme.

Rosie a ri.

— Hé, j'ai réfléchi. À propos de ce que tu as dit la semaine dernière, cette histoire de conseil. J'ai peut-être été un peu agressive. Après tout, ce n'est pas forcément une mauvaise idée. Si tu as l'impression d'en avoir besoin.

— Non, non. Je pensais à toi, c'est tout. Personnellement, je suis tout à fait confiant. Excité.

— Parfait ! Moi aussi. Préviens-moi simplement si tu changes d'avis.

Huit jours plus tôt, j'aurais accepté la proposition de Rosie. Mais il me semblait désormais que le recours à Sonia était une solution plus avantageuse. Elle entraînerait moins de stress pour Rosie, moins de risques que le processus ne déraille par suite de son agressivité éventuelle et moins de danger qu'elle ne soit exposée à une évaluation négative de mon aptitude à la paternité.

J'avais donné rendez-vous à Sonia sur son lieu de travail dans l'Upper East Side dans l'espoir de pouvoir associer notre briefing pré-entretien à des informations sur les avancées de la technologie de la reproduction. Mais le « lieu de travail » s'est transformé en « café du coin ».

— Je n'ai rien à voir avec les labos. Je n'ai fait la connaissance de Dave que parce que j'avais eu l'impression que sa société avait surfacturé ses prestations.

— C'était le cas ?

— Non. Dave avait complètement merdé avec la paperasse. Mais il l'a reconnu avec une telle bonne volonté que je lui ai payé un café. Ici.

— Ce qui a conduit à des rapports sexuels après seulement deux rendez-vous.

— Dave t'a dit ça ?

— C'est inexact ?

— Complètement. On n'a pas couché ensemble avant d'être mariés.

— Dave a menti ?

Incroyable. Dave était d'une franchise scrupuleuse. Sonia a ri.

— Non, c'est *moi* qui viens de mentir. Tu ne t'en es pas rendu compte ?

J'ai secoué la tête.

— Je suis extrêmement crédule.

Il serait certainement plus difficile de tromper Lydia, qui devait être habituée à faire face à des fraudeurs aux prestations sociales, à des réfractaires au versement de pension alimentaire et aux comptables de l'établissement où elle travaillait.

— Tu es sûr de ne pas lui avoir dit que Rosie est australienne ?

— Je lui ai dit qu'elle n'avait pas de famille ici. Elle… enfin, *tu* peux être de n'importe où, sauf de New York.

— D'accord. Fais-moi passer le test de dépression.

— Elle en utilisera peut-être un autre. J'ai fait des recherches sur un certain nombre de ceux qui existent. Le facteur commun semble être que les sentiments de tristesse et d'anxiété de la personne interrogée permettent de détecter un risque de dépression.

— Décidément, la psychologie est une science remarquable ! Il m'arrive de me demander pourquoi on paye ces gens-là.

— Tu crois que nous arriverons à la tromper ?

— Ne t'en fais pas, Don. Le truc, c'est de ne mentir que lorsque c'est absolument indispensable. Tu seras toi, je serai moi, au nom près. Je suis une femme heureuse. Et parfaitement normale.

J'ai failli ne pas reconnaître Sonia dans l'immense entrée de l'hôpital Bellevue. Je ne l'avais vue qu'en tenue de travail ou en jean, lors de soirées. Elle portait une jupe à gros motifs et un chemisier blanc à jabot qui créaient une impression générale de danseuse folklorique. Elle m'a accueilli avec enthousiasme.

— *Ciao*, Don. Quelle belle journée, n'est-ce pas ?

— Tu es bizarre. On dirait une comédienne qui fait semblant d'être italienne.

— Je *suis* italienne. Ça ne fait qu'un an que je vis à New York. Je n'ai pas de famille ici, comme tu l'as dit à la dame. Mais je suis très heureuse ! À cause du *bambino* !

Elle a pivoté sur place, et la force centrifuge a fait tournoyer sa jupe. Elle a ri.

Les grands-parents paternels de Sonia étaient italiens, mais elle ne parlait pas cette langue. Si Lydia faisait venir un interprète, il fallait s'attendre à des ennuis. J'ai recommandé à Sonia de conserver une certaine modération dans l'utilisation de son accent. Mais l'idée de créer une Rosie étrangère sans avoir à imiter l'accent australien, qui aurait sans doute paru artificiel par rapport au mien, était géniale.

— Je suis navrée de vous arracher à vos études, a dit Lydia après nous avoir invités à nous asseoir. Vous devez être très occupée.

— Je suis très occupée tout le temps, a répondu Sonia.

Elle a regardé sa montre. J'étais impressionné par ses compétences de comédienne.

— Depuis combien de temps êtes-vous aux États-Unis ?

— Depuis le début du cursus de médecine. Je viens ici pour étudier.

— Et avant cela, que faisiez-vous ?

— Je travaille dans un centre de FIV à Milano. C'est ce qui me donne envie de faire médecine.

— Comment vous êtes-vous rencontrés, Don et vous ?

Désastre ! Sonia m'a regardé. J'ai regardé Sonia. Si l'un de nous devait inventer une histoire, mieux valait que ce soit Sonia.

— À la Columbia. Don est mon professeur. Tout se passe *rapido*.

— Vous devez accoucher quand ?

— Décembre.

C'était la bonne réponse pour Sonia.

— Aviez-vous prévu de tomber enceinte aussi rapidement ?

— Quand vous travaillez dans la FIV, vous apprenez

qu'avoir un bébé n'est pas toujours si facile. Je trouve que j'ai beaucoup de chance.

Sonia avait oublié son accent. Elle n'en était pas moins très convaincante.

— Et vous avez l'intention de mettre vos études entre parenthèses après la naissance du bébé ?

C'était une question délicate. Sonia – la vraie Sonia – avait effectivement l'intention de prendre une année de congé, ce qui était source de stress pour Dave en raison des conséquences de cette décision sur leurs revenus. Si Sonia répondait en son nom et non à la place de Rosie, j'allais être obligé de jouer le rôle de Dave par souci de cohérence. Je ne serais certainement pas à la hauteur. Il était préférable que Sonia donne la réponse que Rosie aurait donnée. Malheureusement, elle ne la connaissait pas. J'ai donc répondu à sa place.

— Rosie a l'intention de poursuivre ses études sans interruption.

— Pas de congé ?

— Une semaine minimum. Peut-être un peu plus.

Lydia s'est tournée vers Sonia.

— Une semaine ? Vous ne comptez vous arrêter qu'une semaine après votre accouchement ?

La surprise et la désapprobation manifestes de Lydia étaient conformes au conseil de David Borenstein. La surprise de Sonia était conforme au fait qu'elle n'était pas Rosie et avait l'intention de prendre un congé d'une durée indéterminée. Nous étions tous d'accord – sauf Rosie, qui n'était pas là. J'ai donc essayé de me faire l'interprète de son point de vue.

— Un accouchement n'est pas plus perturbant qu'une infection mineure des voies respiratoires supérieures.

— Vous estimez qu'accoucher et avoir le rhume, c'est pareil ?

— L'aspect pathologique en moins. (L'analogie de Rosie avait été inexacte sur ce point.) Mettons que c'est un peu comme de prendre huit jours de congé pour assister aux séries éliminatoires de baseball.

Sonia m'a jeté un coup d'œil étrange ; j'avais dû penser inconsciemment à Dave, ce qui m'avait inspiré cette allusion au baseball.

Lydia a changé de sujet.

— Si je comprends bien, puisque Rosie est occupée à plein temps par ses études, vous êtes le seul soutien de famille.

Rosie aurait été furieuse que je réponde « oui » à cette question. La réponse que j'ai faite était conforme à la vérité, jusqu'à une date récente.

— Inexact. Elle travaille dans un bar en soirée.

— J'imagine qu'elle va arrêter un jour ou l'autre.

— Pas du tout. Elle tient absolument à apporter sa contribution aux frais du ménage.

Comme l'avait souligné Sonia, il était généralement inutile de mentir.

— Et comment envisagez-vous votre rôle personnel ?

— Sur quel plan ?

— Ce que je veux dire, c'est que si Rosie est prise à plein temps par ses études et qu'en plus, elle travaille à temps partiel, vous risquez de devoir l'aider à s'occuper du bébé.

— Nous en avons discuté. Elle n'a besoin d'aucune forme d'assistance.

Lydia s'est tournée vers Sonia.

— Vous êtes d'accord avec ce qu'il dit ? C'est ce que *vous* pensez, vous aussi ?

J'avais temporairement oublié que Sonia était une Rosie virtuelle et j'avais parlé de Rosie comme si elle ne participait pas à notre conversation. J'espérais que Lydia n'aurait rien remarqué. Mais il suffisait que Sonia réponde « Oui » pour que Lydia dispose d'un récit cohérent, cohérent avec ce que j'avais dit, cohérent avec le fait que Rosie avait tout ce qu'il lui fallait pour être heureuse, cohérent avec la *réalité*.

— Euh…

— Avant que vous répondiez, a coupé Lydia, parlez-moi un peu de votre famille. Votre mère était-elle libre de dire ce qu'elle pensait ?

— Pas vraiment. Mon père décidait de ce qu'elle disait et faisait.

— C'était donc un couple très traditionnel ?

— Si vous voulez dire par là que mon père partait au travail le matin et rentrait à la maison le soir, ne faisait jamais la cuisine et s'attendait à ce que le dîner soit servi à son retour alors que ma mère qui avait du diabète devait s'occuper de cinq enfants toute la journée, oui, c'était un couple traditionnel. La tradition était une bonne excuse.

Tout accent italien avait disparu. Sonia avait l'air furieuse.

— Vous donnez l'impression d'être toute prête à marcher sur les traces de votre mère.

— Vous croyez ça, hein ? Tout ce qui comptait, c'était le boulot de mon père. Le pauvre ! Il devait bosser dur. Tellement *dur*. Eh bien, vous savez quoi ?

Je n'ai pas épousé mon père. J'attends un tout petit plus que ça de Dave.

— De Dave ?

— De Don.

Il y a eu un instant de silence. En s'interrogeant sur l'erreur de Sonia, Lydia allait inévitablement arriver à la conclusion que c'était une usurpatrice. Il fallait que je trouve une explication à cette confusion de noms. Mon cerveau s'est mis en vitesse surmultipliée et a trouvé une solution d'une telle élégance qu'elle a surmonté mon aversion naturelle pour le mensonge.

— Mon deuxième prénom est David. Mon père s'appelle aussi Donald, alors il arrive qu'on m'appelle Dave. Pour éviter la confusion.

Cette idée m'avait été inspirée par mon cousin Barry et par son père, qui s'appelle aussi Barry, raison pour laquelle la famille de mon cousin l'appelle par son deuxième prénom, Victor.

— Bien bien. Alors, Don-Dave, que pensez-vous de ce que Rosie vient de dire ?

— Rosie ?

Cette fois, j'étais complètement désorienté. Sonia, Rosie, Don, Dave, Barry, Victor, qui était également le nom de mon grand-père. Le père de mon père. J'allais bientôt être père, moi aussi. D'un enfant qui portait un nom provisoire.

— Oui, Donald-David, Rosie. Votre femme.

Si j'avais disposé d'un peu de temps, j'aurais réussi à démêler tout ça. Mais avec le regard de Lydia fixé sur moi, je lui ai donné la seule réponse possible.

— Il faut que je traite ces nouvelles informations.

— Quand vous les aurez traitées, prenez un nouveau rendez-vous, d'accord ?

Lydia a agité le dossier de police. Nous étions congédiés. Et le problème n'était pas réglé.

Comme Sonia devait retourner à son travail, nous avons fait le débriefing dans le métro.

— Il va falloir que j'en parle à Rosie, ai-je remarqué.

— Et qu'est-ce que tu comptes dire à Lydia ? « Salut, je vous présente la vraie Rosie ? Parce que voyez-vous, non content d'être un pédophile et une brute insensible, je suis aussi un escroc. »

— Il n'a pas été question d'insensibilité ni de brutalité.

— Si tu étais un tout peu plus sensible, tu aurais sans doute pigé que si.

Sonia était arrivée à sa station, mais je suis descendu avec elle. La conversation était manifestement critique, aux deux sens du terme.

— Pardon, je m'en veux, a ajouté Sonia. J'ai complètement merdé. Et j'ai horreur de ça.

— L'utilisation accidentelle du nom de Dave est parfaitement compréhensible. Moi-même, j'ai dû faire preuve d'une très grande concentration pour éviter de t'appeler Sonia.

— C'est plus compliqué que ça. Tu sais, ça ne se passe pas comme je l'avais espéré avec Dave. On a essayé si longtemps et maintenant que ça a marché, on dirait qu'il s'en fiche.

Je savais pourquoi. Dave était stressé par son travail et par l'éventualité d'une faillite, ce qui risquait d'obliger Sonia à continuer à travailler contrairement à ses intentions, ce qui risquait de la pousser à considérer que, finalement, Dave n'était pas un conjoint approprié, ce qui risquait d'aboutir à un divorce, à l'impossibilité de vivre avec son enfant et à la disparition de tout ce qui donnait du sens à sa vie. Nous avions passé cette succession d'événements en revue à plusieurs reprises.

Malheureusement, je ne pouvais pas informer Sonia de la situation de l'entreprise de Dave, car cela aurait pu accélérer ce processus. Et Sonia venait d'identifier une autre voie susceptible de conduire à la même conclusion.

Sonia a repris.

— J'ai potassé la question à fond, crois-moi, j'ai essayé de tout faire comme il faut, et pourtant, il a l'air de penser que ma grossesse ne le concerne pas. Tu sais ce qu'il a fait hier soir ?

— Il a dîné et est allé se coucher ?

C'était le scénario le plus vraisemblable.

— Exactement. J'avais consulté le manuel de grossesse pour préparer un repas comportant sept des dix aliments recommandés. Le dîner était prêt quand il est rentré et tu sais ce qu'il avait fait ? Il s'était acheté un hamburger. Un double cheese avec bacon et guacamole. Et il est censé être au régime.

— Il y avait des rondelles de tomate et des légumes-feuilles ?

— Quoi ?

— Je fais le compte des aliments recommandés pendant la grossesse.

— Il s'est assis et l'a bouffé sous mon nez. Puis il est allé se coucher. Non, mais tu imagines ça ?

Il m'a paru préférable de ne pas répondre. Dave cherchait à sauver son couple, ce qui le conduisait à travailler plus dur, ce qui conduisait à un taux de stress accru, ce qui conduisait à la consommation de hamburgers et à l'épuisement, ce qui conduisait à des problèmes de santé et de couple. Encore de nouveaux matériaux à traiter.

Depuis le métro, nous avons rejoint le centre de FIV sans parler. Quand nous sommes arrivés, Sonia a inexplicablement fait mine de me serrer dans ses bras, mais elle s'est reprise à temps.

— Ne dis rien à Dave. On va s'en sortir.

— Je peux lui répéter cette phrase-là ? Que vous allez vous en sortir ? Il s'inquiète certainement, lui aussi, d'un échec possible de votre couple.

— Il t'a dit ça ?

— Exact.

— Oh mon Dieu ! Tout est tellement compliqué.

— Approuvé. Le comportement humain est extrêmement déroutant. Je vais parler de Lydia à Rosie ce soir.

— Non, non, ne fais pas ça. C'est ma faute et je m'en voudrais de la perturber. J'ai déjà l'impression qu'elle porte tout le poids du monde sur ses épaules. On arrangera ça la prochaine fois.

— Je ne sais plus ce qu'il faut faire.

— Dans le fond, nous disons la même chose, Lydia et moi. Il faut que tu t'interroges un peu plus sur le soutien que tu peux apporter à Rosie. Malgré tout ce qu'elle dit sur sa sacro-sainte indépendance, elle a besoin de ton aide.

— Pourquoi mentirait-elle ?

— Elle ne ment pas, pas délibérément. Elle se prend pour Superwoman, c'est tout. Ou alors, elle s'imagine que tu n'as pas envie de l'aider. Ou que tu ne peux pas l'aider.

— Je dois prouver que je m'investis dans le processus de grossesse, c'est ça ?

— Du soutien. De l'intérêt. De la présence. C'est tout ce que nous te demandons, Lydia et moi. Et, Don ?

— Tu as une question à me poser ?

— Combien d'aliments recommandés y a-t-il dans un hamburger ? Il y avait de la salade et de la tomate. Dans les deux.

— Huit. Mais…

— Pas de mais…

Cette fois, elle m'a serré dans ses bras. Je n'ai pas bougé et ça n'a pas duré trop longtemps.

14.

Lydia avait raison. Six semaines s'étaient écoulées depuis que Rosie m'avait annoncé qu'elle était enceinte. Pourtant, à part le calendrier sur le carrelage que j'avais établi pour soutenir l'Opération Bébé, ma contribution à la préparation de la production et de l'entretien du bébé avait été presque nulle. Tout ce que je pouvais porter à mon actif était l'achat d'ingrédients alimentaires permettant la confection d'un unique repas compatible avec la grossesse et l'investigation sur le terrain, à l'origine de l'Incident de l'Aire de Jeux.

Gene avait tort. Les instincts qui s'exprimaient dans l'environnement ancestral n'étaient pas suffisants dans une société qui réglementait la présence dans les aires de jeux et donnait le choix entre tofu et pizza. Il avait raison cependant de me recommander d'aborder le problème à ma façon, en misant sur mes points forts. Mais il fallait que je commence tout de suite, sans attendre la naissance du bébé.

Ma recherche de textes pertinents sur les aspects pratiques de la grossesse a produit une liste substantielle de publications. J'ai décidé de commencer par un ouvrage d'initiation réputé, avant d'acquérir des informations plus détaillées en consultant les articles spécialisés qu'il citait en références. Le vendeur de la librairie de la fac de médecine m'a recommandé la quatrième édition de *Ce qui vous attend quand vous attendez un enfant* de Murkoff et Mazel, tout en me signalant que certaines lectrices le trouvaient trop théorique. Parfait. Son épaisseur était rassurante.

Un rapide survol de *Ce qui vous attend* m'a permis d'identifier un certain nombre d'attributs positifs et négatifs. La gamme de sujets couverte était impressionnante, mais une grande partie d'entre eux n'était pas appropriée pour Rosie et moi : nous n'avions pas de chat susceptible de causer une infection par ses fèces ; nous n'étions pas des consommateurs réguliers de cocaïne ; Rosie n'éprouvait aucune appréhension quant à ses compétences de mère. La bibliographie était médiocre, un défaut indéniablement dû au fait que cet ouvrage était destiné à un public non universitaire. Je cherchais désespérément des *preuves* de ce qui était avancé.

Le premier chapitre que j'ai lu était intitulé : « Manger correctement pendant neuf mois ». Il m'apportait la méta-analyse que je recherchais, regroupant les meilleures recherches sur le régime alimentaire pendant la grossesse et s'en inspirant pour faire des recommandations concrètes. Enfin, telle était du moins son intention apparente.

Le titre du chapitre me rappelait une fois de plus que Rosie et le fœtus en développement – exposé et vulnérable aux toxines qui franchissaient la barrière placentaire – avaient déjà subi neuf semaines d'alimentation *incorrecte*, dont trois semaines de boisson *incorrecte*, en raison de l'absence de planification. L'alcool déjà ingéré ne pouvait évidemment pas être désingéré. Mieux valait me concentrer sur les éléments que je pouvais modifier et accepter ceux sur lesquels je ne pouvais agir.

Le plaidoyer en faveur de la consommation de fruits et légumes biologiques produits localement était prévisible. C'était un sujet sur lequel je m'étais déjà penché pour des raisons économiques et sanitaires évidentes. Tout conseil relatif à la grossesse reposant sur le principe que « tout ce qui est naturel est à privilégier » aurait dû s'accompagner de statistiques comparatives sur les résultats des naissances réalisées dans un environnement « naturel », privé de diversité alimentaire, d'antibiotiques et de blocs opératoires stériles. Et, bien sûr, d'une définition rigoureuse de l'adjectif « naturel ».

L'écart entre mes conclusions sur les produits bio, reposant sur de longues recherches, et l'aperçu sommaire figurant dans cet ouvrage, rappelait utilement qu'il ne faut pas accepter de recommandations sans avoir consulté les sources primaires. En attendant, je n'avais pas d'autre solution que de m'appuyer sur *Ce qui vous attend* en considérant qu'il s'agissait des meilleures informations disponibles. J'ai feuilleté le reste du livre, glanant quelques données intéressantes, avant de consacrer la fin de l'après-midi à établir un Système de Repas Normalisé (version grossesse) conforme à ses recommandations. Le refus de Rosie de manger de la viande et des produits de la mer non issus de l'aquaculture durable m'a facilité la tâche en réduisant le nombre d'options. J'étais convaincu que le menu résultant assurerait une base nutritionnelle appropriée.

L'exécution s'est révélée plus difficile que la planification, ce qui est très fréquent en science. La réaction initialement négative de Rosie au tofu aurait dû me mettre en garde. Je devais ne pas oublier que son point de vue n'avait pas été modifié par les connaissances plus approfondies que j'avais moi-même acquises. Logique, mais non intuitif. Rosie a abordé le sujet sans que je l'aie sollicitée.

— Où est-ce que tu avais trouvé le maquereau fumé ? m'a-t-elle demandé.

— Inapproprié. Il était fumé à froid.

— Et alors ?

— Le poisson fumé à froid est prohibé.

— Pourquoi ?

— Ça pourrait te rendre malade.

J'étais conscient de l'imprécision de ma réponse. Je n'avais pas eu le temps de rechercher les preuves étayant cette allégation non référencée, mais à cette étape, j'étais bien obligé de la considérer comme le meilleur conseil disponible.

— Il y a un tas de choses qui peuvent rendre malade, tu sais. En ce moment, je suis malade tous les matins et il se trouve que j'ai envie de manger du maquereau fumé. C'est sûrement un signal de mon organisme qui me fait savoir qu'il a besoin de maquereau fumé. De maquereau fumé à froid.

— Je recommande du saumon en boîte et un mini-repas à base de soja. Ce qu'il y a de bien, c'est que tu peux le consommer immédiatement pour faire passer ton envie.

Je me suis dirigé vers le réfrigérateur et j'en ai sorti la Première Partie du dîner de Rosie.

— Un mini-repas ? C'est quoi, ça ?

Heureusement que j'étudiais la grossesse. Manifestement, les recherches de Rosie avaient été minimales.

— Une solution partielle au problème de nausées. Tu devrais prendre six mini-repas par jour. Un second repas est prévu à vingt et une heures.

— Et toi ? Tu dîneras à neuf heures, toi aussi ?

— Bien sûr que non. Je ne suis pas enceinte.

— Et mes quatre autres repas ?

— Préemballés. Le petit déjeuner et les trois repas diurnes de demain sont déjà au réfrigérateur.

— Merde. Enfin, je veux dire, c'est vraiment sympa, mais… Je ne veux pas que tu te donnes tout ce mal. Je peux très bien aller prendre un truc à la cafét de la fac. Certains plats sont tout à fait mangeables.

Ces propos étaient en contradiction flagrante avec ses récriminations antérieures à propos de la cafétéria universitaire.

— Tu devrais résister à la tentation. Dans l'intérêt de la santé maternelle et de celle de Bud, il faut planifier, planifier et planifier encore.

C'était une citation du Livre. En l'occurrence, le conseil donné par *Ce qui vous attend* était conforme à mes propres idées.

— Et puis, il faut que tu contrôles ta consommation de café. Les mesures de la cafétéria ne sont pas parfaitement constantes. Je recommande donc la consommation d'un café normalisé le matin à la maison et la consommation exclusive de décaféiné à l'université.

— Tu as potassé la question, toi, c'est ça ?

— Exact. Je recommande la lecture de *Ce qui vous attend quand vous attendez un enfant*. C'est un ouvrage destiné aux femmes enceintes.

Notre conversation a été interrompue par l'arrivée de Gene, qui avait désormais sa propre clé. Il avait l'air de bonne humeur.

— Salut tout le monde, qu'est-ce qu'on mange ce soir ?

Il brandissait une bouteille de vin rouge.

— Pour l'apéritif, huîtres de Nouvelle-Angleterre, en entrée, assiette anglaise, en plat principal, steaks de New York saignants sous une croûte d'épices et salade de pousses d'alfalfa, suivis d'un choix de fromages bleus et au lait cru. En dessert, affogato arrosé de Strega.

Dans le cadre du changement du système de repas, j'avais également conçu des repas adaptés à Gene et moi, en tenant compte du fait que nous n'étions ni des femmes enceintes, ni des pescétariens adeptes de l'aquaculture durable.

Comme Rosie paraissait un peu désorientée, j'ai ajouté :

— Rosie mangera un curry de légumes, moins les épices.

Le Livre évoquait le risque de comportements irrationnels dus aux modifications hormonales. Rosie a refusé de manger son mini-repas et a préféré consommer un échantillon de tous les éléments de notre dîner, à Gene et moi, dont une petite quantité de steak (en infraction à tous ses principes de pescétarienne adepte de l'aquaculture durable) et même une gorgée de vin.

Le lendemain matin, elle ne se sentait pas bien : une conséquence prévisible de son entorse à la diététique.

Elle était assise sur le lit, la tête entre les mains, quand je lui ai fait remarquer l'heure.

— Vas-y, toi, a-t-elle dit. Je vais prendre une matinée de congé.

— Il est normal de se sentir mal pendant la grossesse. C'est presque certainement bon signe. L'absence de nausées matinales est liée à un risque accru de fausses couches et d'anomalies. Ton corps est sans doute en train d'assembler un élément essentiel, un bras par exemple, et minimise le risque que des toxines viennent perturber le processus.

— Tu dis n'importe quoi.

— Flaxman et Sherman, *Quarterly Review of Biology*, été 2000. « Un mécanisme évolué pour réduire les difformités dues aux toxines ».

— Don, j'apprécie beaucoup, mais arrête, je t'en prie. Je veux manger normalement, un point c'est tout. Je veux manger quand j'en ai envie. Je suis patraque et me nourrir de saumon en boîte et de soja ne fera que me rendre encore plus patraque. C'est mon corps, je peux en faire ce que je veux.

— Inexact. Deux corps, dont l'un possède cinquante pour cent de mes gènes.

— Ce qui fait que j'ai une voix et demie contre une demie pour toi. Je suis donc majoritaire. Je mangerai du maquereau fumé et des huîtres crues.

Elle a dû remarquer mon expression.

— Je blague, Don. Mais je refuse que tu me dises ce que je dois manger. Je suis une grande fille raisonnable. Je n'ai pas l'intention de picoler ni de manger du salami.

— Tu as consommé du pastrami hier soir.

— Un tout petit bout. Juste pour marquer le coup. De toute façon, je ne vais pas me remettre à la viande.

— Et les fruits de mer ?

C'était un test.

— J'imagine qu'ils sont interdits ?

— Tu imagines mal. Les fruits de mer cuits sont acceptables.

— Sérieusement, tu crois vraiment que c'est important, tout ça ? Ça te ressemble bien de te focaliser sur des détails. Judy Esler ne s'est jamais souciée de ce qu'elle mangeait il y a vingt-cinq ans, elle me l'a dit. Je cours sûrement plus de risques de me faire écraser en allant à la Columbia que de m'empoisonner en mangeant des huîtres.

— Je pense que c'est inexact.

— Tu penses ? Ça veut dire que tu n'en es pas sûr.

Rosie me connaissait trop bien. Le Livre manquait de données irréfutables. Rosie s'est levée et a ramassé sa serviette de toilette qui traînait par terre.

— Fais-moi la liste de ce que je ne dois pas manger. Pas plus de dix trucs. Et pas de grandes catégories génériques du genre « aliments sucrés » ou « aliments salés ». Tu feras le dîner, et moi, je mangerai ce que je veux pendant la journée. Sauf ce qui figure sur ta liste. Et pas de mini-repas, compris ?

Je me suis rappelé un exemple de conseil extraordinairement antiscientifique du Livre, propre à encourager les plus graves dérives de la profession médicale. Il s'agissait de caféine : « Dans la mesure où les recommandations diffèrent selon les praticiens, consultez le vôtre… » Incroyable – accorder la priorité au jugement individuel sur le consensus scientifique. Mais cela m'a permis de poser une autre question.

— Quels sont les conseils diététiques de ton médecin traitant ?

— Je n'ai pas encore pris rendez-vous. J'ai eu un boulot de dingue avec ma thèse. Je m'en occuperai un de ces jours.

J'étais stupéfait. Je n'avais pas besoin du Livre pour savoir qu'une femme enceinte devait programmer des consultations régulières chez son obstétricien. Malgré mes réserves sur la compétence de certains membres de la profession médicale, il ne faisait pas de doute que, statistiquement, la participation d'un professionnel permettait d'obtenir de meilleurs résultats. Ma sœur était morte à la suite d'une erreur de diagnostic, mais elle serait certainement morte si elle n'avait pas consulté de médecin du tout.

— Tu es déjà en retard pour l'échographie de huit semaines. Je vais demander à David Borenstein de nous recommander quelqu'un et je prendrai rendez-vous pour toi.

— Laisse tomber. Je le ferai lundi. Je déjeune avec Judy.

— David est très bien informé.

— Judy connaît tout le monde. Je t'en prie. Laisse-moi faire.

— Tu me promets de prendre rendez-vous lundi ?

— Mardi. Je crois qu'en fait, c'est mardi que je vois Judy. Elle a changé la date de notre déjeuner, mais je me demande si nous n'avons pas changé une deuxième fois. Je ne sais plus.

— Tu es trop désorganisée pour avoir un bébé.

— Et toi, tu es trop obsessionnel. Heureusement, c'est moi qui l'aurai.

Qu'était-il advenu du *Nous sommes enceints* ?

15.

— Je vais vous laisser dîner en amoureux, m'a annoncé Gene le mardi suivant, quand je suis passé à son bureau après avoir fini le travail que j'avais programmé. J'ai un rencard.

J'avais prévu qu'il rentrerait avec moi en métro pour m'apporter de la stimulation intellectuelle. Du coup, j'allais être obligé de télécharger un article à lire. Chose plus préoccupante, Inge était partie de bonne heure sous prétexte de se préparer parce qu'elle allait dîner dans un restaurant chic. J'ai décelé un scénario.

— Tu dînes avec Inge ?

— Très perspicace. Elle est absolument délicieuse.

— J'ai programmé un dîner pour toi à l'appartement.

— Je suis sûr que Rosie ne m'en voudra pas de vous abandonner.

— Inge est extrêmement jeune. D'une jeunesse inappropriée.

— Elle a plus de vingt et un ans. Elle a le droit de boire, de voter et de fréquenter des hommes sans attaches. J'ai bien peur que tu ne cèdes à l'âgisme, Don.

— Tu devrais penser à Claudia. Essayer de régler le problème de la multiplicité de tes partenaires sexuelles.

— Il n'y a aucune multiplicité. Je sors avec une seule femme. (Gene a souri.) Occupe-toi de tes problèmes, tu veux ?

Gene avait raison. Rosie a été contente qu'il ne soit pas là. Quand nous nous étions mariés, j'avais supposé que cela m'obligerait à passer une quantité inconfortable de temps en compagnie d'une autre personne. En réalité, nous passions beaucoup de notre temps l'un sans l'autre en raison de notre travail et de nos études, et notre temps commun (en excluant les heures que nous passions au lit durant lesquelles au moins l'un de nous – généralement moi – dormait) était désormais fréquemment partagé avec Gene. Ma durée de contact avec Rosie était devenue largement inférieure à son niveau optimal.

Le Livre contenait une information intéressante que j'avais préféré ne pas évoquer en présence de Gene.

— As-tu remarqué une augmentation de la libido ? ai-je demandé.

— Et toi ?

— Une hausse de l'appétit sexuel n'est pas rare au cours du premier trimestre. Je me demandais si tu étais affectée par ce phénomène.

— Tu es marrant, toi. Peut-être que si je ne passais pas mon temps à dégobiller et à être complètement patraque…

Je me suis dit que notre habitude d'avoir des rapports sexuels le matin plutôt que le soir aggravait sans doute le problème.

Après le dîner, Rosie a regagné son bureau pour se remettre à sa thèse. Elle consacrait en moyenne quatre-vingt-quinze minutes à cette session de travail d'avant-coucher, avec néanmoins un taux de variation élevé. Au bout de quatre-vingts minutes, je lui ai préparé une tasse de tisane aux fruits que j'ai accompagnée de quelques myrtilles fraîches.

— Comment ça va ? ai-je demandé.

— Ça peut aller. À part les stats.

— Il y a des choses très laides dans ce monde. Je voudrais t'en préserver, ai-je dit.

Gregory Peck dans le rôle d'Atticus Finch en mode réconfort. C'était probablement mon truc le plus efficace. La présence de Gene avait considérablement réduit les occasions d'incarner Gregory Peck.

Rosie s'est levée.

— Excellent timing. Je crois que j'ai eu ma dose de laideur pour ce soir.

Elle a jeté ses bras autour de mon cou et m'a embrassé en mode passion plus qu'en mode salutations.

Nous avons été interrompus par un bruit familier, émanant d'un lieu non familier : quelqu'un appelait Gene sur Skype. Je ne connaissais pas les règles relatives aux communications VoIP d'autrui, mais il pouvait s'agir de Claudia, avec une question urgente. Ou une proposition de réconciliation.

Je suis entré dans la chambre de Gene et j'ai reconnu le visage d'Eugénie sur l'écran. La fille de Gene et Claudia a neuf ans. Je ne lui avais pas parlé depuis que nous avions déménagé à New York. J'ai cliqué sur *Répondre par vidéo*.

— Papa ?

La voix d'Eugénie était claire et sonore.

— Salutations ! C'est Don.

Eugénie a ri.

— Je t'ai reconnu à ta figure. Et puis de toute façon, je t'aurais reconnu parce que tu as dit *salutations*.

— Ton père est sorti.

— Qu'est-ce que tu fais chez lui ?

— C'est mon appartement. On le partage. Comme des étudiants.

— Super cool. Vous étiez copains à l'école, papa et toi ?

— Non.

Gene a seize ans de plus que moi et n'aurait pas fait partie de mon groupe social si nous avions été contemporains. Gene serait sorti avec des filles, aurait fait du sport et se serait présenté aux élections de délégué de classe.

— Alors, Don.

— Alors, Eugénie.

— Tu sais quand papa va rentrer ?

— Il a un congé sabbatique de six mois. En théorie, il est donc ici jusqu'au 24 décembre, mais le semestre se termine le 20 décembre.

— Ça fait long.

— Quatre mois et quatorze jours.

— Hé, bouge un peu la tête, Don.

J'ai regardé la petite image de mon visage dans l'angle de l'écran et j'ai remarqué que Rosie était entrée dans la chambre derrière moi. Je me suis écarté et j'ai agrandi l'image. Rosie portait sa seule tenue de nuit peu pratique. L'équivalent, version Rosie, d'un muffin aux myrtilles, à cette différence près qu'elle était noire au lieu d'être blanche avec des points bleus. Elle a esquissé quelques pas de danse et Eugénie l'a appelée.

— Hé, Rosie, salut !

— Elle peut me voir ? a demandé Rosie.

— Ouais, a dit Eugénie. Tu portes un…

— Tu l'as dit, a coupé Rosie en riant, et elle est sortie, en me faisant un petit signe de la main depuis le seuil.

Eugénie a repris notre conversation, mais j'étais distrait.

— Tu sais si papa a envie de rentrer à la maison ?

— Bien sûr ! Vous lui manquez tous.

— Même maman ? Il t'a dit ça ?

— Bien sûr. Il faut que j'aille me coucher maintenant. Il est tard ici, tu sais.

— Maman dit qu'il a des problèmes à régler. C'est vrai ?

— Il fait de gros progrès. Nous avons formé un groupe d'hommes, comme le recommande mon livre sur la grossesse, dont les membres sont un technicien supérieur en réfrigération, ton père, une rock star et moi. Je te ferai un compte rendu dans quelques jours.

— Tu es trop rigolo. Je ne te crois pas à propos de la rock star… Hé, mais pourquoi est-ce que tu lis un livre sur la grossesse ?

— Pour aider Rosie à la production de notre bébé.

— Vous allez avoir un bébé ? Maman ne m'a rien dit.

— Sans doute parce qu'elle ne le sait pas.

— C'est un secret ?

— Non, mais je n'ai pas vu l'utilité de lui communiquer cette information. Elle n'a aucune mesure à prendre.

— Maman ! Maman ! Don et Rosie vont avoir un bébé !

Claudia a écarté Eugénie, ce que j'ai trouvé grossier. De toute évidence, la conversation allait se poursuivre. J'avais envie de parler à Claudia, mais pas maintenant et pas en présence d'Eugénie.

— Don, quelle merveilleuse nouvelle ! Comment tu te sens ?

— Excité, point final.

J'avais associé la réponse recommandée par Gene à la formule que Rosie utilisait pour couper court à une conversation.

Claudia a ignoré mon signal.

— C'est merveilleux, a-t-elle répété. Où est Rosie ?

— Au lit. Elle ne dort probablement pas en raison de mon absence. Il est extrêmement tard.

— Oh, pardon. Eh bien, transmets-lui toutes mes félicitations. La naissance est prévue pour quand ?

Après m'avoir infligé un interrogatoire sur différents sujets liés à la grossesse, Claudia a poursuivi :

— Gene est sorti, c'est ça ? Il avait promis de parler à Eugénie. Où est-il ?

— Je ne sais pas.

J'ai coupé la vidéo.

— J'ai perdu ton image, Don.

— Problème technique.

— Je vois. Ou plutôt, je ne vois pas. Enfin, où qu'il puisse être, ça ne va pas aider Eugénie à résoudre son problème de science.

— Je suis spécialiste des problèmes de science.

— Et en plus, tu es un type bien. Tu es sûr que tu as le temps ?

— Elle doit avoir fini son devoir pour quand ?

— Elle tenait absolument à le terminer ce soir. Mais si tu as d'autres choses…

Je mettrais moins de temps à répondre à une question scientifique de niveau primaire qu'à négocier une autre solution avec Claudia.

— Allons-y.

Eugénie est revenue et j'ai rebranché la vidéo. Eugénie l'a recoupée.

— Quel est ton problème de science ? ai-je demandé.

— Il n'y a pas de problème de science. J'ai dit ça à maman, c'est tout. Les problèmes de science, c'est pas mon genre. Facepalm.

— Facepalm ?

— La honte, si tu préfères. Je suis première de ma classe en science. Et en maths.

— Tu sais faire des calculs infinitésimaux ?

— Pas encore.

— Dans ce cas, tu n'es sans doute pas un génie. Parfait.

— Pourquoi parfait ? Je croyais que c'était bien d'être intelligent.

— Je recommande d'être intelligent mais de ne pas être un génie. À moins que tu ne t'intéresses qu'aux chiffres et à rien d'autre. Les mathématiciens professionnels sont généralement socialement incompétents.

— C'est peut-être pour ça que tout le monde dit des trucs vraiment pas sympas sur moi sur Facebook.

— Tout le monde ?

Elle a ri.

— Non, juste tout un tas de gens.

— Tu ne peux pas installer un filtre ?

— Je peux les bloquer, si. Mais j'ai pas trop envie en fait. Je préfère savoir ce qu'ils disent. C'est quand même encore mes copains. Tu me trouves idiote, hein ?

— Non. Il est normal de vouloir s'informer. Il est normal d'avoir envie d'être aimé. Il y a des menaces de violence ?

— Nan. Ils disent juste plein de bêtises.

— Sans doute parce qu'ils sont bêtes. Les gens supérieurement intelligents se font souvent harceler par les autres. Parce qu'ils sont différents. Cette différence étant leur intelligence supérieure.

J'avais conscience de ne pas tenir des propos supérieurement intelligents.

— Tu t'es fait harceler, toi ? Je parierais que oui.

— Tu gagnerais ton pari. Avec de la violence au début, jusqu'à ce que j'apprenne les arts martiaux. Ensuite, de façon plus subtile. Heureusement, comme je ne suis pas quelqu'un de subtil, une fois que les violences ont pris fin, la situation s'est nettement améliorée.

Nous avons parlé pendant cinquante-huit minutes, notre conversation initiale et l'interaction avec Claudia comprises, à échanger des informations sur nos expériences de harcèlement scolaire. Je ne voyais pas de solution évidente à son problème, mais si sa détresse était d'un niveau comparable à celle que j'avais connue dans mon enfance, j'étais tenu de lui transmettre toutes les connaissances dont je disposais et qui étaient susceptibles de lui venir en aide.

Finalement, elle a dit :

— Il faut que je parte au cheval. Tu es le type le plus futé que je connaisse.

En termes de quotient intellectuel, elle avait probablement raison. En termes de psychologie pratique, elle avait tort.

— Si j'étais toi, je ne tiendrais pas compte de mes conseils.

— Tu ne m'en as pas donné. Ça m'a bien plu, de discuter avec toi, c'est tout. On pourra recommencer ?

— Bien sûr.

J'avais pris plaisir à cette conversation, moi aussi. Sauf quand je pensais à l'activité à laquelle j'aurais pu me livrer dans la chambre contiguë.

J'ai coupé la connexion. Au moment où je sortais de la chambre de Gene, l'ordinateur a bipé un message : *Bonne nuit. Je t'M, Don.*

Rosie dormait presque quand je l'ai rejointe au lit.

— On dirait que vous avez bien bavardé, a-t-elle murmuré.

— Tout d'abord, cette affaire n'aurait jamais dû venir devant la cour, ai-je dit.

Atticus Finch défendant l'innocent Tom Robinson, devenu un bouc émissaire en raison d'une différence génétique mineure.

Rosie a souri.

— Désolé, monsieur Peck, je n'ai plus faim. Bonne nuit.

J'avais beau avoir affirmé à Eugénie que les hommes avec qui j'avais récemment regardé des matchs de baseball et mangé des hamburgers formaient un groupe constitué, George n'a pas fait bon accueil à ma proposition de l'officialiser.

— Je fais déjà partie d'un groupe, a-t-il protesté. Et il m'a gâché la vie.

— Dans ce cas, tu ferais mieux de le quitter. Et d'en choisir un autre, plus approprié.

— Ouais, mais d'un autre côté, il m'a aussi permis de gagner ma croûte. C'est mon groupe.

J'ai compris qu'il parlait des Dead Kings.

— Tu n'as pas envie d'aller regarder un match avec nous ? Et de discuter de sujets étrangers au baseball entre les manches ?

— Ça me va très bien. Pas de batterie, c'est tout. J'en ai ma dose au boulot. Casanova et le grand type seront de la partie ?

J'ai relié mentalement les deux descriptions à Gene et Dave, et répondu après seulement une courte pause.

— Exact.

— Je vais mettre mes godasses spéciales cuite.

16.

Calculon voudrait se connecter avec vous sur Skype.

Je ne connaissais personne du nom de Calculon. L'avantage d'avoir un petit nombre d'amis est qu'il est facile de filtrer les communications. J'ai ignoré la demande. Le lendemain soir, j'avais un vrai message de Calculon : *C'est moi, Eugénie.*

J'ai accepté l'invitation et, quelques secondes plus tard, mon ordinateur sonnait.

— Salutations, Eugénie.

Son image est apparue à l'écran.

— Oh, dégueu !

J'ai identifié le problème grâce à de précédentes conversations avec Simon Lefebvre, mon cochercheur de Melbourne.

— C'est mon bureau. Avec toilettes intégrées. Pour le moment, je m'en sers uniquement comme siège.

— Zarbe ! Quand je vais raconter ça à maman… Sauf que je ne suis pas censée parler avec toi.

— Et pourquoi ?

— J'ai fait ce que tu m'avais dit. J'ai tourné ça à la blague.

— Qu'est-ce que tu as tourné à la blague ?

— Il y a une fille qui disait que papa avait au moins cent copines, alors j'ai répondu que c'était parce qu'il est trop cool. Et je lui ai dit que son père à elle, il est tellement pas cool qu'il ne peut se taper que sa mère, qui est un troll.

— Une créature qui garde les ponts ?

Eugénie a ri.

— Non, un troll, c'est quelqu'un qui embête les autres sur les réseaux sociaux. Papa a dit qu'elle le faisait. De toute façon, tout le monde s'est mis à se moquer de cette fille et ils m'ont fichu la paix. Et puis une autre nous a tous caftés et on a eu une semaine de retenue, et maman a reçu une lettre. Alors maintenant, on s'en prend tous à elle.

— À ta mère ?

— Mais non, à la fille qui nous a dénoncés.

— Vous devriez peut-être établir un calendrier, un tableau de roulement, pour vous harceler à tour de rôle. Ça éviterait les injustices.

— Ça m'étonnerait.

— Mais le problème est réglé ?

— On en a un autre. (Elle a pris l'air très sérieux.) Carl.

— Il se fait harceler, lui aussi ?

— Non. Il dit que si papa revient un jour, il le tuera. À cause de ses copines.

La voix d'Eugénie révélait de l'émotion. J'ai décelé un risque de larmes.

— Mais moi, je veux que papa rentre.

Prédiction correcte. Eugénie pleurait.

— Nous ne pourrons pas résoudre ce problème tant que tu seras paralysée par tes émotions, ai-je remarqué.

— Tu ne pourrais pas discuter avec Carl ? Il refuse de parler à papa.

La belle-mère de Carl est psychologue clinicienne. Son père est directeur de l'Institut de psychologie d'une grande université. Et c'était à moi, chercheur en sciences physiques – mieux programmé pour comprendre la logique et les idées que les dynamiques interpersonnelles – que l'on demandait de conseiller leur fils.

J'avais besoin d'assistance. Heureusement, elle était aisément disponible en la personne de Rosie.

— Le fils de Gene veut le tuer, lui ai-je dit.

— Il faudra qu'il attende son tour. Je n'arrive pas à y croire – il est de nouveau sorti avec Inge, c'est ça ?

— Exact. J'ai essayé de la mettre en garde. Qu'est-ce que je dois dire à Carl ?

— Rien. Tu ne peux pas être responsable de la vie de tout le monde. Si quelqu'un doit parler à Carl, c'est Gene. C'est lui son père. Et ton colocataire. Depuis six semaines. Un sujet dont il faut que nous parlions.

— Il y a une longue liste de sujets dont il faut qu'on parle.

— Je sais, mais pas maintenant, d'accord ? Ça va me faire perdre le fil.

Deux heures plus tard, j'ai frappé à sa porte et je suis entré. Il y avait des feuilles de papier d'imprimante froissées par terre. Chiffonner le papier empêche sa réutilisation et augmente son volume dans la poubelle. J'ai aussi diagnostiqué une certaine exaspération de la part de Rosie.

— Tu as besoin d'aide ?

— Non, je vais m'en sortir. Mais ça me rend folle. J'ai discuté avec Stefan sur Skype et tout était parfaitement clair. Et maintenant, je n'y comprends plus rien. Je me demande comment je vais arriver à finir ça en trois semaines.

— Ça peut avoir de graves conséquences ?

— Tu sais bien que je suis censée avoir tout bouclé avant la rentrée. Ce que j'arriverais peut-être à faire si je n'avais pas le cerveau monopolisé par le bébé ou par les problèmes de Gene. Et par mes rendez-vous médicaux. Que j'ai pris, d'ailleurs. L'échographie est prévue mardi prochain à deux heures de l'après-midi. Ça va pour toi ?

— C'est presque deux semaines trop tard.

— D'après mon toubib, douze semaines, c'est parfait.

— Douze semaines et trois jours. Le Livre précise qu'il faut la faire entre huit et onze semaines. Un consensus publié est plus fiable que l'opinion d'un unique praticien.

— Peu importe. Maintenant, j'ai une gynécologue obstétricienne. Je l'ai vue aujourd'hui et elle est vraiment bien. Nous ferons tout le reste en respectant les règles.

— Conformément aux bonnes pratiques ? La deuxième échographie doit avoir lieu entre la dix-huitième et la vingt-deuxième semaine. Je recommande vingt-deux puisque la première a été décalée.

— Je vais prendre rendez-vous à vingt-deux semaines, zéro jour, zéro heure. Mais pour le moment, je voudrais finir cette analyse avant d'aller me coucher. Et puis, je veux un verre de vin. Un seul.

— L'alcool est interdit. Tu en es encore au premier trimestre.

— Si tu ne me sers pas un verre, j'allume une cigarette.

À part user de contrainte physique ou de violence, je ne pouvais rien faire pour empêcher Rosie de boire. J'ai donc apporté un verre de vin blanc dans son bureau et me suis assis sur une des chaises libres.

— Et toi, tu n'en prends pas ? a-t-elle demandé.

— Non.

Rosie a bu une gorgée.

— Don, tu l'as coupé ?

— C'est un vin à faible teneur en alcool.

— Tel qu'il est maintenant, je te crois volontiers.

Je l'ai regardée boire une deuxième gorgée, imaginant l'alcool qui franchissait la barrière placentaire, endommageait les cellules cérébrales et condamnait notre enfant à naître à devenir un simple physicien échouant de justesse à porter la science à un niveau supérieur au lieu d'être un futur Einstein. Un enfant qui ne connaîtrait jamais l'expérience décrite par Richard Feynman de savoir sur l'univers quelque chose que personne n'a encore su. Ou, compte tenu de l'héritage médical du côté de Rosie, un enfant qui aurait peut-être été sur le point de découvrir un traitement contre le cancer. Alors que quelques cellules cérébrales, détruites par une mère poussée à l'irrationalité par des hormones de grossesse…

Rosie me regardait.

— C'est bon, tu as gagné. Va me presser une orange avant que je change d'avis. Et ensuite, tu pourras me montrer comment faire cette putain d'analyse.

Gene était dans mon bureau à l'université quand Inge a apporté un petit paquet livré par FedEX. « Il a été déposé à l'accueil pour Don. Ça vient d'Australie », a-t-elle expliqué.

Pendant que Gene et Inge faisaient des projets de déjeuner, j'ai déchiffré les indications d'expéditeur, notées d'une écriture brouillonne : Phil Jarman, ancien footballeur australien, actuel propriétaire d'une salle de gym, et père de Rosie. Pourquoi avait-il envoyé un paquet à la Columbia ?

— Je suppose que c'est pour Rosie, ai-je dit à Gene après le départ d'Inge.

— Il est adressé à elle ?

— Non, à moi.

— Alors, ouvre-le.

C'était une toute petite boîte qui contenait une bague ornée d'un diamant. Le diamant était très petit, plus petit que celui de la bague de fiançailles que j'avais offerte à Rosie.

— Tu l'attendais ? a demandé Gene.

— Non.

— Alors, il doit y avoir une lettre.

Gene avait raison. Le paquet contenait une feuille de papier pliée :

Cher Don

Ci-joint une bague. C'était celle de la mère de Rosie et elle aurait certainement voulu qu'elle revienne à sa fille.

Il est traditionnel d'offrir une bague, qu'on appelle chez nous bague d'éternité, à l'occasion du premier anniversaire de mariage, et je serais très honoré que tu l'acceptes en présent de ma part et de celle de la mère de Rosie pour la lui donner.

Rosie n'est pas la personne la plus facile au monde et je me suis toujours inquiété à l'idée que l'homme qu'elle épouserait pourrait ne pas être à la hauteur. D'après ce qu'elle me raconte, tu as l'air de te débrouiller très bien pour le moment. Dis-lui qu'elle me manque et ne considère jamais rien comme acquis.

Phil (ton beau-père)

PS : J'ai fini par piger ta prise d'aïkido. Si tu foires, je viendrai personnellement à New York te refaire le portrait.

J'ai tendu la lettre à Gene. Il l'a lue puis l'a repliée.

— Accorde-moi juste une minute, dit-il.

J'ai décelé de l'émotion.

— J'ai l'impression que Phil n'est pas très content de moi, ai-je dit.

Gene s'est levé et a fait les cent pas. C'est une habitude que nous partageons quand nous réfléchissons à des problèmes difficiles. Mon père aurait cité Thoreau – *Henry David* Thoreau, philosophe américain. « Don, me disait-il quand j'arpentais notre salon en cherchant à résoudre un problème de mathématiques ou d'échecs, ne te fie jamais à une idée que tu as eue assis. »

Gene a fermé la porte.

— Don, je vais te demander de faire un exercice. Je veux que tu imagines que ton bébé est né, que c'est une fille, qu'elle grandit. Elle a dix ans. Et puis un jour, Rosie a un accident de voiture et toi, tu es assis à la place du passager parce que tu as bu. Et – tu connais la suite, et moi aussi parce que tu me l'as racontée –, voilà que l'impératif de l'évolution intervient et que tu sauves ta fille au lieu de Rosie. Et il n'y a plus que vous deux.

L'émotion a obligé Gene à s'interrompre. Je me suis porté à son secours.

— Je connais bien cette histoire, évidemment.

C'était celle de Phil, de la mère de Rosie et de Rosie, moyennant une substitution de noms.

— Non, ne crois pas ça. Tu l'as simplement entendu raconter comme un événement qui est arrivé à autrui. C'est comme si tu l'avais lu dans le journal à propos d'une famille du Kansas. Je veux que tu imagines que tu es personnellement impliqué. Que tu es Phil. Et puis je veux que tu imagines que ta fille épouse un type qui t'a pété le nez et qui n'est pas exactement comme la moyenne des gens, et qu'elle part à New York et tombe enceinte. Imagine ensuite que tu écris cette lettre.

— Trop de choses à imaginer. Trop de recoupements. Rosie figure dans les deux histoires dans des rôles différents.

Gene m'a regardé avec une expression que je ne lui avais jamais vue. Peut-être était-ce parce qu'il n'avait encore jamais été fâché contre moi.

— Trop de choses à imaginer ? Combien de temps t'a-t-il fallu pour obtenir ta ceinture noire ? Combien de temps pour apprendre à désosser une putain de caille ? Écoute-moi bien, Don, tu vas t'asseoir et analyser ça sérieusement en prenant tout le temps qu'il faudra pour que tu *sois* ce putain de Phil Jarman, qui contourne la voiture avec une fracture du bassin pour en sortir sa gosse, et puis, tu écriras cette lettre toi-même et on verra si tu viens encore me dire : « Phil n'est pas très content de moi. »

J'ai attendu quelques instants que Gene se calme.

— Pourquoi ?

— Parce que tu vas être père. Et que tous les pères sont Phil Jarman.

Gene s'est rassis.

— Va nous chercher des cafés. Ensuite, je te parlerai de l'anniversaire de mariage. Pour lequel tu n'as rien prévu, je me trompe ?

17.

Les habitudes sportives de Rosie étaient fantaisistes à l'extrême, en infraction avec le Livre. Ses cours de médecine devant reprendre deux semaines plus tard, j'ai trouvé que c'était un moment idéal pour aborder le sujet. J'avais projeté d'introduire une séance d'exercice physique soixante minutes avant l'heure habituelle de son départ pour l'université. Cela lui permettrait de s'y rendre directement depuis l'établissement sportif. Grâce à l'amélioration récente de notre proximité avec la Columbia, cet ajout n'aurait sur son horaire de réveil qu'une incidence de quarante-six minutes exactement.

Tout paraissait simple, mais les nouvelles initiatives exigent toujours un minimum de mise au point.

J'ai réveillé Rosie quarante-six minutes avant l'heure habituelle. Sa réaction était prévisible.

— Quelle heure il est ? Il fait encore nuit. Qu'est-ce qui ne va pas ?

— Il est 6 h 44. S'il fait nuit, c'est seulement parce que les rideaux sont fermés. Le soleil s'est levé il y a approximativement quarante minutes et avant cela, il y a eu les premières lueurs annonciatrices de l'aube. Tout va bien. Nous allons à la piscine.

— Quelle piscine ?

— La piscine couverte du centre de loisirs de Chelsea sur la 25e Rue-Ouest. Il faut que tu prennes ton maillot de bain.

— Je n'ai pas de maillot de bain. Je déteste nager.

— Tu es australienne. Tous les Australiens nagent. Presque tous.

— Je dois être une des exceptions. Vas-y tout seul et rapporte-moi un muffin. Ou l'équivalent légal. Je me sens un peu mieux. Pour cette heure de la journée.

J'ai fait remarquer à Rosie qu'elle avait une expérience limitée de cette heure de la journée, que c'était elle qui avait besoin de faire un peu d'exercice et que la natation était un sport recommandé aux femmes enceintes.

— La natation est un sport recommandé à tout le monde.

— Exact.

— Alors pourquoi tu n'en fais pas ?

— Je n'aime pas la foule des piscines. J'ai horreur d'avoir de l'eau dans les yeux. Et de mettre la tête sous l'eau.

— Tu vois bien. Tu es capable d'empathie. Je ne t'obligerai pas à nager si tu ne m'y obliges pas non plus. En fait, ça me paraît être une excellente règle générale.

J'ai commencé l'Exercice d'Empathie avec Phil pendant mon jogging jusqu'à la Columbia, en cherchant à me mettre à sa place, une pratique également recommandée par Atticus Finch dans *Du silence et des ombres*. C'était un scénario effroyable, mais je n'ai pas réussi à obtenir le résultat voulu par Gene. J'en étais arrivé à la conclusion que cet exercice me prendrait des mois et exigerait peut-être l'intervention d'un hypnotiseur ou d'un barman, quand mon subconscient a pris le relais.

Je me suis réveillé cette nuit-là du Pire Cauchemar du Monde. J'étais aux commandes d'un vaisseau spatial, et je tapais des instructions sur la console ; Rosie se trouvait dans la capsule de reconnaissance qui s'éloignait du vaisseau principal et j'étais incapable de la faire revenir. C'était un clavier tactile et mes doigts n'arrêtaient pas de se tromper. Mon exaspération se transformait en colère et je n'arrivais plus à rien faire.

Je me suis réveillé, le souffle court, et j'ai tendu le bras. Rosie était toujours là. Je me suis demandé si Phil faisait des cauchemars du même genre dont il se réveillait pour découvrir que le monde était exactement comme dans son rêve.

Notre premier anniversaire de mariage tombait le 11 août. Cette année-là, c'était un dimanche. Les instructions de Gene consistaient à réserver une table dans un très bon restaurant, à acheter des fleurs et à me procurer un cadeau fait d'une matière définie par l'année ordinale de l'anniversaire.

— Tu veux dire que je devrai acheter un objet chaque année ? Pendant toute la durée de notre vie conjugale ?

— Les deux choses peuvent être liées, a remarqué Gene.

— Tu as fait ça pour Claudia ?

— Je t'autorise à tirer les leçons de mes erreurs.

— Rosie est d'avis qu'il est inutile de nous encombrer de bric-à-brac.

— Claudia disait la même chose. Je te suggère de l'ignorer et d'acheter un cadeau en papier.

— Ça peut être un objet de consommation ? Un objet jetable ?

— Pourvu qu'il soit en papier. Et qu'il témoigne d'une délicate attention. Tu pourrais peut-être me le soumettre au préalable. Tu me le *soumettras* au préalable, d'accord ?

J'ai commencé à faire des plans conformément aux instructions de Gene, mais ils ont été contrariés par une enveloppe que j'ai trouvée par terre, dans mon bureau-salle de bains, le samedi matin, veille de l'anniversaire. J'avais fermé la porte parce que je travaillais à l'esquisse de Bud pour la semaine 12 ; Gene ou Rosie avait dû glisser l'enveloppe sous la porte pour éviter d'interrompre quelque fonction corporelle. Associer salle de bains et bureau n'était pas dénué d'avantages.

C'était une invitation – identifiable au mot *Invitation* écrit dessus. À l'intérieur, j'ai trouvé un petit carnet, mince, à couverture rouge. Sur la première page, Rosie avait écrit :

Don, je veux te faire la surprise maximale sans dépasser ton seuil de tolérance. Tourne les pages jusqu'à ce que tu sois content. Moins tu en tourneras, mieux ça vaudra. Je t'embrasse, Rosie.

Visiblement, la famille Jarman avait décidé de communiquer avec moi par le biais de lettres manuscrites. J'ai tourné la page.

Notre anniversaire de mariage est demain. Je m'occupe de tout.

J'avais réservé une table dans un restaurant et il allait falloir que j'annule. J'étais déjà surpris et perturbé par une initiative qui était censée me préserver de ces effets.

J'allais tourner la page suivante, quand Gene a frappé à la porte.

— Ça va, Don ?

J'ai ouvert et je lui ai exposé la situation.

— En homme intègre, tu ne peux pas lire tout ce machin et faire comme si tu ne l'avais pas fait.

— J'ai l'intention de minimiser le stress, puis de le dire à Rosie.

— Faux. Accepte le défi. Elle ne fera rien qui puisse te faire du mal. Elle veut simplement t'étonner. Et ça lui fera plaisir. À toi aussi, si tu acceptes de te détendre un peu.

Gene m'a arraché le carnet des mains.

— Comme ça, tu n'as plus le choix.

J'ai annulé le restaurant et entrepris de me préparer mentalement à l'inattendu.

L'inattendu a commencé le dimanche à 15 h 32. La sonnette de la porte d'entrée a retenti. C'était Isaac et Judy Esler, que je n'avais pas revus depuis l'Incident du Thon Rouge. Ils avaient décidé d'aller voir l'exposition *À la recherche de la licorne* au Metropolitan Museum of Art et voulaient me proposer de les accompagner.

« Vas-y, a dit Rosie. Je vois Judy toutes les semaines. J'en profiterai pour avancer ma thèse. »

Nous avons pris le métro pour aller à l'exposition, qui était moyennement intéressante, mais j'ai fini par comprendre que l'objectif essentiel de cette sortie était de vérifier que notre amitié restait opérationnelle à la suite de l'Incident du Thon Rouge. C'est Judy qui a assuré presque l'intégralité de la conversation.

— Je ne m'attendais vraiment pas à ça de la part de Lydia. Elle n'est pas revenue au club de lecture depuis, et pourtant nous avons eu trois réunions. Je suis vraiment navrée, Don.

— Inutile de vous excuser. Vous n'avez rien à vous reprocher alors que moi, j'ai fait preuve d'insensibilité concernant les préférences alimentaires. Rosie protesterait aussi si je commandais du thon rouge.

Il m'a paru raisonnable de ne pas mentionner que j'avais revu Lydia pour une évaluation professionnelle. De toute façon, une autre question était prioritaire.

— Avez-vous informé Rosie du jugement que Lydia a porté sur moi ? ai-je demandé.

— Je lui ai répété ce que Lydia avait dit. Et j'ai précisé qu'Isaac l'avait remise à sa place.

— C'était Seymour, a rectifié Isaac.

— J'étais sûre que c'était toi. Peu importe. Lydia a un certain nombre de problèmes personnels. J'avais pensé qu'ils iraient bien ensemble, Seymour et elle. Pour être heureux, il lui faut quelqu'un qui ait besoin de lui. Quant à elle, elle aurait eu son psychiatre privé. Ça ne serait pas du luxe, croyez-moi.

Judy n'avait pas répondu à ma question, ou du moins, ne m'avait pas livré l'information souhaitée.

— Avez-vous rapporté à Rosie quoi que ce soit à propos du jugement que Lydia a porté sur mes aptitudes de parent ? ai-je repris.

— Je ne me rappelle pas que Lydia ait parlé de ça. Qu'est-ce qu'elle a dit ?

Je me suis repris juste à temps.

— Ces tableaux sont vraiment intéressants.

Selon toute apparence, Judy n'a pas remarqué le changement de sujet. Je faisais des progrès.

Je suis rentré à la maison à 18 h 43 après avoir acheté une unique rose rouge de grande qualité (pour symboliser une année de mariage) en chemin. Une idée m'a traversé l'esprit quand j'ai ouvert la porte : Rosie avait peut-être tout organisé pour que les Esler m'attirent hors de la maison pendant qu'elle préparait une surprise. J'avais raison, et mes pires craintes se sont confirmées. *Rosie était à la cuisine.*

Elle faisait la cuisine, ou plus exactement, elle préparait de la nourriture. Essayait de préparer de la nourriture. La première fois que nous étions sortis ensemble, Rosie m'avait avoué qu'elle serait incapable « de faire la cuisine même si sa vie était en jeu » et je n'avais relevé aucun indice du contraire. Les coquilles Saint-Jacques de la soirée du Jus d'Orange, où j'avais été indisponible pour cause de pétage de plombs puis de rapport sexuel, n'étaient que le plus récent désastre culinaire.

Au moment où je me dirigeais vers la cuisine pour donner des conseils et prêter assistance, Gene a surgi de sa chambre et m'a écarté du seuil, refermant la porte devant nous.

— Je me trompe ou tu avais l'intention d'aller aider Rosie à la cuisine ?

— Exact.

— Et tu aurais commencé par lui dire : « Je peux t'aider, chérie ? »

J'ai réfléchi quelques instants. En réalité, j'aurais évalué la situation et déterminé ce qu'il y avait à faire. Un comportement approprié de la part d'une personne qualifiée arrivant sur les lieux d'un sinistre.

Gene ne m'a pas laissé le temps de formuler une réponse.

— Avant de faire quoi que ce soit, a-t-il poursuivi, demande-toi ce qui est le plus important : la qualité d'un dîner ou la qualité de votre relation. Si tu choisis la proposition deux, apprête-toi à déguster un des grands repas de ta vie, préparé sans la moindre assistance de ta part.

Je m'étais évidemment concentré sur le dîner. Je n'en étais pas moins capable de comprendre la logique de l'argument de Gene.

— Bien joué, la rose, a remarqué Gene.

Nous sommes entrés dans la cuisine.

— Ça va, les mecs ? a demandé Rosie.

— Bien sûr, ai-je dit et je lui ai tendu la rose sans commentaire.

— Don avait marché dans une crotte de chien. J'ai sauvé la moquette, a prétendu Gene.

Rosie m'a donné pour instructions de me mettre en tenue de soirée, ce qui voulait dire enfiler ma chemise à col et mon autre veste que celle de baroudeur. Les chaussures de cuir seraient également de rigueur.

— Je croyais qu'on mangeait à la maison, ai-je crié depuis la chambre.

Gene est entré.

— Je sors. Habille-toi comme si tu allais dîner dans un établissement qui impose un code vestimentaire. Fais tout ce qu'elle te dit. Exprime une joie sans mélange devant tout. Tu en recueilleras les dividendes pendant des décennies.

J'ai localisé mes vêtements chics.

— Va sur le balcon, a crié Rosie.

Je m'étais retiré dans mon bureau pour minimiser les risques de causer des dégâts relationnels. Rationnellement, le pire qui pouvait arriver était un empoisonnement, entraînant une mort lente et douloureuse pour tous les deux. Nouvel essai : statistiquement, le résultat le plus probable était un repas exécrable. J'en avais déjà mangé un certain nombre – dont certains, je l'avoue, à la suite d'erreurs de ma part. Il m'était même arrivé de servir de tels ratés à Rosie. Je restais pourtant étrangement tendu.

Il était 20 h 50. Rosie avait sorti une petite table – un des éléments de mobilier surnuméraires qui avaient élu domicile dans son bureau – et l'avait dressée, style restaurant, pour deux. J'ai estimé la température à vingt-deux degrés Celsius. Il faisait encore jour. Je me suis assis.

C'est alors que Rosie est apparue. J'ai été abasourdi. Elle était vêtue de l'incroyable robe blanche qu'elle n'avait encore mise qu'une fois : à l'occasion de notre mariage. Contrairement à la robe de mariée stéréotypée, elle était – pour employer un terme technique – *élégante*, tel un algorithme informatique aboutissant à un résultat impressionnant avec seulement quelques lignes de code. L'impression de simplicité était rehaussée par la suppression du voile qu'elle avait porté douze mois plus tôt.

— Tu n'avais pas dit que tu ne remettrais plus jamais cette robe ? ai-je remarqué.

— Je peux m'habiller comme je veux à la maison, a-t-elle répondu, en contradiction directe avec les directives qu'elle m'avait données concernant ma propre tenue. Elle est un peu étroite.

Elle avait raison à propos de l'étroitesse, qui se situait surtout dans la région supérieure. L'effet était spectaculaire. Il m'a fallu un moment pour me rendre compte qu'elle tenait deux verres. En réalité, je ne l'ai pas remarqué avant qu'elle m'en tende un.

— Oui, le mien contient aussi du champagne, a-t-elle dit. Je n'en prendrai qu'un tout petit peu, mais j'aurais pu en boire une coupe entière avec un risque pratiquement nul pour le bébé. Henderson, Gray et Brockelhurst, 2007. (Elle m'a adressé un grand sourire et a levé son verre.) Bon anniversaire, Don. C'est comme ça que tout a commencé, tu te souviens ?

Il a fallu que je réfléchisse. Notre relation avait évolué de façon significative lors de notre précédent séjour à New York, mais nous n'avions pas dîné sur un balcon… Bien sûr ! Elle faisait allusion au Dîner du Balcon dans mon appartement de Melbourne, la première fois que nous étions sortis ensemble. Reproduire cette soirée était une excellente idée. J'espérais tout de même qu'elle ne s'était pas aventurée à préparer la salade de homard. Il était primordial de ne pas faire revenir les poireaux trop longtemps si on ne voulait pas qu'ils soient amers… Je me suis repris. Et j'ai levé mon propre verre en prononçant les premiers mots qui me sont venus à l'esprit.

— À la femme la plus parfaite du monde.

Heureusement, mon père n'était pas là. Comme *unique* ou *enceinte, parfait* est un absolu qui ne peut pas s'accompagner d'un superlatif relatif. Mon amour pour Rosie était si fort qu'il avait poussé mon cerveau à commettre une erreur grammaticale.

Nous avons bu du champagne en regardant le soleil se coucher sur l'Hudson. Rosie a sorti des rondelles de tomates avec de la mozzarella de bufflonne, de l'huile d'olive et des feuilles de basilic. Le goût était exactement celui qui était requis. Peut-être même meilleur. J'ai pris conscience que je souriais.

— Quel boulot de chien d'alterner les tranches de fromage et de tomate, a observé Rosie. Ne t'en fais pas, je ne me suis pas lancée dans des expériences trop risquées. Je veux m'asseoir ici avec toi, regarder les lumières et parler, c'est tout.

— Il y a des sujets précis dont tu as l'intention de discuter ?

— Il y en a un, oui, mais j'y viendrai. Ce serait sympa de bavarder, tout simplement. Mais attends, je vais chercher la suite. Essaie de ne pas flipper.

Rosie est revenue avec un plat couvert de fines tranches de quelque chose, saupoudré de fines herbes. J'ai regardé plus attentivement. Du thon ! Sashimi de thon. De thon *cru*. Le poisson cru figurait évidemment sur la liste des substances interdites. Je n'ai pas « flippé ». Quelques secondes de réflexion m'ont fait comprendre que dans une manifestation d'altruisme, Rosie avait préparé mon aliment préféré, alors même qu'elle ne pouvait pas le consommer avec moi.

J'étais sur le point de la remercier quand j'ai remarqué qu'elle avait apporté *deux* paires de baguettes. J'ai été à deux doigts de flipper.

— Je t'avais dit de ne pas flipper, m'a rappelé Rosie. Tu sais pourquoi le poisson cru n'est pas recommandé ?

Ça pourrait me rendre malade, comme tu l'as dit. Ça pourrait me rendre malade n'importe quand, enceinte ou non, et ça ne l'a jamais fait. En revanche, il ne nuira pas directement au fœtus comme le ferait la toxoplasmose ou la listeria. Le mercure est un risque, mais pas avec une aussi faible quantité. Le thon est une excellente source d'acides gras Oméga 3, qui sont en corrélation avec un QI supérieur. Hibbeln *et al.*, « Consommation maternelle de produits de la mer durant la grossesse et conséquences sur le développement neurologique de l'enfant », *The Lancet*, 2007. Et c'est du thon rouge. Quelques grammes, une seule fois, dans toute une vie, ne devraient pas porter un trop grave préjudice à la planète.

Elle a souri, a prélevé une tranche de thon avec ses baguettes et l'a trempée dans la sauce de soja. Je n'avais pas eu tort. J'avais épousé la femme la plus parfaite du monde.

Rosie avait eu raison de prédire qu'il serait sympa de bavarder. Nous avons parlé de Gene et Claudia, de Carl et Eugénie et d'Inge, et puis de Dave et Sonia et de ce que nous ferions lorsque notre pseudo-bail prendrait fin. George m'avait promis de me donner un préavis de trois mois. Nous ne sommes arrivés à aucune conclusion, mais j'étais conscient que nous n'avions pas programmé suffisamment de temps pour parler, Rosie et moi, depuis notre arrivée à New York. Nous avions été trop occupés par notre travail. Aucun de nous n'a évoqué le sujet de la grossesse, dans mon cas parce qu'il avait été la source de conflits récents. La motivation de Rosie était peut-être la même.

Rosie retournait de temps en temps à la cuisine et en revenait avec de la nourriture, préparée avec compétence dans chaque cas. Nous avons mangé des croquettes de crabe puis le plat principal, que Rosie a sorti du four.

— Bar rayé *en papillote*, a-t-elle annoncé. Autrement dit *en papier*, puisque ce sont nos noces de papier.

— Incroyable. Tu as résolu le problème et le résultat est jetable.

— Je sais que tu détestes la pagaille. Nous n'en garderons donc que le souvenir.

Rosie a attendu que j'aie goûté.

— C'est comment ? a-t-elle demandé.

— Délicieux.

C'était vrai.

— Ce qui me permet d'aborder le sujet dont je voulais te parler. Rien de dramatique. Je *sais* faire la cuisine. Je n'ai pas l'intention de la faire tous les soirs, et tu es meilleur cuisinier que moi, mais je suis parfaitement capable de suivre une recette s'il le faut. Et s'il m'arrive de foirer, ce n'est pas une tragédie. J'adore tout ce que tu fais pour moi, mais je tiens tout de même à ce que tu saches que je ne suis ni complètement empotée ni incompétente. C'est hyper-important pour moi.

Rosie a bu dans mon verre et a poursuivi son discours.

— Je fais pareil avec toi, je sais bien. Tu te rappelles le soir où je t'ai laissé au bar à cocktails et où je m'inquiétais à l'idée que tu ne t'en sortes pas sans moi ? En fait, tu t'es très bien débrouillé !

Je n'ai sans doute pas réussi à contrôler mon expression assez vite.

— Que s'est-il passé ? a-t-elle demandé.

Il n'y avait plus aucune raison, sept semaines plus tard, de lui dissimuler l'histoire de la Femme Bruyante et ce qui s'en était suivi : la perte de nos emplois. Je lui ai tout raconté, et nous avons ri tous les deux. J'ai éprouvé un immense soulagement.

— Je savais qu'il était arrivé quelque chose, a commenté Rosie. Je savais que tu m'avais caché un truc. Tu ne devrais jamais avoir peur de me parler.

C'était un moment critique. Devais-je confier à Rosie l'Incident de l'Aire de Jeux et l'Affaire Lydia ? Ce soir-là, elle était détendue et conciliante. Mais peut-être commencerait-elle à s'inquiéter le lendemain matin et le stress remplacerait alors sa bonne humeur. La menace de poursuites judiciaires n'avait pas encore été levée.

J'ai préféré profiter de l'occasion pour analyser le mensonge d'un tiers.

— Quand Gene t'a dit que j'avais marché dans des excréments de chien, tu l'as cru ?

— Bien sûr que non. Il t'a entraîné à l'écart pour te dire de ne pas me casser les pieds à la cuisine. Ou pour te donner une fleur à me donner. Vrai ?

— Première proposition. J'ai acheté la fleur indépendamment.

Je me serais évidemment fait prendre si j'avais été à la place de Rosie, mais je n'ai pas été surpris qu'elle ait décelé le mensonge de Gene.

— Tu crois que Gene savait qu'il n'était pas arrivé à te tromper ?

— Je pense que oui. Il nous connaît plutôt bien tous les deux.

— Alors pourquoi a-t-il pris la peine d'inventer un mensonge auquel personne ne croirait et qui ne changeait rien aux sentiments de qui que ce soit ?

— Il voulait être sympa, c'est tout. J'ai plutôt apprécié son effort.

Protocoles sociaux. Impénétrables.

C'était à mon tour de lui faire une surprise. Je suis rentré dans l'appartement. Gene était de retour et buvait une partie du reste de champagne qu'il avait sorti du réfrigérateur.

Je suis revenu sur le balcon et j'ai sorti la bague de la mère de Rosie de ma poche. J'ai pris la main de Rosie et je l'ai glissée à son doigt, comme je l'avais fait avec un autre anneau, le même jour, un an plus tôt. Conformément à la tradition, je l'ai enfilée au même doigt : la théorie veut que la bague d'éternité empêche symboliquement le retrait de l'alliance. Cela paraissait conforme à l'intention de Phil.

Il a fallu à Rosie quelques secondes pour reconnaître la bague et se mettre à pleurer, et à ce moment-là, Gene avait jeté sur nous toute une boîte de confettis d'une main et pris de nombreuses photographies de l'autre.

18.

Un repas commun avait été programmé pour le mardi soir. Je l'ai rappelé à Rosie le matin car je craignais que son manque de sérieux dans le respect de ses rendez-vous n'ait été exacerbé par la grossesse. « Et *toi*, n'oublie pas que j'ai mon échographie aujourd'hui. »

Les problèmes s'étaient accumulés. J'avais dressé une liste comprenant huit points essentiels.

1. Le Problème du Déménagement de Gene. De toute évidence, Gene devait participer à cette discussion.
2. La Liste des Substances Interdites. Je l'avais posée sur le bureau de Rosie, mais elle n'avait pas exprimé d'approbation formelle.
3. Le problème de l'interruption des études de médecine de Rosie. Il fallait le régler le plus rapidement possible pour ne pas laisser place au doute.
4. La définition d'un programme d'exercices physiques pour Rosie, resté en suspens après l'échec de l'Opération Natation.
5. La thèse de Rosie, qui était en retard et risquait d'interférer avec d'autres activités.

6. Le Problème du Couple de Gene et Claudia. Je n'avais fait aucun progrès et avais besoin de l'aide de Rosie.

7. La Question de Carl et Gene. Il fallait que Gene parle à Carl.

8. La nécessité de prendre des mesures directes contre le stress de Rosie. Les vertus relaxantes du yoga et de la méditation sont reconnues par tous.

Le simple fait d'établir cette liste m'a inspiré un sentiment d'avancée majeure. J'en ai remis des exemplaires à Gene et Rosie quand ils se sont assis pour le dîner – des crevettes sauvages issues de la pêche responsable suivies de poisson grillé à faible taux de mercure et d'une salade caractérisée par l'absence de pousses d'alfalfa.

La réaction de Rosie n'a pas été positive.

— Putain, Don. Je n'ai plus que deux semaines pour finir ma thèse. Tu crois vraiment que j'ai besoin d'un truc pareil ?

Il y a eu un silence d'approximativement vingt secondes.

— En consultant cette liste, a alors remarqué Gene, je constate que je suis probablement partiellement responsable du point 8. J'ai été tellement préoccupé par les difficultés du jeune Carl que j'ai manqué d'égards envers vous. Je ne me suis pas rendu compte que votre thèse vous soumettait à une telle pression.

— Qu'est-ce que vous vous imaginez que je fabrique, enfermée dans mon bureau pendant tout ce temps ? Vous n'avez pas remarqué que je ne vis plus ? Don ne vous a pas dit que je suis en retard ?

Ses paroles avaient beau être agressives, j'ai identifié un ton conciliateur.

— Non, franchement, non. J'ai l'impression que vous avez un tas de trucs à vous dire, Don et vous, avec ces histoires de congé de maternité, d'exercice physique et de substances interdites. Je vais aller me chercher un hamburger et dès demain, je tâcherai de me trouver un autre endroit où crécher.

Alors qu'elle avait obtenu ce qu'elle voulait, inexplicablement, Rosie a refusé.

— Non, non, pardon. Dînez avec nous. On parlera de ces machins d'alimentation et d'exercice une autre fois.

— Il faut qu'on en discute maintenant, ai-je protesté.

— Ça peut attendre, a répliqué Rosie. Parlez-nous de Carl, Gene.

— Il me reproche notre séparation.

— Si vous pouviez revenir en arrière ? a demandé Rosie.

— Je ne changerais rien en ce qui concerne Claudia. Mais si j'avais su à quel point ça affecterait Carl…

— Malheureusement, on ne peut pas changer le passé, ai-je fait remarquer pour ramener la conversation à des solutions pratiques.

— Exprimer des regrets ne serait peut-être pas inutile, a poursuivi Rosie.

— Ça m'étonnerait que Carl s'en contente, a répondu Gene.

Au moins, nous avions abordé, sinon réglé, un des points à l'ordre du jour. J'ai pris soin de le cocher sur leurs deux exemplaires.

Nous n'avons fait aucun progrès sur les autres éléments de la liste. Rosie a sorti une grande enveloppe de son sac et l'a donnée à Gene.

— Voilà ce que j'ai fait cet après-midi.

Gene en a tiré une feuille qu'il m'a immédiatement tendue. C'était un cliché d'échographie, représentant probablement Bud. Pour un non-spécialiste, il ressemblait à s'y méprendre aux photos du Livre, que je connaissais très bien. Il était moins net que le croquis que j'avais ajouté au carreau de la semaine 12 cinq jours plus tôt. Je l'ai rendu à Rosie.

— Tu l'as déjà vu, bien sûr, a remarqué Gene.

— Non, a rétorqué Rosie. (Elle s'est tournée vers moi.) Où étais-tu à deux heures, cet après-midi ?

— Dans mon bureau. Je vérifiais un protocole de recherche pour Simon Lefebvre. Il y a un problème ?

— Tu as oublié l'échographie ?

— Bien sûr que non.

— Mais alors, pourquoi est-ce que tu n'es pas venu ?

— J'étais censé y assister ?

L'expérience aurait été intéressante, mais je ne voyais pas quel rôle j'aurais pu jouer. Je n'avais encore jamais accompagné Rosie à un rendez-vous médical et elle n'était jamais venue avec moi non plus. En fait, son premier rendez-vous médical avec sa gynécologue obstétricienne avait eu lieu la semaine précédente ; il s'était sans doute agi d'un premier exposé sur le déroulement de la grossesse. Si j'avais dû assister à un rendez-vous, cette séance aurait sûrement été plus pertinente pour que nous puissions disposer des mêmes informations. Pourtant, je n'avais pas été invité. L'échographie était une *procédure* impliquant des techniciens et un équipement technologique, et je savais par expérience que les professionnels préfèrent travailler sans spectateurs qui risquent de les déconcentrer en posant des questions.

Rosie a hoché lentement la tête.

— J'ai essayé de te joindre mais ton téléphone était coupé. Je me suis demandé si tu n'avais pas eu un accident ou je ne sais quoi, avant de me rappeler que je ne t'avais précisé l'heure et le lieu que deux fois, sans te dire explicitement : « Note bien cette information et débrouille-toi pour être là. »

Il était généreux de la part de Rosie d'assumer la responsabilité de ce malentendu.

— On a décelé des malformations ? ai-je demandé.

À presque treize semaines, l'échographie était en mesure de repérer des anomalies du tube neural. J'avais supposé que, conformément aux protocoles habituels, Rosie m'aurait informé d'un éventuel problème, exactement comme elle m'aurait avoué avoir perdu son téléphone dans le métro. Le Livre donnait à entendre que les anomalies étaient statistiquement improbables. En tout état de cause, je ne pouvais absolument rien faire tant qu'aucun problème n'avait été identifié.

— Non, il n'y a pas d'anomalie. Et s'il y en avait eu ?

— Tout dépendrait de sa nature, évidemment.

— Évidemment.

— Eh bien voilà une excellente nouvelle, a lancé Gene. Certains d'entre nous imaginent tous les scénarios envisageables, d'autres franchissent le pont quand ils se trouvent devant. Comme Don.

— Autre chose, a repris Rosie. J'ai oublié de te dire. J'ai une réunion de travail demain soir. Ici.

— Le semestre n'a pas encore commencé, ai-je fait remarquer. Il faut que tu te concentres sur ta thèse.

— C'est mort. Je n'arriverai jamais à la finir en dix jours.

— Ça va aller, l'a rassurée Gene. Je vais me débrouiller pour vous obtenir un délai supplémentaire.

Rosie a secoué la tête.

— C'est la Columbia. Il y a des règles.

— Pour le commun des mortels. Détendez-vous.

Rosie n'avait pas l'air détendue.

— J'ai discuté avec une personne de l'administration. Elle n'a pas été particulièrement aimable.

Gene a souri.

— J'ai déjà parlé à Borenstein. Pourvu que tout soit bouclé avant le début de votre année de médecine clinique, vous serez dans les clous.

La réunion de travail allait entraîner une perturbation majeure de mon programme, mais Rosie était surmenée. Il fallait que je la soutienne pendant cette période de changement difficile pour nous deux, comme le recommandait le Livre.

— Il suffira que j'augmente les proportions du dîner. Combien de personnes ?

— Ne t'en fais pas pour ça. On commandera des pizzas. Pour une fois, ça ne va pas me tuer.

— Je ne m'en fais pas. Je peux très bien préparer un repas d'une qualité infiniment supérieure.

— Vous pourriez peut-être sortir entre garçons, demain, tous les deux.

— Mon emploi du temps serait bien plus gravement perturbé que si je multiplie le dîner.

— C'est que… tu es prof, et c'est la première fois qu'ils viennent ici. Ils ne te connaissent pas.

— Il faut bien qu'il y ait une première rencontre. Je peux faire leur connaissance collectivement.

— Ce sont des étrangers. Tu n'aimes pas rencontrer d'étrangers.

— Des étudiants en médecine. Presque des scientifiques. Des pseudo-scientifiques. Je pourrai avoir des discussions passionnantes avec eux.

— Raison de plus pour que je préfère que tu sortes. S'il te plaît.

— Tu crois que je risquerais de les ennuyer ?

— J'ai envie d'avoir un peu d'oxygène, voilà.

— C'est bon, est intervenu Gene. Je me charge de Don.

Rosie a souri.

— Désolée de vous tomber dessus comme ça, à l'improviste. Merci de me comprendre.

Elle regardait Gene.

George a appelé au moment où nous partions, Gene et moi, pour le bar le lendemain soir.

— Don, vous ne voulez pas plutôt monter chez moi ? On n'a qu'à faire livrer des pizzas. Il y a deux trois trucs dont j'aimerais discuter avec le Génie des Gènes.

J'ai téléphoné à Dave. Si George payait et que nous pouvions regarder un match de baseball, le lieu était d'une importance secondaire.

Au cours de la septième manche, George s'est tourné vers Gene.

— J'ai réfléchi à ce que tu disais à propos de la génétique. Beaucoup réfléchi, même. Ça n'explique toujours pas pourquoi un de mes fils est toxico et pas les deux autres.

— Deux mots. *Différents gènes*. Je ne peux pas en être certain, mais je suppose que celui qui est toxico a reçu une overdose de gènes conseillant à son corps de continuer à faire ce qui lui procure du plaisir. Aucun problème dans un environnement dépourvu de produits pharmaceutiques.

George s'est calé dans son siège et Gene a poursuivi.

— Nous sommes tous programmés – génétiquement programmés – pour continuer à faire ce qui a eu de bons résultats pour nous, et pour éviter de reproduire les expériences déplaisantes.

— L'ayahuasca, a approuvé George. J'ai essayé une fois. Plus jamais.

— La plupart du temps, ce que nous faisons ne nous réussit pas trop mal. Voilà un principe qu'approuveraient la plupart des psychologues mais qui est tout droit issu de la génétique : *les êtres humains se répètent.*

J'ai posé la question qui allait de soi :

— Et comment savent-ils quoi faire la première fois ?

— Ils imitent leurs parents. Dans l'environnement ancestral, les parents étaient par définition des gens qui s'en étaient bien sortis. Ils avaient réussi à se reproduire. Pour comprendre le comportement humain individuel, les mots magiques sont *schémas répétitifs*.

— Ça m'intéresse, ce truc, a repris George. Je suis batteur. Schémas répétitifs. Mêmes morceaux, même bateau, même voyage.

— Pourquoi tu continues ? ai-je demandé.

— Excellente question. Quand j'ai pris cet appartement, j'avais dans l'idée de m'installer ici, de trouver une boîte qui m'engagerait en solo une fois par semaine. Je fais un peu de gratte. J'avais envie de recommencer à écrire des trucs. Tous les ans, je me promets de le faire et, tous les ans, je remonte sur ce foutu rafiot.

Il a reposé son verre de bière.

— Vous voulez passer au vin, les mecs ? J'ai acheté une caisse de chianti.

George est allé chercher une bouteille de Sassicaia 2000, qui n'est pas du chianti à proprement parler, mais provient de la même région.

— La vache, a dit Gene. Pas mal pour accompagner la pizza.

— La meilleure pizza du monde, ai-je précisé par souci de clarté, et tout le monde a ri.

Ça a été un petit moment tout à fait plaisant, et j'ai regretté que Rosie ne le partage pas avec moi.

George cherchait un tire-bouchon, en vain. La solution était très simple.

— Je vais chercher le mien.

Mon extracteur de bouchons, sélectionné au terme d'un programme de recherche non négligeable, ne pouvait qu'être égal ou supérieur à tous ceux que George était susceptible de posséder.

Je suis descendu et j'ai ouvert la porte de l'appartement, m'attendant à le trouver bondé d'étudiants en médecine. Le salon était vide. Rosie était dans notre chambre, endormie. La lampe était allumée et un roman était ouvert sur le lit. J'ai aperçu par terre un unique petit carton de pizza. Le reçu était collé sur le dessus : *$ 14.50 Spéciale carnivores.*

19.

— Il y a un problème ? ai-je demandé à Rosie le lendemain matin.

— J'allais te poser la même question. Tu as passé plus d'une heure dans la salle de bains.

J'avais eu plus de mal à recopier le cliché de l'échographie de Bud sur le carreau 13 qu'à reproduire les diagrammes linéaires trouvés sur Internet. Il me paraissait pourtant raisonnable d'utiliser la photo réelle. Rosie avait raison : suivre le balayage pendant l'échographie aurait été passionnant.

— Aucun problème, ai-je répondu. Entretien des carreaux muraux.

J'avais également analysé l'Incident de la Pizza à la Viande. J'envisageais cinq possibilités :

1. Le groupe de travail de Rosie avait mangé la pizza. Cela n'expliquait pas la présence du carton dans notre chambre.
2. Rosie avait une liaison avec un carnivore. Cela expliquerait l'emplacement du carton, mais on pouvait penser qu'ils auraient pris soin de dissimuler cet indice.

3. Il y avait eu une erreur d'étiquetage et le carton contenait en réalité une pizza végétarienne.

4. On avait livré par mégarde une pizza à la viande. Rosie avait jeté la viande et mangé le reste de la pizza. Cette théorie était plausible, mais la poubelle ne contenait aucune trace de viande.

5. Rosie avait enfreint son principe de pescétarisme durable. Cela paraissait hautement improbable, malgré l'existence d'un précédent récent, lorsqu'elle avait mangé une petite quantité du steak que j'avais préparé pour Gene et moi.

Chose incroyable, la solution hautement improbable était la bonne. Il n'y avait pas eu de réunion du groupe de travail. Rosie avait simplement « eu envie d'avoir un peu d'oxygène ». Elle m'avait menti au lieu de formuler une requête directe. Et elle avait commandé une pizza pour carnivores.

Je ne pouvais pas lui reprocher sa malhonnêteté. J'étais coupable d'une supercherie de bien plus longue durée à propos de l'Affaire Lydia, pour des raisons très comparables : éviter de faire de la peine à Rosie et les protéger, Bud et elle, des effets pernicieux d'un excès de cortisol. Rosie n'avait pas voulu me blesser en me disant qu'elle ne voulait pas de moi dans l'appartement. J'aurais pu lui présenter un grand nombre de solutions de substitution et je l'aurais fait. Peut-être avait-elle choisi de mentir pour ne pas avoir à les entendre.

Apparemment, Gene avait raison. Être malhonnête faisait partie du prix à payer pour être un animal social, et en particulier pour vivre en couple. Je me suis demandé si Rosie me dissimulait d'autres informations.

L'infraction au végétarisme était plus intéressante.

— La pizza à la viande me tentait, voilà tout. Je leur ai demandé de retirer le salami, a-t-elle dit.

— Je soupçonne une carence en protéines ou en fer.

— Ce n'était pas une envie. C'est une décision que j'ai prise, rien d'autre. J'en ai tellement marre qu'on me dise ce que je dois faire. Tu sais au moins pourquoi je suis pescétarienne ?

Le pescétarisme durable avait été l'une des conditions initiales du Contrat Global Rosie, dont j'avais été informé dès le jour de notre rencontre. J'avais accepté ce contrat dans son intégralité, en contradiction totale avec la philosophie de l'Opération Épouse, qui s'était concentrée sur l'agrégation d'éléments distincts.

— Pour des raisons de santé, j'imagine.

— Si je me préoccupais de ma santé, je n'aurais jamais fumé. Je serais allée à la piscine. Et je me ficherais bien de la durabilité.

— C'est pour des raisons éthiques que tu ne manges pas de viande ?

— J'essaie d'agir au mieux pour la planète. Mais je n'impose pas mes idées aux autres. Je vous regarde, Gene et toi, bouffer un demi-bœuf et je vous fiche la paix. Et puis moi, au moins, j'ai l'excuse de ne pas manger que pour moi.

— Parfaitement raisonnable. Les protéines…

— J'emmerde les protéines. J'emmerde tous ceux qui me disent quoi manger, quand faire du sport, comment étudier et qui me conseillent de faire du yoga, ce que je fais avec Judy de toute manière. Non, ce n'est pas du yoga Bikram, c'est du yoga adapté aux femmes enceintes. Je n'ai besoin de personne pour tout ça.

J'ai soupçonné que « ceux » était un emploi incorrect de la forme plurielle. Cela valait tout de même mieux que si Rosie avait dit : « Je t'emmerde », ce qui était manifestement ce qu'elle pensait.

J'ai proposé une explication.

— Je m'efforce de soutenir le processus de production du bébé. J'ai eu l'impression que tu n'avais pas le temps de faire les recherches indispensables, à cause de ta thèse et du caractère non programmé de ta grossesse.

J'aurais pu ajouter que Lydia et Sonia, une professionnelle et une autre femme enceinte, m'avaient *dit* de le faire et que je ne l'aurais jamais fait sans leurs directives, mais cela m'aurait obligé à avouer ma supercherie. Celle-ci m'avait déjà mis plusieurs fois dans des situations embarrassantes, ce qui n'était pas vraiment surprenant.

J'aurais pu ajouter que je n'avais fait aucune recommandation majeure en matière d'alimentation, d'exercice physique ou d'études depuis le Repas d'Anniversaire de Mariage, qui avait marqué un sommet de notre relation. Pourquoi Rosie était-elle contrariée maintenant ?

— J'ai bien compris que tu cherchais à m'aider, a-t-elle repris. Vraiment. Mais je vais être claire : c'est mon corps, mon boulot, mes problèmes. Je ne picolerai pas, je ne mangerai pas de salami et j'y arriverai, à ma manière.

Elle s'est dirigée vers son bureau et m'a fait signe de la suivre. Elle a pris son sac et en a sorti le Livre.

— C'est le bouquin que tu lis ? a-t-elle demandé.

— Bien sûr.

Je n'avais pas remarqué son absence.

— Tu aurais pu économiser quelques dollars et prendre mon exemplaire. Figure-toi que c'est ma lecture de base. Je suis parfaitement dans le coup, tu sais, Don.

— Tu ne requiers aucune assistance ?

— Continue comme avant. Va bosser, mange du bœuf, prends des cuites avec Gene. Cesse de t'inquiéter. Tout va très bien.

J'aurais dû être satisfait du résultat. J'étais dégagé de toute responsabilité à un moment où j'avais bien d'autres sujets d'inquiétude. Mais j'avais fait de gros efforts pour développer mon empathie envers Rosie et j'avais tout de même la vague impression qu'en dépit de ce qu'elle disait, elle n'était pas contente de moi.

Sa solution au problème de régime alimentaire – en fait à tous les problèmes de la grossesse que j'avais considérés comme des entreprises communes – était d'agir seule. Au moins, je savais dans quel sens aiguiller ma seconde entrevue avec Lydia.

— Tu en fais trop, m'a reproché Gene. Tu sais ce que mon médecin dit du bouquin que tu lis ? « Offrez-le à quelqu'un que vous détestez. » Tu te bouffes le foie, et la différence à l'arrivée est négligeable, comparée à ce qui est vraiment important.

C'était notre deuxième soirée entre garçons en l'espace de cinq jours, encouragée par la proximité des installations de visionnage de matchs de baseball et de consommation de boisson chez George. Rosie n'avait soulevé aucune objection.

— Et ce qui compte vraiment, c'est quoi ? a demandé George.

— Je vous l'ai déjà dit, a repris Gene. La destinée est écrite dans les gènes. Vous les gars, vous avez apporté votre contribution majeure en fournissant un peu de votre ADN.

Dave n'était manifestement pas d'accord.

— Tous les bouquins disent que les gènes ne sont qu'un point de départ ; la manière dont on élève un enfant fait une grosse différence.

Gene a souri.

— Que veux-tu qu'ils disent d'autre ? Personne n'achèterait de bouquins sur l'éducation.

— Tu l'as dit toi-même. Les gosses imitent le comportement de leurs parents.

— Seulement pour ce qui reste, une fois que les gènes ont fait leur boulot. Je vais te donner un exemple emprunté à un domaine où je suis plutôt compétent. Ta femme est d'origine italienne ?

— Ses grands-parents l'étaient. Elle est née ici.

— Parfait. Des gènes italiens, une éducation américaine. Je parie qu'elle a une personnalité un peu exubérante. Un peu tapageuse, un peu extravagante, un petit côté théâtral. Panique quand elle est sous pression, hystérie en cas de crise.

Dave est resté muet.

— Interroge un psychologue sur les stéréotypes culturels, et il te répondra qu'ils sont entièrement acquis, a poursuivi Gene. Pur produit de la culture.

— Exact, ai-je confirmé. L'évolution des traits comportementaux est beaucoup plus lente que la formation de groupes géographiques.

— Si on ne tient pas compte de la reproduction sélective. Un trait particulier devient sexuellement attractif pour des raisons génétiques ou culturelles, peu importe lesquelles, et ceux qui possèdent ce trait se reproduisent plus que les autres. Les Italiens adorent les femmes exubérantes. *Ergo*, le gène de l'exubérance l'emporte. La personnalité de ta femme était programmée avant sa naissance.

Dave a secoué la tête.

— Tu es complètement à côté de la plaque. Sonia est comptable. Il n'y a pas plus pondéré qu'elle.

— Je ne crois pas que j'y arriverai. Ça n'a aucun sens. C'est exactement le contraire de ce que je lui ai dit la dernière fois.

Sonia était de plus en plus agitée à l'approche de notre rendez-vous avec Lydia. Elle avait apparemment du mal à renoncer à sa propre personnalité.

— C'est bien simple. Il faut que tu lui dises que tu t'es trompée ; que tu ne veux absolument pas d'aide.

— Et tu t'imagines qu'elle va gober ça ?

— C'est la vérité. En partant de l'hypothèse que tu es Rosie.

— Si tu savais à quel point j'aimerais que Dave s'y intéresse un peu ! On a essayé pendant cinq ans, et maintenant, on dirait qu'il n'en veut pas.

— Il est peut-être trop occupé par son travail. Par la nécessité d'assurer votre soutien financier.

— Tu sais quoi ? Je ne connais personne qui, sur son lit de mort, regrette de ne pas avoir passé plus de temps au bureau.

J'avais du mal à saisir quelle contribution l'énoncé de Sonia apportait à notre discussion. Dave n'était pas mourant, et il ne travaillait pas dans un bureau. J'ai donc recentré la conversation.

— Puisque tu as été à l'origine du problème qui s'est posé la dernière fois et que je connais mieux le point de vue de Rosie sur la question, je suggère que ce soit moi qui fournisse à Lydia les informations nécessaires et que tu te contentes de confirmer leur exactitude.

— Je préférerais ne pas être trop passive, elle risquerait d'avoir l'impression que tu me tyrannises. Elle s'est déjà fourré dans la tête que je sors tout droit de ma campagne.

On ne pouvait pas reprocher cette conclusion à Lydia, vu la robe et l'accent de Sonia lors de notre dernière entrevue. Elle portait aujourd'hui un tailleur conventionnel, car elle sortait du travail. J'ai trouvé que ce n'était pas non plus une tenue caractéristique des étudiantes en médecine.

— Tu as raison. Tu devrais sans doute être comme Rosie : furieuse que j'aie essayé de lui imposer quelque chose.

— Rosie était furieuse ?

Maintenant que j'avais prononcé ce mot, je comprenais qu'il était vrai. Inutile d'être un spécialiste de l'interprétation du langage corporel pour deviner que : « J'emmerde tous ceux qui me disent quoi manger » était un énoncé agressif.

— Exact.

— Ça va, vous deux ?

— Bien sûr.

La réponse était correcte, à condition d'employer l'expression « ça va » dans le sens où on l'emploierait pour décrire un repas ou un spectacle. *Comment tu as trouvé la pièce ? Ça va, pas terrible.* J'évaluais le niveau actuel de satisfaction de Rosie à mon égard comme « pas terrible ».

— Je ferai ce que je peux, Don. Mais si tu parles à Dave, est-ce que tu pourrais lui expliquer que je ne suis pas comme Rosie ? Tu pourrais aussi lui filer ton bouquin si tu n'en as plus besoin. Ça me ferait tellement plaisir qu'il rentre à la maison de bonne heure et qu'il me prépare un curry de légumes.

La séance avec Lydia ne s'est pas passée comme prévu. Je n'en étais qu'au cinquième point de ma liste détaillée de cas où Rosie refusait mon aide, quand Lydia m'a interrompu et s'est tournée vers Sonia.

— Pourquoi n'avez-vous pas accepté les conseils de Don ?

— Je refuse qu'un homme me dise ce que je dois faire de mon corps.

Sonia a prononcé cette phrase calmement, mais ensuite, elle s'est interrompue, ses traits se sont tordus dans ce que j'ai pris pour une expression de colère et elle tapé du poing sur la table.

— *Bastardos !*

Lydia a eu l'air surprise et j'ai espéré que sa surprise était due au comportement de Sonia et non à l'utilisation d'un mot espagnol.

— On dirait que vous avez fait de mauvaises expériences.

— Dans mon village, il y a beaucoup d'oppression à cause de la patriarchie.

— Vous venez d'un village italien ?

— *Si*. Un petit village. *Poco*.

Sonia a indiqué la taille du village en écartant son pouce et son index d'approximativement deux centimètres.

— Votre travail dans un centre de FIV et vos études à la Columbia ont changé votre vision des hommes ?

— Je ne veux pas que Don me dise ce que je dois manger, combien d'heures d'exercice physique je dois faire, ni quand je dois aller me coucher.

— Et vous avez l'impression que c'est ce qu'il fait ?

— *Si*. Je ne veux pas de ça.

— Je comprends très bien. (Lydia s'est tournée vers moi.) Vous pouvez comprendre ça, Don ?

— Parfaitement. Rosie n'a pas besoin de mon aide.

Je n'ai pas fait remarquer que telle avait été ma position initiale avant que Lydia n'exige que j'interfère.

— Et pourtant Rosie, la dernière fois que nous nous sommes vues, vous aviez eu l'air de réclamer avec une certaine véhémence un peu plus de soutien de la part de Don.

— Maintenant que j'en ai fait l'expérience, j'ai décidé que ce n'était pas une très bonne idée.

— Je vois. Don, soutenir Rosie, ce n'est pas lui dire ce qu'elle doit faire. Je vais être franche, tout le problème vient de vous. Au lieu de prétendre lui dire comment être une mère, vous feriez sans doute mieux de vous préparer à être un père solidaire.

Bien sûr ! Le bébé aurait deux parents et j'avais concentré toute mon énergie sur l'optimisation de la performance d'un seul membre du binôme. Je me suis étonné de n'avoir pas identifié le problème plus tôt, mais en tant que scientifique, j'ai reconnu que les changements de paradigme ne paraissent évidents que rétrospectivement. De plus, j'avais été obnubilé par la nécessité de faire tout ce qui me paraissait nécessaire pour éviter que Lydia ne fasse un rapport négatif à mon sujet, en partant de l'hypothèse que je n'étais pas réellement inapte en tant que futur parent. Or certaines critiques récentes de Rosie prouvaient que le jugement initial de Lydia était exact. Mon respect à son égard s'est spectaculairement accru.

J'ai bondi sur mes pieds.

— Excellent ! Problème résolu. Il faut que j'acquière des compétences paternelles.

Lydia a conservé un niveau de calme digne d'une professionnelle. Elle s'est tournée vers Sonia.

— Qu'en pensez-vous ? Avez-vous l'impression que Don a compris ce que nous attendons de lui ?

Sonia a hoché la tête.

— Je suis très contente. Je suis contente de tout ce qu'il m'a appris sur la grossesse parce que je suis trop occupée par mes études, mais maintenant, je vais veiller à ce qu'il ne pense qu'à être un *papa*.

Lydia a ramassé le dossier de police posé sur son bureau et a souri.

— Bien, a-t-elle dit, je pense que nous en avons fini. L'assistance aux tâches parentales n'a jamais été l'objectif officiel de ces séances, et sur ce plan, vous allez être pris en charge par les responsables du groupe de parole Pour être un bon père. Ils me feront un rapport.

C'était la thérapie de groupe dont elle m'avait parlé lors de notre première rencontre pour évaluer mes tendances à la violence. La session à laquelle je m'étais inscrit ne commençait que sept semaines plus tard.

Elle a agité le dossier de police.

— Toutefois, en ce qui concerne vos responsabilités parentales, si de temps en temps, vous pouviez vous rappeler réciproquement ce que vous avez dit aujourd'hui…

— Parfait, ai-je acquiescé. Une séance extrêmement productive. Je vais tout de suite prendre un nouveau rendez-vous. Le premier créneau disponible.

— Elle était prête à te laisser filer, a remarqué Sonia.

— C'est ce que j'ai cru comprendre. Mais elle a dit des choses tellement utiles.

— Elle a toujours ton dossier de police. Ne pourrions-nous pas – ne pourrais-*tu* pas trouver un autre conseiller ?

— Un pourcentage significatif de professionnels est incompétent. Au moins, elle nous connaît maintenant.

— Nous. Toi et Rosie, la petite paysanne italienne.

— Peu importe. Elle a fait preuve d'une perspicacité incroyable. Elle a résolu le problème.

20.

Rétrospectivement, j'avais été sur la bonne voie en allant observer les enfants à l'aire de jeux. Si je n'avais pas été interrompu – et détourné de ma recherche – par des formalités policières, j'aurais acquis les connaissances nécessaires sur la paternité, sujet qui devait désormais, avais-je compris, retenir toute mon attention.

Une récente expérience donnait à penser que je ne pouvais pas faire l'impasse sur l'étape prénatale. Sonia était l'exemple même de la femme insatisfaite du niveau d'implication de son conjoint durant la phase de grossesse. Après réflexion, j'ai pu définir au moins quatre sphères d'action et de développement de compétences qui ne m'obligeaient pas à interférer avec l'autonomie de Rosie :

1. Acquisition de connaissances approfondies sur le comportement à adopter avec de très jeunes enfants. Le Livre expliquait clairement que les hommes devaient développer des compétences dans la gestion du bébé afin d'accorder un peu de répit à leur conjoint. Bien que Rosie ait paru faire peu de cas de mon rôle de référent parental, le Livre (sans

compter Sonia et Lydia) exprimait un point de vue diamétralement opposé.

2. Acquisition d'équipement dans le cadre de la préparation de l'environnement. Il faudrait assurer la protection du bébé contre les objets pointus, les substances toxiques, les vapeurs d'alcool et les répétitions d'orchestre.

3. Acquisition de compétences en matière d'observations et de procédures obstétricales. Le Livre insistait sur l'importance de rendez-vous médicaux réguliers. Rosie était désorganisée dans ce domaine et trop confiante dans ses propres compétences médicales. S'y ajoutait la possibilité d'un cas d'urgence.

4. Approche non intrusive du problème de nutrition. Je n'avais pas confiance dans les aptitudes de Rosie à respecter les directives d'un régime alimentaire. La commande d'une pizza pour carnivores donnait à penser que ses choix étaient influencés par des facteurs étrangers à une analyse rationnelle.

Le dernier point était le plus simple à mettre en œuvre. Rosie avait implicitement accepté la liste de substances interdites. Je partirais de l'hypothèse prudente selon laquelle les aliments qu'elle achetait à l'extérieur de l'appartement possédaient une valeur nutritionnelle nulle et concevrais nos repas afin qu'ils contiennent tous les nutriments prescrits, en proportions appropriées.

J'apporterais une certaine variété apparente au Système de Repas Normalisé (version grossesse) en choisissant différentes sortes de poissons et de légumes verts, masquant ainsi sa structure fondamentale à Rosie. Ce serait plus simple maintenant qu'elle était carnivore.

De plus, elle en était désormais au deuxième trimestre de sa grossesse, période durant laquelle le risque de nuire à Bud par le biais de toxines ingérées à partir des repas pris à l'extérieur avait diminué. Le plus gros du travail avait été accompli, et même si notre relation en avait légèrement souffert, je pouvais à présent me détendre un peu.

La situation se présentait sous un jour bien plus positif.

Le semestre d'automne est arrivé et les cours de Rosie ont repris. Comme elle avait des travaux dirigés le samedi matin, elle m'a prévenu qu'elle passerait la journée entière à la Columbia puisque, de toute façon, elle était obligée de faire le trajet.

J'ai commencé ma journée en solo en dessinant un Bud grandeur réelle, de la taille d'une pomme, sur le carreau 15. Le Livre notait que les oreilles de Bud avaient migré de son cou à sa tête et que ses yeux se trouvaient maintenant au milieu de son visage. Il aurait été passionnant d'en discuter avec Rosie, mais elle n'était pas présente. Et je n'avais pas oublié sa remontrance à propos des commentaires techniques.

Le point de départ logique du programme d'acquisition d'équipement était un landau : tous les bébés en ont besoin et je m'estimais plus qualifié que Rosie pour choisir le matériel mécanique. Ma bicyclette était le résultat d'un processus d'évaluation de trois mois, dont l'aboutissement avait été l'acquisition du modèle de base approprié, avec adjonction d'une liste de modifications. Je supposais que cette expérience était reproductible dans ses grandes lignes.

Au terme d'une journée gratifiante, uniquement interrompue par l'achat d'aliments, par le déjeuner et les fonctions corporelles fondamentales, mon enquête sur Internet m'avait permis de déterminer une série de caractéristiques indispensables au landau idéal ainsi qu'une liste de modèles disponibles dans le commerce, dont aucun n'était parfait mais tous potentiellement acceptables moyennant quelques modifications. J'avais bien progressé, ce qui m'inspirait un sentiment de satisfaction. J'ai pourtant décidé de ne pas partager le fruit de mes recherches avec Rosie. Cela me donnerait l'occasion de lui faire encore une surprise.

Un autre élément d'équipement posait plus de difficultés, du moins en termes de délais indispensables à la réflexion et à la mise en œuvre. Rosie avait identifié le problème du bruit provenant de l'étage supérieur. Je ne l'avais cependant pas informée des termes exacts de mon accord avec George, qui prévoyait des répétitions musicales illimitées, à toute heure du jour et de la nuit.

L'appel Skype est arrivé comme prévu à dix-neuf heures, heure d'été de l'est ; c'est-à-dire le dimanche à neuf heures, heure normale de l'est de l'Australie.

— Quel temps fait-il chez vous ? a demandé ma mère.

— Changement minimal par rapport à la semaine dernière. Toujours l'été. Le temps est normal pour la fin août.

— Qu'est-ce que je vois, dans le fond ? Tu es aux toilettes ? Tu peux me rappeler quand tu auras fini, tu sais.

— C'est mon bureau. Tout à fait privé.

Rosie était rentrée et je ne voulais pas qu'elle m'écoute alors que je travaillais à la deuxième surprise.

— C'est à espérer. Comment s'est passée ta semaine ?

— Bien.

— Comment vas-tu ?

— Bien.

— Et Rosie ?

— Bien.

Si nous nous étions contentés d'échanger des messages par texto, j'aurais pu remplacer mes interventions par une application informatique très simple. L'application Bien. Elle aurait peut-être été plus efficace que moi pour intercaler un occasionnel « pas mal » et « très bien ». Mais ce soir/matin-là, une variation était requise.

— Il faut que je parle à papa.

— Tu veux parler à ton père ?

La qualité de mon énoncé était excellente – *bien* – mais de toute évidence, ma mère voulait confirmation de cette sollicitation inhabituelle.

— Tout va vraiment bien ?

— Bien sûr. J'ai un problème technique.

— Je vais le chercher.

Au lieu d'aller le chercher, ma mère a crié : « Jim ! C'est Donald. Il a un problème. »

Mon père ne perd jamais son temps en cérémonies.

— C'est quoi ton problème, Don ?

— J'ai besoin d'un berceau insonorisé.

Si les bouchons d'oreilles apportaient une solution évidente, j'avais pensé qu'isoler un bébé de tout bruit risquait d'affecter négativement son développement.

— Intéressant. La difficulté est évidemment celle de la respiration.

— Exact. Celle de la communication peut être réglée électroniquement…

— Inutile de me dire ce que nous savons l'un comme l'autre. J'essaie d'identifier un matériau insonore qui laisserait tout de même passer l'air.

— J'ai déjà fait quelques recherches. Il y a un projet en Corée…

— Tu veux parler de la Corée du *Sud*.

— Exact. Ils ont mis au point un matériau imperméable au bruit mais perméable à l'air.

— J'imagine que c'est sur Internet. Envoie le lien à ta mère. Je vais avoir de quoi m'occuper pour un moment. Je rappelle ta mère. Adèle !

Le visage de ma mère est apparu devant celui de mon père.

— De quoi s'agissait-il ?

— Don a besoin d'un coup de main pour la conception d'un berceau.

— D'un berceau ? D'un berceau pour *bébé* ?

Un *berceau pour bébé* avait tout d'une tautologie. Ce que mon père a fait remarquer à ma mère.

— Je m'en fiche, a-t-elle dit. Donald, c'est pour un ami ?

— Non, non, c'est pour le bébé de Rosie. Notre bébé. Il faut qu'il soit à l'abri du bruit, mais qu'il puisse respirer.

Ma mère est immédiatement devenue hystérique. J'aurais dû la prévenir plus tôt, évidemment que c'était une information pertinente, mince alors, on se parle tous les dimanches, pour quand est-il prévu, ta tante va être folle de joie, est-ce que Rosie va bien, j'espère que c'est une fille, pardon, je ne voulais pas dire ça, j'ai parlé sans réfléchir, je pensais à Rosie, les filles sont plus faciles, est-ce que tu sais déjà si c'est un garçon ou une fille, c'est incroyable ce qu'ils arrivent à faire de nos jours, n'est-ce pas ? D'innombrables questions et observations qui ont fini par occuper huit minutes de plus que le temps que j'avais programmé pour la discussion avec mon père. J'ai appris que les larmes ne sont pas obligatoirement synonymes de tristesse et, malgré la déception compréhensible de ma mère parce que nous étions à New York et non à Melbourne ou à Shepparton, elle a paru satisfaite de la situation.

J'ai passé presque deux semaines à consulter le *Manuel d'obstétrique et de gynécologie* de Dewhurst (huitième édition) et à regarder des vidéos disponibles sur Internet avant de me convaincre que ces documents exigeaient d'être complétés par une expérience pratique. C'était comme la lecture d'un livre sur le karaté : utile jusqu'à un certain point, mais pas suffisant pour se préparer au combat. Par bonheur, en tant que membre du corps enseignant de la faculté de médecine, je devais pouvoir bénéficier d'un accès aux hôpitaux et aux cliniques.

J'ai pris rendez-vous avec David Borenstein dans son bureau.

— J'aimerais mettre un bébé au monde.

J'ai eu du mal à interpréter l'expression du Doyen, mais « enthousiaste » ne faisait pas partie des options disponibles.

— Don, quand je vous ai engagé, je m'attendais à un certain nombre de requêtes insolites. Au lieu que je perde mon temps à vous informer de toutes les raisons pratiques et juridiques qui vous interdisent de procéder à un accouchement, peut-être pourriez-vous me dire pourquoi vous voulez faire ça ?

J'ai commencé à lui exposer la nécessité d'être prêt en cas d'urgence, mais le Doyen m'a interrompu en riant.

— Je vais vous dire les choses comme je les vois. La probabilité que vous ayez à procéder à un accouchement sans assistance à Manhattan est largement inférieure à celle que vous ayez à accomplir un sacré boulot pour élever ce bambin après sa naissance. Probabilité qui est de cent pour cent. Vous êtes d'accord ?

— Bien sûr. J'ai établi un sous-programme distinct…

— Je n'en doute pas un instant. Mais vous venez de me donner une idée. Comment se débrouille Inge ? Ça fait combien de temps qu'elle est avec vous, maintenant ?

— Onze semaines et deux jours.

Elle avait commencé le jour de l'Incident de l'Aire de Jeux, le jour qui avait été à l'origine de ma deuxième rencontre avec Lydia, du recrutement de Sonia comme comédienne et de mon obligation de m'inscrire à un groupe de parole pour hommes violents. Le jour où les cachotteries avaient commencé.

— Comment se débrouille-t-elle ?

— Elle est extrêmement compétente. Elle a modifié de façon notable mon opinion par défaut sur les assistants de recherche.

— Dans ce cas, il est peut-être temps de vous faire passer à autre chose.

— Vous avez un autre programme de recherche en génétique ?

— Pas exactement. Je ne vous ai pas fait venir à la Columbia parce que vous êtes spécialiste du foie des souris, ni même parce que vous êtes spécialiste de génétique. Je vous ai fait venir parce que peux être sûr qu'en tant que chercheur, la science est votre seule préoccupation.

— Bien sûr.

— Il n'y a pas de « bien sûr ». Quatre-vingt-dix des chercheurs s'efforcent de réaliser des objectifs personnels – qu'il s'agisse d'apporter la preuve de quelque chose dont ils sont déjà convaincus, ou d'obtenir un financement, de l'avancement, ou leur nom sur une publication. Ces gens-là ne font pas exception.

— Quels gens ?

— Ceux avec qui je veux vous faire travailler. Ils s'intéressent aux hormones de l'attachement et aux différents modes de synchronie avec les mères et les pères.

— Mes connaissances sur ce point sont nulles. Je ne comprends même pas l'intitulé.

J'avais reconnu le mot « attachement » et me rappelais le conseil de Gene qui était de « prendre mes jambes à mon cou ». J'ai tout de même laissé David continuer.

— Aucune importance. La question sous-jacente est la suivante : est-il avantageux pour un bébé d'avoir un parent de chaque genre, par opposition à un seul parent, ou à deux femmes, ou à deux hommes ? Qu'est-ce que vous en pensez, Don ?

— Mes connaissances sur ce sujet sont toujours nulles. Comment voulez-vous que j'aie une opinion ?

— Voilà exactement pourquoi je souhaite que vous représentiez la fac de médecine dans ce programme de recherche. Je tiens à m'assurer que la méthodologie et tout ce qui pourra en sortir seront aussi dénués de préjugés que vous. (Il a souri.) Et puis, ça vous donnera l'occasion de jouer avec quelques bébés.

Le Doyen n'a même pas pris rendez-vous. Nous nous sommes rendus directement à l'Institut new-yorkais de recherche sur l'attachement et le développement de l'enfant, situé à quatre rues du bureau du Doyen, où nous avons été reçus par trois femmes.

— Briony, Brigitte et Belinda : je vous présente le professeur Don Tillman.

— L'équipe des B, ai-je dit, me permettant une petite plaisanterie.

Personne n'a ri. Signe encourageant : au moins, elles n'avaient pas tendance à se focaliser excessivement sur les schémas. Mais je les ai enregistrées mentalement sous les noms de code B1, B2 et B3. J'avais été affecté à ce programme pour assurer son objectivité et il était capital d'éviter de nouer des relations personnelles avec les autres chercheurs.

— Sachez que Don est un homme à moi, a poursuivi le Doyen. C'est un fervent catholique et un farouche partisan du Tea Party.

— J'espère que c'est une blague, est intervenue B1. Ce programme a déjà eu assez…

— C'est une blague, a confirmé David. Mais ça ne devrait avoir aucune importance. Je vous ai dit que Don est un homme à moi. Sa philosophie personnelle n'affectera pas son jugement.

— Les deux vont forcément de pair. Mais ce n'est pas le moment de nous engager dans ce débat. Si c'est ce que vous voulez, vous auriez aussi bien pu nous envoyer un ordinateur.

Toujours B1. Elle semblait être le leader du groupe.

— Don est moins facile à éteindre. Vous vous en rendrez certainement compte.

— Vous savez que c'est un programme intégralement féminin ? Avec un financement substantiel de la Fondation des femmes au service des femmes ?

— *Était* un programme intégralement féminin, a répliqué le Doyen. Don, comme vous pouvez le constater, modifie la situation. Sauf erreur de ma part, votre financement dépend de l'approbation de la méthodologie de recherche et de l'analyse des résultats par le Collège de médecine et de chirurgie. J'ai du mal à imaginer que notre candidat puisse faire l'objet de restrictions de genre. Je suis convaincu que cela aurait été jugé tout à fait inapproprié. Je souhaite que Don fasse tout ce qui est nécessaire pour s'assurer que le travail de votre équipe est scientifiquement irréprochable. Ce qui est dans l'intérêt de tout le monde.

— A-t-il reçu l'autorisation de travailler avec des enfants ? a demandé B1.

— Je croyais que les mères étaient présentes tout le temps. Ce n'est pas le cas ?

— J'en déduis que la réponse est non. Il va lui falloir une autorisation. Ce qui va prendre un certain temps, je suppose.

B1 m'a dévisagé pendant approximativement sept secondes.

— Deux femmes qui élèvent un enfant : vous en pensez quoi ?

Dans un cadre scientifique, j'ai considéré sa question comme l'équivalent de : « Que pensez-vous du potassium ? »

— Je ne possède aucune connaissance pertinente. Cette question est extérieure à mon champ de compétences.

Elle s'est tournée vers le Doyen.

— Vous n'avez pas estimé qu'un minimum de compréhension des modèles familiaux pourrait être utile ?

— Il me semble que ce domaine est déjà largement couvert par votre équipe. Si j'ai choisi Don, c'est parce qu'il est en mesure de vous apporter quelque chose qui ne vous fera certainement pas de mal.

— Et il s'agit de ? – La question m'était adressée.

— Rigueur scientifique, ai-je répondu.

— Oh, je vois, a-t-elle dit. En effet, ça nous sera certainement très utile, parce que après tout, nous ne sommes que des psychologues, bien sûr. (Elle m'a à nouveau dévisagé. Encore sept secondes.) Vous avez des amis gays ?

J'étais sur le point de lui répondre par la négative, du fait que je n'avais que sept amis, George compris, et non en raison d'un quelconque préjugé à propos d'orientation sexuelle, mais le Doyen m'a coupé la parole.

— Je vous laisse prendre contact. Je vais me procurer un certificat d'aptitude à travailler avec les enfants pour Don. Ça ne devrait pas poser de problème.

L'Opération Mères lesbiennes était beaucoup plus intéressante que les facteurs génétiques du risque de cirrhose du foie chez les souris, qui avaient été au cœur de mes recherches depuis six ans. Ce nouveau programme avait été provoqué par une étude israélienne qui avait relevé chez les jeunes enfants des réactions différentes à leurs parents selon qu'ils étaient de sexe masculin ou féminin. Les taux d'ocytocine des bébés s'élevaient quand ils étaient câlinés par leur mère, mais pas par leur père ; ils s'élevaient également dans le cadre de jeux actifs avec le père, mais pas avec la mère. Très intéressant. Mais la véritable motivation de ce programme était, de toute évidence, un article de presse intitulé : « Les recherches scientifiques prouvent que les enfants ont besoin d'un papa et d'une maman ». Quelqu'un avait écrit « Conneries » en rouge à côté de l'article. Excellent point de départ. Il est bon que les scientifiques cultivent une certaine méfiance à l'égard de la recherche.

La lecture de l'article original ne m'a livré aucune preuve de la connerie de cette recherche. L'interprétation qu'il donnait était d'une inexactitude typique, mais l'argument de fond – les pères et les mères exercent des effets différents sur les bébés – était étayé par les résultats publiés.

L'étude initiale ne portait que sur des couples hétérosexuels. L'équipe des B avait donc décidé d'examiner des couples lesbiens. Son hypothèse était qu'en jouant avec l'enfant, le référent parental secondaire d'un couple lesbien provoquerait la même élévation du taux d'ocytocine que le père.

Tout cela paraissait très simple et je me suis demandé pourquoi le Doyen avait pris la peine de m'intégrer dans l'équipe. D'un autre côté, l'observation de ces recherches concrètes m'assurerait une excellente formation à la paternité, pourvu que je me considère comme l'équivalent du référent parental secondaire d'un couple lesbien. La recherche elle-même révélerait si cette identification était valable.

Le seul problème était la vérification de mes antécédents judiciaires, dont le Doyen s'était chargé. Si Lydia faisait un rapport défavorable à mon sujet, une troisième conséquence allait s'ajouter au risque de poursuites et d'expulsion : la disgrâce professionnelle.

Je supposais que l'Opération Mères lesbiennes intéresserait Rosie et qu'elle serait impressionnée par mon acquisition de connaissances sur les bébés et la parentalité. Après une semaine d'intense familiarisation avec le sujet concomitante à la poursuite de mes lectures sur l'obstétrique, j'étais prêt à en débattre avec un minimum de compétence.

J'avais l'intention de mettre la question sur le tapis au dîner. Rosie était tellement occupée par ses études de médecine et par sa thèse que les repas et les trajets matinaux en métro étaient à peu près nos seuls moments partagés, exception faite de ceux que nous passions au lit.

Nous avions bu une demi-bouteille de vin, Gene et moi, avant que Rosie ne nous rejoigne à table. Elle tenait un verre à la main.

— Pardon, les mecs, il fallait absolument que je finisse ce que j'avais en train, autrement j'aurais perdu le fil. (Elle s'est versé un demi-verre de vin.) Ça va me faire du bien d'être humaine pendant une heure.

— Je viens d'entreprendre un nouveau programme de recherche, ai-je annoncé. Il repose sur un article de…

— Don, est-ce qu'on pourrait éviter de parler génétique un tout petit moment ? J'ai besoin de souffler.

— Il ne s'agit pas de génétique. C'est de la psychologie.

— De quoi tu parles ?

— J'ai été intégré à une équipe de psychologues pour veiller à la rigueur scientifique de leurs recherches.

— Parce que les psychologues n'en sont pas capables tout seuls ?

Gene faisait la grimace et secouait la tête en esquissant des petits mouvements rapides.

— Exact, ai-je confirmé.

— Super, a lancé Rosie. Je ferais mieux d'aller apporter un peu de rigueur à mes propres recherches au lieu de perdre mon temps à boire du vin avec mon mari et mon directeur de thèse.

Elle a emporté son verre dans son bureau.

— Tu empiètes sur son territoire, Don. Et ce n'est pas la première fois, a remarqué Gene quand la porte s'est refermée sur Rosie.

— Comment pouvons-nous avoir des discussions intéressantes si nous n'identifions pas des domaines d'intérêt communs ?

— Je n'en sais rien, Don. Mais Rosie n'aime pas beaucoup que les généticiens disent aux psychologues ce qu'ils doivent faire. Exemple numéro un : moi. Exemple numéro deux : toi.

Je lui ai expliqué que l'Opération Mères lesbiennes m'apporterait de précieuses connaissances concernant la parentalité.

— Excellent, a remarqué Gene. Comme ça, tu pourras lui donner des leçons de maternité en complément de tes leçons de psychologie. (Il a levé les deux mains dans un double signe d'arrêt.) C'était de l'ironie, Don. Tu ne dois *surtout pas* lui dire comment être mère. Si ce programme de recherche t'apprend quelque chose, c'est parfait, mais étonne-la par tes compétences au lieu de la soûler avec tes connaissances.

Gene m'a recommandé de ne plus jamais évoquer l'Opération Mères lesbiennes.

21.

La première séance du groupe de parole Pour être un bon père avait lieu le mercredi 9 octobre dans l'Upper West Side. Comme pour l'Évaluation de Pédophilie, j'avais été surpris par le temps qu'il avait fallu aux services qualifiés pour se décider à apporter du soutien à un individu potentiellement dangereux.

J'avais dit à Rosie que j'avais organisé une soirée entre garçons, et, afin de minimiser le mensonge, j'avais appelé Dave et l'avais invité à m'accompagner. Gene dînait avec Inge.

— J'ai du boulot à rattraper, m'avait répondu Dave. J'ai une pile de paperasses haute comme ça qui m'attend.

Je ne pouvais évidemment pas voir les signaux que Dave faisait probablement pour indiquer la hauteur de la pile, mais je disposais d'un solide argument.

— Je te recommande de faire quelque chose concernant le bébé, avais-je dit. Sonia n'est pas satisfaite de ton absence d'intérêt. Elle l'impute à ton obsession du travail. Dont tu es en train de donner une nouvelle preuve.

— Elle t'a dit ça ? Quand ?

— Je ne sais plus.

— Don. Je te connais, depuis le temps : tu n'oublies jamais rien.

— On a pris un café ensemble.

— Elle ne m'en a pas parlé.

— Tu ne lui as sans doute pas posé la question. Ou bien tu étais trop pris par ton travail. On se retrouve sur le quai de la ligne A, 42e Rue, direction banlieue, à 18 h 47. On ira ensemble. J'ai estimé à treize minutes le temps de trajet jusqu'au lieu de réunion.

— Je m'en serais douté.

Le cours se tenait dans une salle rattachée à une église. Nous avons été rejoints, Dave et moi, par quatorze autres hommes, dont l'animateur : âge approximatif cinquante-cinq ans, IMC estimé vingt-huit, une calvitie frontale associée à des cheveux très longs, plus une barbe, qui lui donnaient un aspect singulier. La soirée était chaude, et il portait un T-shirt révélant qu'il avait lourdement investi dans les tatouages.

Il s'est présenté au groupe sous le nom de Jack et a expliqué qu'il avait été membre d'un club de motards, avait passé un certain temps en prison et avait eu, à un moment, une mauvaise attitude à l'égard des femmes. Son discours, pourtant assez long, omettait une information majeure. J'ai supposé qu'il faisait preuve de modestie. Quand il a demandé si quelqu'un avait une question à poser, j'ai levé la main.

— Quelles sont vos qualifications professionnelles ?

Il a ri.

— L'université de la vie. L'école des coups durs.

J'aurais aimé avoir davantage d'informations sur les disciplines précises qu'il avait étudiées, mais je n'ai pas voulu monopoliser le temps dévolu aux questions. En fait, personne d'autre n'en a posé, et nous avons été invités à nous présenter à tour de rôle. Tout le monde a donné son nom. En raison de marmonnements, Jack a dû demander qu'un nom soit répété plusieurs fois avant d'arriver à le repérer sur sa liste. Quand Dave s'est présenté, Jack a secoué la tête.

— Tu n'es pas sur mon listing. Ne t'en fais pas, ils merdent tout le temps. Épelle-moi ton nom, lentement.

Dave a fourni l'information.

— Bechler. Yougoslave ?

— Serbo-croate, je crois. Ça remonte à longtemps.

— On a quelques Serbes par ici. Un truc dans les gènes. Évidemment, je ne voudrais pas encourager les stéréotypes. D'autres Serbes dans la salle ?

Aucune main ne s'est levée.

— Ta femme est enceinte ?

— Oui.

— Qui t'a dit de venir ici ?

Dave s'est tourné vers moi.

Jack m'a dévisagé quelques instants.

— Tu es son pote ?

— Exact.

— Tu lui as demandé de t'accompagner parce que tu as pensé que ça serait bon pour lui ?

— Exact.

— Bien joué, Don. Si on s'occupait tous de nos potes comme Don, ici, il y aurait beaucoup moins de mères conduites aux urgences, beaucoup moins de bébés secoués à mort par des hommes qui ne pourront plus jamais se regarder dans la glace.

Dave a eu l'air plus secoué que l'hypothétique bébé.

— Bien, a repris Jack. Vous êtes tous ici pour une raison précise, Dave compris. Vous avez tous fait à quelqu'un quelque chose que vous regrettez sans doute. Je veux que vous en parliez, et je veux savoir quel sentiment cela vous inspire maintenant. Qui commence ?

Tout le monde s'est tu. Jack s'est tourné vers Dave.

— Dave, tu as l'air…

Je l'ai interrompu. Il fallait que j'épargne à Dave d'être démasqué comme un imposteur non violent.

— Je veux bien commencer.

— Très bien, Don, raconte-nous ce que tu as fait.

— Quel incident ?

— Il y en a eu quelques-uns, apparemment.

Quelques-uns était exact. Il y en avait eu trois dans ma vie d'adulte, mais la fréquence s'était accrue récemment.

— Exact. Deux au cours du dernier mois. Suscités par la grossesse.

— Ça ne va pas le faire, Don. C'est sûrement trop frais pour que tu puisses y réfléchir sérieusement. Si tu pouvais remonter un peu plus loin, à un incident auquel tu as eu le temps de repenser. Tu comprends ce que je veux dire ?

— Bien sûr. Tu suggères que l'analyse d'événements récents peut manquer de contexte plus général et être obscurcie par les émotions.

— Ouais. Ce genre. Alors remonte en arrière.

— J'étais au restaurant. Ma tenue a fait l'objet de critiques. Il y a eu une altercation qui a dégénéré, et deux membres du personnel de sécurité ont cherché à me maîtriser. J'ai réagi avec le minimum de force nécessaire pour les mettre hors de combat.

Un des autres participants m'a interrompu.

— T'as démoli deux videurs ?

— T'es australien, hein ? – C'était un autre élève. – T'as démoli deux videurs ?

— Exact et exact. Je les ai mis hors de combat en situation de légitime défense.

— Y a deux mecs qui te disent que tes fringues sont nazes et bam. Bam, bam, bam.

L'élève a fait mine de donner des coups de poing en mesure avec ses « bam ».

— Les bam ont été inutiles. J'ai employé un coup à faible impact et une prise élémentaire.

— Judo ?

— Aïkido. Je suis également compétent en karaté, mais l'aïkido est plus sûr dans ce genre de situations. J'ai eu recours à l'aïkido avec le voisin qui avait endommagé mes vêtements…

— Putain, y a pas intérêt à merder avec les fringues de ce mec.

L'élève riait.

— … et avec l'agent de police…

— T'as démoli un flic ? Ici ? À New York ? Où était son collègue ?

Jack l'a interrompu.

— Je suppose que ça n'a pas été sans conséquences pour Don. Quel qu'ait été le vainqueur du combat, tu t'es fait arrêter, je me trompe ?

— Exact.

— Et après ?

— Désastre intégral. Menace de poursuites judiciaires, d'expulsion, d'interdiction de voir mon enfant, de restrictions à tout emploi au contact d'enfants, obligation de présence… Et nécessité de dissimuler la vérité à ma femme, ce qui est incroyablement stressant et entraîne des répercussions imprévisibles.

— Tu avais trop honte pour avouer à ta femme ce que tu avais fait, c'est ça ? Pour lui dire que tu t'étais une fois de plus fourré dans la merde ?

J'ai hoché la tête. Bien que j'aie justifié ma décision de taire la vérité à Rosie par la volonté de lui éviter du stress, l'observation de Jack contenait une part de vérité.

Celui-ci s'est adressé au groupe.

— Ça paraît moins malin maintenant, pas vrai ? On se met en rogne et on fout tout en l'air. Pourquoi ? Qu'est-ce qui nous met en rogne comme ça ?

Une fois de plus, personne n'a levé la main. J'étais capable d'éprouver de l'empathie pour Jack. Cela ressemblait au premier cours du semestre avec de nouveaux étudiants. En tant que collègue enseignant, j'avais le devoir de le tirer de ce mauvais pas.

— Pour comprendre la colère, ai-je commencé, il est indispensable avant tout de comprendre l'agressivité et sa valeur dans le cadre de l'évolution.

J'ai poursuivi pendant approximativement une minute. Je n'avais même pas encore commencé à expliquer l'évolution résultante et l'internalisation de la colère en tant qu'émotion quand Jack m'a interrompu.

— Ça ira comme ça, professeur.

L'emploi de mon titre officiel était de bon augure. J'étais incontestablement le meilleur élève pour le moment, et je n'avais repéré aucun rival potentiel.

— On va faire une pause, et ensuite je vous demanderai à tous de participer. Don, tu as gagné la médaille d'or et tu es autorisé à fermer ta putain de gueule.

Tout le monde a ri. J'étais redevenu le clown de la classe.

La plupart des élèves sont sortis et la nécessité de faire une pause m'est apparue avec évidence. Plusieurs d'entre eux, dont Jack, étaient dépendants à la nicotine. Je suis resté dans la cour pour boire mon café instantané avec Dave.

Un des élèves, un homme d'environ vingt-trois ans, IMC approximatif vingt-sept en raison d'une importante musculature plus que de la présence de graisse, s'est approché de nous, a laissé tomber sa cigarette et l'a écrasée avec sa chaussure.

— Hé, mec, tu veux pas nous montrer deux trois prises, là ?

— Nous allons bientôt rentrer, ai-je répondu. Prendre de l'exercice nous ferait transpirer, ce qui serait inconfortable et déplaisant pour les autres.

Il a esquissé quelques mouvements de boxe dans le vide.

— Allez, quoi ! J'veux voir c'que tu sais faire. À part causer.

Ce n'était pas la première fois qu'on me mettait au défi de prouver mes compétences en arts martiaux. Je n'avais pas besoin du conseil de Jack pour savoir qu'il était peu judicieux de m'entraîner avec un partenaire inconnu, sans protection et dans des conditions d'éclairage médiocres. Heureusement, j'avais mis au point une solution standard. J'ai reculé de quelques pas pour ménager un peu d'espace, j'ai retiré mes chaussures, et aussi ma chemise pour minimiser le problème de sudation, puis j'ai exécuté un *kata* que j'avais préparé quand j'avais passé mon troisième dan de karaté. Il dure quatre minutes et dix-neuf secondes. Les élèves se sont rassemblés en cercle autour de moi et quand j'ai eu fini, ils ont applaudi et émis des bruits approbateurs.

Jack s'est approché de moi tout en s'adressant au groupe. « C'est bien joli tout ça, mais personne n'est invincible. » Sans sommation, il m'a attrapé en effectuant une prise de strangulation. Elle était exécutée avec compétence et je l'ai soupçonné de l'avoir déjà utilisée à plusieurs reprises avec succès. Mais c'était certainement la première fois qu'il l'employait sur un pratiquant d'aïkido quatrième dan.

La défense la plus sûre étant la prévention, je me suis déplacé automatiquement pour l'empêcher de finaliser sa prise. Au milieu de la manœuvre qui devait s'achever par son immobilisation au sol, j'ai décidé de laisser Jack aller jusqu'au bout. Il cherchait à démontrer quelque chose, et mon intervention aurait compromis son message. Je m'attendais à ce qu'il me maintienne quelques instants pour prouver l'efficacité de sa technique avant de me libérer.

Sans lui laisser le temps de le faire, une voix étrange a prononcé ces mots : « Ça suffit. Lâche-le. Tout de suite. » La voix était étrange parce que c'était Dave, dans sa combinaison Marlon Brando-Woody Allen. Jack m'a lâché, a regardé Dave et a hoché la tête.

Dave tremblait.

Nous sommes retournés en classe, et j'ai suivi les instructions de Jack en fermant ma putain de gueule. Personne d'autre n'a vraiment pris la parole. Les conseils de Jack en matière de self-control se limitaient à deux principes, répétés de multiples fois :

1. Ne vous soûlez pas (ou ne consommez pas d'amphétamines).

2. Éloignez-vous calmement.

La pertinence de ces conseils était nulle concernant mon interaction avec la police, mais le lien avec mon problème de pétage de plombs était évident, encore que, lors de l'incident le plus récent, j'avais couru au lieu de m'éloigner calmement. Et s'il était impossible de s'éloigner ? Et si je me trouvais dans un canot de sauvetage après un naufrage ? Ou dans une station spatiale ? L'avis de Jack m'aurait été précieux, mais j'avais reçu la consigne de rester silencieux.

J'ai chuchoté à Dave :

— Demande ce qu'il faut faire si on ne peut pas s'éloigner.

— Non.

— Nouvel exercice de confiance en soi.

Dave avait cessé de trembler.

Il a levé la main.

— Qu'est-ce qu'il faut faire si on ne peut pas s'éloigner ?

— Pour quelle raison est-ce que tu ne pourrais pas t'éloigner ? a demandé Jack.

Dave s'est tu. J'étais sur le point de proposer mon aide quand il a répondu :

— Je pourrais piquer une colère pendant que je m'occupe du bébé, par exemple. Et je ne pourrais pas partir parce qu'il faudrait que je le surveille.

— Dave, si tu peux t'éloigner, fais-le. Il vaut mieux laisser le bébé un moment. Mais il faut que tu te maîtrises rapidement, voilà ce que j'entends dans ce que tu dis. Alors, respire profondément, essaie de visualiser une scène apaisante, parle-toi, répète-toi un mot ou une phrase qui te calment, encore et encore.

Jack nous a demandé à tous de choisir un mot ou une phrase apaisants et de nous entraîner à les dire plusieurs fois. Dave a commencé à dire *calme, calme, calme*. J'ai remarqué que ce mot pouvait avoir un effet paradoxal : il me faisait penser à quelqu'un qui chercherait à m'empêcher de parler. Mon autre voisin a commencé à psalmodier dans une langue que j'ai été incapable d'identifier, mais un des mots a déclenché en moi une association en raison de sa ressemblance avec Ramanujan, le nom d'un éminent mathématicien indien. Le nombre de Hardy-Ramanujan est le plus petit entier naturel à pouvoir être exprimé de deux manières différentes comme la somme de deux cubes. Quand Jack est passé, je répétais le nom de ce nombre sur le même ton que mon voisin psalmodiant. La technique m'a paru exercer l'effet souhaité ; je me suis senti nettement plus détendu. Je l'ai enregistrée mentalement pour un usage ultérieur.

À la fin du cours, Jack m'a demandé de rester.

— Il y a un truc que je voudrais savoir. Tu aurais pu te dégager de ma prise de strangulation ?

— Oui.

— Montre.

Il a ébauché la prise et je lui ai fait la démonstration, sans impact réel, de trois techniques permettant de se dégager. Je lui ai aussi montré comment éviter l'exécution de la prise, ainsi qu'un perfectionnement propre à en accroître la sécurité.

— Merci. Bon à savoir, a-t-il dit. Je n'aurais pas dû faire ça, tout à l'heure, dehors. Mauvais exemple. Résoudre un problème par la violence.

— Quel problème ?

— Laisse tomber. Il n'y a pas de problème. Tu as déjà frappé une femme ou un gosse ?

— Non.

— Je m'en doutais. Tu as humilié un flic et t'as eu droit à la totale. Et moi, je perds mon temps une fois de plus, putain ! Il t'est déjà arrivé de porter le premier coup dans une bagarre ?

— Seulement quand j'étais à l'école. Pour le reste, il y a eu trois affrontements, dont aucun n'a exigé de coups, à une exception près, un conflit avec mon beau-père qui s'est réglé dans un gymnase doté de l'équipement adéquat.

— Ton beau-père ? Alors ça ! Qui a gagné ?

— Il n'y avait ni juge ni arbitre, mais il a souffert d'une fracture du nez.

— Regarde-moi dans les yeux et dis-moi que tu ne frapperas jamais une femme ou un gosse. Jamais.

Dave nous avait écoutés.

— Il vaudrait mieux qu'il ne te regarde pas dans les yeux.

— Vas-y, a insisté Jack.

Je l'ai regardé droit dans les yeux tout en répétant la promesse.

— La vache, a murmuré Jack. Je comprends ce que tu veux dire. (Mais il riait.) Je serai dans une foutue merde si je remets à un participant un certificat anticipé et qu'il récidive, mais je pense être tranquille avec toi. Ça vaudra mieux pour nous deux.

— Je n'ai pas besoin de revenir ?

— Tu n'es pas *autorisé* à revenir. Je dirai à ta médiatrice sociale que tu as réussi l'exam.

Il s'est tourné vers Dave.

— Quant à toi, je ne peux pas t'obliger à revenir, mais tu devrais y réfléchir. Il y a des idées dangereuses qui te passent par la tête.

Nous avons fait un détour par un bar, Dave et moi, avant de regagner nos domiciles respectifs, car j'aurais éveillé des soupçons si j'étais rentré d'une soirée entre garçons sans sentir l'alcool. Dave n'avait pas non plus parlé à Sonia du groupe de parole Pour être un bon père.

— Tu n'as aucune raison de ne pas le dire à Sonia, ai-je remarqué.

— Je préfère qu'elle ne le sache pas. C'est un truc de mecs.

Sonia était évidemment informée de l'existence du groupe de parole Pour être un bon père, mais elle ne pouvait pas en parler à Dave sans lui révéler qu'elle s'était fait passer pour Rosie.

Rosie était couchée mais n'était pas encore endormie quand je suis rentré. « Tu as passé une bonne soirée ? » m'a-t-elle demandé.

J'avais résolu une partie du problème suscité par l'Incident de l'Aire de Jeux et avais acquis de nouvelles connaissances. Dave avait accru sa confiance en lui dans la gestion des conflits, bien qu'il lui ait fallu deux hamburgers pour se remettre du traumatisme.

J'avais envie d'en parler à Rosie, mais tout me ramenait à l'Incident de l'Aire de Jeux et à Lydia. Bien que le potentiel de création de stress de cette révélation ait diminué, je craignais à présent qu'une explication complète ne m'oblige à parler de l'évaluation de mes compétences paternelles à laquelle Lydia s'était livrée et ne renforce les doutes que Rosie pouvait déjà nourrir à ce sujet.

— Très bien, ai-je répondu. Rien à signaler.

— Moi non plus.

La démonstration d'arts martiaux m'avait rappelé Carl et ses tentatives pour me donner des coups de poing par surprise. Ce numéro avait été un élément incontournable de mes visites chez Gene et Claudia et s'était inévitablement achevé par l'immobilisation de Carl et des dégâts mineurs à des objets décoratifs. Les capacités de coups de poing de Carl risquaient désormais de s'exercer contre son père.

« Tu as parlé à Carl ? » ai-je demandé à Gene le lendemain soir.

Gene avait acheté du porto, qui présentait trois avantages par rapport aux ingrédients de cocktails :

1. Existence. Nous avions largement épuisé les stocks de boissons alcoolisées, exception faite de la bière de George.
2. Amélioration du goût. Certains ingrédients de cocktails sont loin d'être délicieux purs.
3. Teneur en alcool inférieure à celle des cocktails. J'avais identifié l'alcool comme la cause probable de maux de tête matinaux récurrents.

— Carl refuse de communiquer. Crois-moi, j'ai essayé. Pas moyen. Tout ce qu'il sait, c'est que j'ai été infidèle à Claudia et il ne veut rien entendre. Obstacle incontournable.

— Il y a toujours un moyen.

— Avec le temps peut-être. Mais c'est mon problème, pas le tien.

— Inexact. Rosie veut que tu partes et je suis donc dans l'obligation de te demander de t'en aller. La meilleure solution serait que tu retournes chez Claudia, ce qui est impossible tant que nous n'aurons pas réglé le problème Carl.

— Présente toutes mes excuses à Rosie. J'essaie de trouver un logement. Je donnerais n'importe quoi pour arranger les choses avec Carl, mais je ne peux pas revenir sur le passé.

— Nous sommes des scientifiques, lui ai-je rappelé. Nous ne devrions pas nous avouer vaincus par un problème. Moyennant une réflexion appropriée, nous trouverons forcément une solution.

22.

L'évaluation des protocoles de recherche de l'Opération Mères lesbiennes a été rapide. Leur point faible était flagrant : absence de groupe de contrôle formé de couples hétérosexuels ou d'adultes non apparentés.

— L'étude initiale ne comprenait pas de couples homosexuels, m'a fait remarquer B2.

Selon les instructions que m'avait données B1, toutes mes communications avec l'équipe devaient se faire par l'intermédiaire de B2 qui venait de finir son doctorat.

— Il s'agissait d'une étude exploratoire, ai-je répondu.

— La nôtre aussi. Nous avons droit à la même tolérance.

Mon autorisation de travailler au contact d'enfants étant arrivée, sans doute parce que le Flic à la Margarita avait gardé mon rapport sous le coude en attendant l'avis de Lydia, je pouvais désormais assister aux expériences.

L'équipe des B avait aménagé un petit salon avec un canapé et des fauteuils. Le protocole était d'une simplicité dérisoire : B3, l'infirmière, prélevait un échantillon d'ocytocine sur le bébé ; ensuite, un des référents parentaux du bébé le câlinait ; B3 prélevait alors un nouvel échantillon. Un peu plus tard, le référent parental revenait et reproduisait l'exercice, à cette différence près que cette fois, on lui demandait de jouer avec le bébé au lieu de le câliner. On réalisait ensuite la même expérience avec la seconde mère.

— Quels sont les résultats préliminaires ? ai-je demandé à B1.

— Il me semble que si quelqu'un doit savoir qu'il est inapproprié de tirer des conclusions à partir de données primaires brutes, c'est bien vous. Vous n'auriez pas quelques souris à disséquer ? Sérieusement, nous attendons la visite d'un groupe de femmes cet après-midi et je préférerais ne pas vous avoir dans les pattes.

B3 nous avait observés.

— Je peux vous inviter à prendre un café ?

— Il est 15 h 13. La caféine ayant une demi-vie…

Elle a tourné les talons, mais m'a intercepté à nouveau à l'extérieur, devant la porte d'entrée.

— Vous voulez connaître les résultats des données primaires ? Je vous retrouve à la cafet.

Cachotteries, cachotteries, cachotteries. Rosie ne savait pas pourquoi je travaillais sur ce programme de recherche. Elle ignorait tout de l'Incident de l'Aire de Jeux, de l'Affaire Lydia, et de l'Évaluation du Groupe de parole Pour être un bon père. Gene avait trompé Claudia pendant des années. Et voilà que B3 était prête à me communiquer des données que B1 ne voulait pas me transmettre. Autrefois, il n'y avait eu aucune cachotterie dans ma vie. Et mes relations, bien que rares, n'avaient pas été en danger. Je soupçonnais l'existence d'une corrélation.

— C'est moi qui prélève les échantillons et c'est moi qui saisis tous les résultats, m'a dit B3. Je suis chargée des prélèvements parce que je suis infirmière. Et de la saisie pour la même raison. Et même d'aller chercher les cafés, d'ailleurs. Mais il est inutile d'avoir un doctorat pour constater ce qui se passe. Le taux d'ocytocine monte pendant les câlins et reste stable pendant le jeu. Pour les deux mères. On dirait qu'il n'y a que les pères qui soient capables de modifier le taux lors de séances de jeu. Et maintenant, elles sont en train de modifier leur façon de jouer pour qu'elle ressemble plus à des câlins. Pas quand vous êtes là, bien sûr. Et je compte sur elles pour trouver une bonne raison d'annuler les premiers résultats.

Je suis reparti avec B3.

— Vous feriez peut-être mieux de revenir demain, a-t-elle ajouté. Briony est un peu à cran.

B1. Dans une situation sociale, j'aurais saisi l'allusion subtile au fait que ma présence n'était pas souhaitée. Mais il s'agissait de science. Être imperméable à la subtilité présente parfois quelques avantages.

À mon retour, l'Équipe des B était en train d'accueillir un groupe de treize femmes. B1 et B2 m'ont ignoré, mais une des femmes (âge approximatif soixante-cinq ans, IMC vingt-six) s'est dirigée droit sur moi.

— Vous êtes le mâle alibi ?

Elle a ri.

Je lui ai répondu en reprenant les termes de David Borenstein.

— Le Doyen m'a affecté à cette équipe pour veiller à ce que ses recherches ne soient pas influencées par la volonté de défendre la cause lesbienne.

Elle s'est remise à rire. J'ai décelé une attitude amicale.

— Comment vous avez fait pour décrocher ce job ? Vous avez couché avec la fille du Doyen ?

B1 l'a interrompue et a désigné une femme qui était assise à côté d'un bébé couché dans un landau de qualité moyenne.

— Quand le bébé se réveillera, cette femme jouera avec lui, et nous mesurerons le taux d'ocytocine du bébé. Il s'agit de la mère non gestationnelle. Or nous constatons que le taux d'ocytocine du bébé s'élève quand elle joue avec lui. Exactement comme il le faisait avec les pères dans l'étude israélienne.

— L'étude israélienne ne comportait pas de groupe de contrôle formé de sujets masculins ou féminins sans lien avec le bébé, de sorte que rien ne prouve que les hommes et les femmes doivent être les parents ou les référents parentaux pour provoquer une hausse du taux d'ocytocine, ai-je précisé.

B1 m'a jeté le regard que Rosie réserve à ceux à qui elle veut dire : « Putain, tu vas la boucler, oui ? » J'ai supposé que la signification était la même. Mais la situation ne l'était pas. La science exige honnêteté et transparence.

— Comment évoluerait le taux d'ocytocine si un homme ou une femme sans lien avec le bébé jouait avec lui ? a demandé la Femme Amicale.

— Exactement ! Excellente question ! ai-je approuvé.

B1 est intervenue.

— Cela ne fait pas partie de l'étude. Vous pensez bien qu'il n'est pas question de faire venir des hommes bizarres pour qu'ils se mettent à tripoter les bébés.

Dans son landau, le bébé s'est mis à pleurer. Il fallait que je fasse vite, avant que tout processus de câlin ou de jeu n'ait pu commencer. Je me suis précipité vers le landau.

— Vous voulez bien que je joue avec votre bébé ? ai-je demandé à la mère. Je fais partie de l'équipe de recherche et je suis habilité par la police à manipuler des bébés.

— Je m'en doute. (Elle m'a souri.) Je croyais que c'était moi qui devais le faire, mais je vous en prie. Pourvu que vous ne le perturbiez pas.

Je ne savais absolument pas comment un bébé pouvait réagir à un grand mâle adulte. Je n'en avais jamais manipulé, sauf peut-être mon frère. J'avais le vague souvenir que ma mère m'avait demandé un jour de tenir Trevor et que je le lui avais rendu aussi vite que possible.

J'étais conscient de la nécessité de ne pas faire tomber le bébé et de ne pas avoir d'attitude menaçante. J'ai résolu les deux problèmes en m'allongeant sur le dos avant que la mère ne me le donne. Je l'ai stabilisé entre mes deux mains et l'ai laissé ramper sur moi. Mon réflexe de répulsion au contact d'un corps humain ne s'est pas activé. C'était très amusant, et le bébé faisait des bruits hilarants. Les membres du groupe de visiteuses prenaient des photos. Nous avons continué pendant approximativement deux minutes, puis j'ai cherché B3 du regard. Je lui ai fait signe et elle a reposé la caméra vidéo.

— Test, s'il vous plaît.

J'étais sûr que mon propre taux d'ocytocine s'était élevé, mais l'étude ne portait que sur celui du bébé.

— Non, a protesté B1. Cela ne fait pas partie du protocole.

— Inexact. Le protocole vient d'être modifié pour ne pas exclure de données sérendipiteuses, car il s'agit d'une étude exploratoire. Faute de quoi, le protocole ne sera pas approuvé par la faculté de médecine.

La Femme Amicale a hoché la tête en souriant.

B3 a ouvert la bouche du bébé et a procédé au prélèvement. La mère a bien voulu me laisser jouer avec le bébé pendant encore une minute.

Le landau que j'avais commandé était arrivé en mon absence. Rosie l'avait déballé et exigeait à présent que nous le renvoyions.

— Don, tu me connais : j'ai horreur de toutes les fanfreluches et dentelles dont on entoure les bébés. Mais tout de même ! On dirait une sorte de… char d'assaut, une invention du complexe militaro-industriel. Le Hummer du landau.

— C'est le landau le plus sûr du monde.

Il l'était au sens propre. Le modèle de base était le plus sûr que j'aie pu trouver sur le marché, et j'y avais ajouté plusieurs perfectionnements personnalisés. J'étais convaincu que Bud ne se blesserait pas en cas de tonneau et survivrait à une collision à faible vitesse avec une automobile, surtout si il ou elle portait le casque que j'avais acheté comme accessoire. Les seuls points négatifs de ce landau étaient ses dimensions et une certaine complexité d'accès au bébé. Et, bien sûr, son prix.

— L'apparence passe-t-elle avant la sécurité ? ai-je demandé.

Rosie a ignoré ma question.

— Don, j'apprécie tes efforts, j'apprécie même beaucoup, mais franchement, tu te donnes trop de mal. Les bébés, ce n'est vraiment pas ton truc. Les landaus, les gros landaus en métal avec des pare-chocs en caoutchouc, voilà ce qui te plaît.

— Je ne sais pas. Je n'ai qu'une expérience limitée des uns comme des autres.

Je ne croyais pas beaucoup à mes chances d'accroître cette expérience grâce à l'Opération Mères lesbiennes. Le changement de protocole que j'avais suggéré, incluant la possibilité pour tous les bébés de bénéficier d'une expérience de « reptation sur Don », devait obtenir l'approbation des mères. Après mon succès initial, elles avaient toutes refusé. J'avais donné à B2 et B3 mon numéro de téléphone dans l'éventualité où elles changeraient d'avis. « Inutile d'attendre un appel », m'avait annoncé B2. Mais B3 m'avait envoyé un texto : *L'ocytocine a crevé le plafond lors de votre intervention. Résultat le plus élevé à la suite d'une activité de jeu. Et vous n'êtes même pas un référent parental du bébé !*

Cela sous-entendait que mon genre avait affecté le résultat ; mais un cas isolé est dénué de valeur sans poursuite des recherches.

B1 avait écrit à David Borenstein sans me mettre en copie du mail. « Jetez-y un coup d'œil », m'a dit le Doyen en désignant son écran d'ordinateur.

Je n'ai pas l'habitude de jeter des coups d'œil, car cela incite à ignorer certains mots. Et si je laissais passer une négation ? Le message était long, mais j'ai relevé les termes d'*absence de professionnalisme, perturbateur* et *insensible*.

— En résumé, elle veut vous virer du programme de recherche, et explique qu'il leur est impossible de retenir le résultat exceptionnel obtenu lors de votre interaction parce qu'il n'était pas conforme au protocole, ne relevait pas de la sérendipidité mais d'une intervention délibérée, et patati et patata.

— Donne-t-elle le résultat ?

— Elle sous-entend qu'elles ne l'ont pas analysé. Tu parles ! Si le taux avait été bas, elle se serait mise en quatre pour l'inclure.

— Comportement scientifique inadmissible.

— Je suis bien d'accord avec vous. J'ai eu du nez en vous confiant ce boulot, n'est-ce pas ?

— Quelqu'un de plus sensible au comportement social approprié aurait peut-être accordé à celui-ci la priorité sur l'objectif scientifique.

Le Doyen a éclaté de rire.

— Je dois dire, professeur Tillman, que vous êtes un remarquable scientifique, mais il m'arrive de me demander comment Rosie vous supporte.

Elle ne me supportait pas bien.

Une des curieuses particularités des animaux, humains compris, est que nous passons approximativement le tiers de notre vie à dormir. C'est évidemment d'une regrettable inefficacité, mais il n'y a aucun moyen pratique de la contourner. Quand j'avais une vingtaine d'années, j'avais effectué une série d'expériences pour définir mes besoins de sommeil minimaux et j'avais décidé de m'en tenir à sept heures et dix-huit minutes par nuit, en excluant toute lumière de ma chambre à coucher et en m'abstenant définitivement de toute consommation d'amphétamines.

Lorsque nous prenons de l'âge, notre sommeil est moins profond : une explication évolutionniste est que, dans l'environnement ancestral, les jeunes chasseurs et guerriers avaient besoin d'un sommeil paisible, alors que les membres plus âgés de la tribu servaient de chiens de garde et étaient censés se réveiller au moindre bruit.

En termes de sommeil, Rosie était déjà un chien de garde. Elle se réveillait fréquemment et aggravait le problème en faisant un passage aux toilettes et en allant se préparer un chocolat chaud, ce qui entraînait inévitablement un cercle vicieux. Avant qu'elle soit enceinte, il lui arrivait parfois d'aller se coucher de bonne heure, lorsqu'elle était épuisée ou en état d'ébriété ; mais elle pouvait aussi bien travailler sur sa thèse jusqu'à une heure du matin et venir se coucher, parfaitement réveillée et souhaitant même engager la conversation. À une heure du matin ! Il lui arrivait aussi d'avoir envie d'un rapport sexuel, auquel cas j'adaptais mon emploi du temps habituel en conséquence et programmais un temps de sommeil supplémentaire pour la nuit suivante.

Je m'étais habitué à être réveillé et réussissais généralement à me rendormir en quelques minutes. L'effet global ne pouvait cependant pas être ignoré et j'avais été obligé de reprogrammer mon heure de coucher en l'avançant de treize minutes.

La grossesse n'avait rien arrangé, au contraire. Comme l'avait prédit le Livre, le bébé en expansion et son système de soutien associé avaient réduit la capacité de la vessie de Rosie. De plus, elle avait commencé à ronfler, pas très fort, mais suffisamment pour me perturber, m'obligeant à reprogrammer une nouvelle fois mon heure de coucher.

Nous avons eu une discussion à ce sujet à 3 h 14.

— Tu n'aurais pas dû boire ce chocolat chaud. Le problème des toilettes va forcément se reposer. Et tu reprendras un chocolat chaud…

— Ça m'aide à dormir.

— Ridicule. Le chocolat contient de la caféine. La caféine est un stimulant dont la demi-vie est de quatre heures. Il est déconseillé de boire du café ou de manger du chocolat après 15 h 00. Je ne prends jamais…

— *Tu* ne prends jamais. Je sais. Eh bien, moi si. C'est mon corps, tu te rappelles ?

— La caféine est une substance soumise à restrictions.

— J'ai droit à deux cafés. Je ne prends plus de café, donc ça compense.

— Tu as calculé le taux de caféine de ton chocolat ?

— Non. Et je n'ai pas l'intention de le faire. Ne t'en fais pas, je vais résoudre ton problème. Et le mien du même coup.

Rosie a arraché la couette du lit et est sortie.

À présent, c'était mon corps qui se révoltait et refusait de dormir. J'ai mis ce moment à profit pour réfléchir au départ de Rosie. Était-il ponctuel ou définitif ? Rationnellement, c'était une bonne solution au problème, lequel était, au moins partiellement, temporaire. Quand sa grossesse serait terminée, Rosie pourrait recommencer à dormir normalement. Pour le moment, nous allions devoir acheter un autre lit. C'est alors que je me suis rendu compte que Rosie n'avait aucun endroit où dormir : il n'y avait pas d'autre lit dans l'appartement. *Sauf si elle couchait avec Gene.*

J'ai sauté du lit et me suis avancé sur la pointe des pieds vers la chambre de Gene. La porte du bureau de

Rosie était ouverte. Elle était roulée en boule dans un fauteuil, la couette posée sur elle. Elle n'a pas bougé. Je suis retourné dans notre chambre, j'ai tiré le matelas par terre et l'ai traîné jusqu'au bureau de Rosie, qui était nettement plus grand que notre chambre. Rosie s'est réveillée.

— Don ? Qu'est-ce que tu fabriques ?

— Je crée un lit temporaire.

— Oh. J'ai cru que…

Elle n'est pas allée jusqu'au bout de sa pensée, mais a quitté son fauteuil, s'est dirigée en titubant vers le matelas et s'est allongée. Je l'ai recouverte de la couette et ai regagné notre chambre, où j'ai réussi à dormir sur le sommier matelassé. C'était tout à fait satisfaisant et mon professeur de karaté aurait certainement estimé que c'était une excellente discipline. En fait, notre lit avait été un compromis entre l'envie personnelle de moelleux de Rosie et la fermeté optimale recommandée par les études scientifiques. L'arrangement auquel je venais d'aboutir était plus satisfaisant pour nous deux.

Rosie devait être du même avis, car elle a continué à dormir dans son bureau toutes les nuits. J'ai rétabli mon horaire de sommeil initial.

23.

J'ai refait le cauchemar du vaisseau spatial. Il était, dans mon souvenir en tout cas, absolument identique au précédent, avec le même résultat fatal. À cette différence près que cette fois, quand je me suis réveillé, Rosie n'était pas là.

Gene s'est inquiété lui aussi du changement de nos dispositions nocturnes, qu'il a remarqué deux jours plus tard. Selon son analyse, le fait que Rosie dorme dans son bureau était un signe de rejet.

— Sois réaliste, Don. Pourquoi est-ce que les gens dorment ensemble ?

— Pour favoriser les rapports sexuels. – Cette réponse avait toutes les chances d'être la bonne quand Gene posait une question sur la motivation. – Qui ne sont pas requis par l'évolution, maintenant qu'elle est enceinte.

— Trop facile, mon vieux. Les humains dissimulent leur fertilité afin de favoriser une proximité suivie. Pour toutes sortes de raisons. Nous ne sommes peut-être pas monogames, mais la constitution d'un couple est une chose hyper-importante pour nous et Rosie t'adresse un message colossal.

— Qu'est-ce que j'ai fait de mal ?

— Permets-moi de te dire, Don, que tu n'es pas le premier homme à te poser cette question. Généralement, il se la pose quand il rentre chez lui pour découvrir que la télé a disparu.

— Nous n'avons pas de téléviseur.

— C'est ce que j'ai cru remarquer. Qui a eu cette idée ?

— Un téléviseur n'était pas requis. Nous disposons d'informations de qualité supérieure sur d'autres médias dépourvus de publicité ; nous pouvons aller au cinéma voir des films sur de plus grands écrans et, pour tous les autres besoins, nous possédons des ordinateurs individuels.

— Tu n'as pas répondu à ma question. *Qui* a eu cette idée ?

— La décision allait de soi.

— Rosie n'a jamais envisagé d'acheter une télé ?

— Peut-être que si. Mais ses arguments étaient défectueux. Tu suggères que notre couple a des problèmes à cause de l'absence de téléviseur ? Dans ce cas, je peux…

— J'ai bien peur que ça soit un peu plus compliqué que ça. Mais si tu veux une réponse précise à la question : « Qu'est-ce que j'ai fait de mal ? », je te dirai l'échographie. Tu aurais dû y aller. C'est à ce moment-là que Rosie a commencé à se demander si tu avais vraiment envie d'être père. Pas à se demander si tu en es capable, ce qui est une autre question, mais si ça t'*intéresse* ne serait-ce qu'un tout petit peu.

— Comment peux-tu en être aussi sûr ?

— Je dirige un Institut de psychologie, tu m'as confié tes propres doutes, que Rosie a certainement perçus, et je n'ignore pas que les antécédents de Rosie incluent une situation paternelle problématique.

— Ce problème a été résolu.

— Don, les problèmes dont l'origine remonte à l'enfance ne sont *jamais* résolus. C'est le fonds de commerce des psychothérapeutes.

— Et si tu te trompais et qu'il n'y ait aucun problème ? Je peux parfaitement en créer un en réagissant à un problème imaginaire. Comme quand on tombe parce qu'on croit qu'il y a une marche alors qu'il n'y en a pas.

Gene s'est levé, il s'est dirigé vers la porte de son bureau, a fait mine d'y entrer puis s'est retourné.

— Les œnologues ont une maxime, tu sais : un coup d'œil à l'étiquette vaut vingt années d'expérience.

— Je ne vois pas le rapport.

— Rosie me l'a dit. Que vous traversiez une mauvaise passe tous les deux et qu'elle n'était pas sûre que tu aies envie d'être père.

— Elle t'a livré spontanément des informations sur l'état de notre vie conjugale ? Sans incitation de ta part ?

— Je lui ai posé la question. En fait, c'est Stefan qui m'a alerté.

Stefan ! Rosie lui communiquait des données capitales au lieu de les transmettre à celui qui aurait pu en faire le meilleur usage.

Malgré le caractère exaspérant de ce mode indirect de transmission, l'identification de l'Erreur de l'Échographie était un apport excellent pour améliorer ma compétence de futur père et prouver mon intérêt à Rosie.

Gene estimait que j'aurais dû assister à l'examen après avoir acquis une bonne connaissance de la procédure et des résultats possibles. Heureusement, une seconde chance s'offrait à moi. Rosie avait fixé une date précise pour la deuxième échographie : vingt-deux semaines, zéro jour et zéro heure à partir du début théorique de la gestation qui, au moment du premier rendez-vous, avait été établi au lundi 20 mai. J'ai calculé la date – le 21 octobre – et j'ai réservé toute la journée sur mon emploi du temps. Cette fois, je serais prêt.

J'ai consulté le Livre à la recherche d'autres événements susceptibles de présenter le même potentiel d'erreurs ou, au contraire, de réalisations dignes d'éloges, capables de les compenser. J'ai relevé un exemple évident : l'accouchement. Les parallèles avec le rendez-vous d'échographie étaient frappants :

1. Présence requise dans un local équipé d'installations spécialisées.
2. Moment critique où certains problèmes risquent d'être identifiés.
3. Faible probabilité de problèmes, mais fort taux d'anxiété.
4. Présence escomptée du partenaire bien qu'il n'ait aucun rôle à jouer dans la procédure.

La meilleure définition de mon rôle, que j'aie pu établir grâce au Livre complété par d'autres recherches, était : « réduire l'anxiété de la partenaire ». Ce résultat pouvait être obtenu par une connaissance approfondie du processus de l'accouchement, qui permettait de tenir la partenaire informée à tout moment du déroulement des opérations pendant qu'elle se concentrait sur l'exécution de la procédure. Les connaissances sont un de mes points forts. En tant qu'étudiante en médecine, Rosie posséderait évidemment un savoir de base, mais j'avais l'intention de devenir un expert en accouchement, en n'omettant aucune des complications, aucune des issues possibles. J'ai rouvert le *Manuel d'obstétrique et de gynécologie* de Dewhurst et me suis efforcé de compléter une fois de plus la théorie par la pratique.

Après de multiples requêtes de ma part pour être autorisé à participer, voire seulement à assister, à un accouchement réel, David Borenstein a fini par me donner les coordonnées du docteur Lauren McTighe, installée dans le Connecticut.

Celle-ci m'a appelé un samedi soir, au moment où le groupe de garçons finissait ses cartons de pizza chez George. J'ai exposé la situation à mes compagnons, et Dave ainsi que, à ma grande surprise, George et Gene ont décidé de m'accompagner.

— Vous n'avez pas besoin de ces connaissances, ai-je objecté.

— Amitié virile, a répondu George. Ce n'est pas le but de nos réunions ?

J'ai rappelé Lauren pour vérifier que leur présence ne poserait pas de problème.

— Si vous voulez. Mais prévenez-les qu'il y a des complications. Le happy end est loin d'être assuré.

Nous avons fait signe à un taxi et j'ai donné au chauffeur l'adresse de Dave pour que nous allions chercher sa voiture.

— Merde, a fait George. C'est un cas difficile ?

— Accouchement par le siège, ai-je confirmé. Apparemment, ce n'est pas le seul problème. Ça devrait me donner l'occasion d'apprendre beaucoup de choses.

— Conduisez-nous directement à Lakeville, Connecticut, a dit George au chauffeur de taxi. J'aimerais que vous nous attendiez sur place pour nous ramener ensuite.

— Ce taxi ne dépasse pas…

George, qui était assis à l'avant, a tendu au chauffeur des billets maintenus par un élastique, et le chauffeur s'est tu pendant qu'il les comptait. Il n'a plus élevé d'objection.

J'avais peine à croire que George ait pu amasser une telle fortune pendant la brève période de popularité des Dead Kings, presque cinquante ans auparavant. Je supposais qu'un musicien de rock dilapidait l'essentiel de ses gains en drogues illicites. Le paiement du chauffeur de taxi offrait une excellente occasion de lui poser la question.

— D'où est-ce que tu tires tout ton argent ?

— Voilà ce que j'aime chez toi, Don. Tu vas droit au but.

Que j'aille droit au but est généralement ce que les gens n'aiment *pas* chez moi.

— Question directe, réponse directe, a repris George. Pension alimentaire.

Gene a ri.

— Attends, laisse-moi deviner. Tu as dû bosser tellement dur pour te débarrasser de tes quatre femmes que tu as fini involontairement par gagner un peu de fric pour toi. Ou bien l'une d'elles est morte et le quart que tu as récupéré était suffisant pour te permettre de vivre comme un prince.

— C'est presque ça, a acquiescé George. Ma première femme est morte il y a trois ans. Cancer. Je l'avais quittée au moment où le groupe commençait à faire parler de lui. J'imaginais que je pouvais trouver mieux. Après tout, j'étais une rock star, tout ça. Dans le fond, je me suis trompé. Je pourrais évidemment dire qu'elles étaient toutes les mêmes, mais le vrai problème, c'était que *moi*, j'étais le même. Quand tu rencontres le même problème avec quatre femmes successives, tu commences à te demander si tu n'y es pas pour quelque chose.

— Je ne vois pas très bien comment ça t'a permis de toucher le pactole, a repris Gene. Tu ne veux quand même pas dire qu'elle t'a laissé tout son fric ?

— C'est *exactement* ce que je veux dire. Pas tout, mais suffisamment. À l'époque où on s'était séparés, je m'étais engagé à lui verser les deux tiers de mes revenus, et je peux te dire qu'avec les tubes qu'on a sortis, ça a fait un sacré paquet. Et pendant que moi, je foutais mon tiers du fric en l'air, elle, elle investissait dans l'immobilier. À sa mort, elle m'en a laissé la moitié.

— Très généreux de sa part, a remarqué Gene.

— C'était moi ou notre fils. Il a déjà claqué sa part. Elle avait sans doute vu les choses venir ; elle a préféré m'en filer une partie pour que je puisse le renflouer. Ce n'était pas Jerry Hall, mais je n'ai jamais trouvé mieux. Prends-en note, jeune Donald.

J'en avais pris note. Le conseil de George, généralisé puis adapté à ma situation, paraissait clair. Si je n'y arrivais pas avec Rosie, je n'y arriverais avec personne. Si ma vie conjugale échouait, je ne ferais pas d'autre tentative. Le choix était simple : Rosie ou le reste de ma vie sans partenaire. Ni enfant.

Le trajet a duré deux heures et seize minutes, huit minutes de plus que prévu par mon application de navigation.

— Vous arrivez juste à temps, nous a dit Lauren (âge approximatif quarante-cinq ans, IMC vingt-trois). J'ai attendu votre arrivée, mais elle est un peu agitée et je n'aurais pas pu laisser traîner beaucoup plus longtemps. Je vous présente Ben.

Elle nous a désigné un homme en chemise à carreaux (âge approximatif quarante ans, IMC trente) qui se tenait debout, à quelques mètres. Il s'est approché de nous et nous a serré la main conformément aux conventions. Sa main était extrêmement moite ; j'ai diagnostiqué de l'anxiété. C'était une excellente occasion de mettre en pratique mes techniques de réconfort.

— Les perspectives de survie de la mère sont proches de cent pour cent, bien qu'une naissance difficile puisse entraîner une baisse temporaire de la fertilité. La probabilité de survie du bébé est approximativement de quatre-vingt-cinq pour cent.

Ben a paru soulagé.

— Ça ne se présente pas trop mal alors, a-t-il dit. Croisons les doigts.

George a regardé la mère.

— Pauvre bête, a-t-il murmuré.

Lauren était exceptionnelle ! Il est toujours passionnant de voir travailler un professionnel compétent. Elle nous a expliqué exactement ce qu'elle faisait, tout en se livrant à des commentaires complémentaires sur d'autres possibilités et procédures envisageables.

George tenait une lampe à halogène alimentée par la batterie du véhicule de Lauren pendant que je l'aidais à modifier la position du veau. Comme la vache était enfermée dans un corral, elle ne pouvait pas beaucoup se déplacer.

C'était un travail esthétiquement déplaisant, mais la mentalité requise m'était familière grâce aux dissections de souris, et la stimulation intellectuelle dépassait le désagrément visuel. C'était tellement intéressant !

Gene discutait avec Ben. Dave, qui ne se sentait pas très bien, était retourné s'asseoir dans le taxi.

— Bon, a annoncé Lauren. Il va falloir utiliser la vêleuse.

Lauren a enfoncé les bras à l'intérieur de la vache et nous a expliqué qu'elle attachait une corde aux pattes du veau à naître. George a passé la lampe à Gene et a commencé à parler à la mère, qui émettait des bruits révélateurs de détresse.

Ben a attaché l'autre extrémité de la corde à la vêleuse, et le processus de traction a commencé. Lors d'un accouchement humain, des forceps auraient remplacé la vêleuse. Ou – plus probablement – on aurait pratiqué une césarienne. Les similitudes anatomiques n'en étaient pas moins nombreuses, et l'expérience en trois dimensions d'une valeur inestimable.

— Très bien, Don. Il va falloir que vous m'aidiez à l'attraper.

Heureusement, « attraper » n'exigeait pas la coordination motrice nécessaire pour attraper un ballon – tout ce que nous avions à faire, Lauren et moi, était de soutenir le poids du veau quand il sortirait. Ce qu'il a fait, accompagné d'une grande quantité de liquide qui nous a trempés tous les deux. Le veau était extrêmement glissant, mais nous avons réussi à ne pas le lâcher. Malgré une patte qui dessinait un angle bizarre, il s'est mis à respirer. La mère était toujours debout.

— Une patte cassée, a annoncé Lauren. Qu'est-ce que vous voulez faire ?

— Et vous, qu'est-ce que vous en pensez ? a demandé Ben.

— Il vaudrait peut-être mieux le piquer, à moins que vous ne soyez prêt à le nourrir au biberon.

Dave est descendu du taxi en titubant.

— Ne l'abattez pas. Au besoin, je le prendrai chez moi.

J'ai immédiatement pensé que c'était une excellente idée. Le système immunitaire du bébé de Dave et Sonia serait renforcé par la cohabitation avec un animal de ferme. Un instant de réflexion m'a tout de même fait prendre conscience des multiples problèmes que poserait l'élevage d'un veau handicapé dans un appartement new-yorkais.

Ben a souri.

— Je vous dois bien ça les gars. Comment tu t'appelles, de nouveau ?

— Dave.

— Super. Dave, je te présente Dave le Veau. Il te doit la vie. Ainsi qu'à Lauren… et à vous tous, les gars. Ma femme le nourrira. Elle vous maudira tous les jours.

24.

Après avoir passé un coup de fil pour demander conseil, George a prié le chauffeur de taxi de faire un détour par un bar de White Plains. Il était 22 h 35 et nous n'avions pas dîné. Je portais des vêtements que m'avait prêtés Ben le Fermier pour remplacer ceux qui avaient été aspergés pendant l'accouchement de Dave le Veau.

— Ce soir, c'est bière, a annoncé George.

Il en a commandé quatre. Nous les avons bues rapidement et George a demandé au serveur d'en apporter d'autres.

— Je vais vous confier un secret, a-t-il dit. Assister à l'accouchement de cette pauvre vache a été un bon karma. Ça a un peu compensé mon absence à la naissance de mon premier gosse.

— Celui de la mère fourmi ?

— Exactement. J'étais en tournée. (Il s'est interrompu avant de poursuivre.) On m'a appelé à l'hôtel, et j'étais avec une groupie. Ça se passait comme ça, à l'époque.

J'étais abasourdi.

— Tu avais un rapport sexuel avec une autre femme pendant que la tienne accouchait de ton fils ?

— Comment sais-tu que c'était un fils ?

— Tu en as parlé tout à l'heure. De toute façon, c'est sur Internet.

— Je n'ai aucun secret. À part celui que je viens de vous confier.

— On devrait tous partager un secret, est intervenu Gene. Un chacun. À toi, Don.

— Un secret ?

Au cours des seize semaines qui s'étaient écoulées depuis l'Incident de l'Aire de Jeux, j'avais accumulé de nombreux secrets, mais je ne jugeais pas raisonnable d'en révéler l'un ou l'autre après avoir consommé de la bière. D'un autre côté, la décision de George de nous livrer un exemple de comportement moralement exécrable était certainement un geste d'amitié destiné à permettre à chacun de nous d'avouer un acte immoral ou illégal et de bénéficier des conseils des autres, en sachant que sa conduite avait peu de chances d'avoir été aussi déplorable que celle de George. C'était une manœuvre sociale subtile, et il m'a fallu un peu de temps pour l'analyser.

— Alors, c'est moi qui commence, a repris Gene. Mais ça reste entre nous, compris ?

George nous a obligés à échanger une ridicule poignée de main à quatre.

— Devinez avec combien de femmes j'ai couché.

— Moins que moi, a répondu George. Si tu peux les compter, c'est moins que moi.

— Plus que moi, ai-je dit.

Gene a ri.

— Allez-y, continuez.

J'ai repensé à la carte murale de Gene, avec une épingle par nationalité. J'ai ajouté cinquante pour cent pour tenir compte des multiples femmes de même origine et des conquêtes plus récentes.

— Trente-six.

— Tu es loin du compte. (Gene a bu une gorgée de bière, avant de nous montrer sa paume ouverte.) Cinq.

J'étais abasourdi. Gene mentait-il ? C'était une hypothèse raisonnable dans la mesure où s'il ne mentait pas en cet instant précis, il avait forcément menti à maintes reprises par le passé. Étant incapable de rivaliser avec George pour atteindre le total le plus élevé, peut-être cherchait-il à apparaître comme moins immoral que lui.

Dave a eu l'air étonné, lui aussi. L'étonnement était la réaction appropriée.

— Cinq ? a-t-il répété. Mais, c'est…

— … moins que toi, c'est ça ?

Gene souriait.

— Je ne trompe pas ma femme, mais…

Ce n'était que quatre de plus que moi !

— Et ton couple ouvert ? Et la mappemonde ?

— Le couple ouvert n'a jamais fonctionné. La première avec qui j'ai essayé avait des problèmes. Jalousie obsessionnelle, ce genre. Et ça, j'en avais eu plus que ma dose avec ma première épouse.

— Le jeu n'en vaut pas la chandelle, a approuvé George.

— Pas à cet âge en tout cas, a acquiescé Gene.

— Et la mappemonde ? ai-je demandé une deuxième fois.

Avant qu'il ne se range provisoirement et ne la décroche du mur, la carte de Gene comportait vingt-quatre épingles.

— Et la Femme Islandaise ?

— Je l'ai invitée à dîner. Si elles acceptent un dîner en tête à tête, je considère ça comme un rendez-vous galant. Aucune femme n'ira dîner seule avec un homme marié si elle n'est pas prête à aller plus loin. Le reste aurait suivi si je l'avais voulu.

C'était incroyable. Les conséquences des mensonges qu'avait proférés Gene pour faire croire que son comportement était *pire* qu'il n'était avaient été désastreuses. J'ai mis le doigt sur l'évidence.

— Claudia t'a mis à la porte parce que tu as reconnu avoir eu un rapport sexuel avec la Femme Islandaise. En fait, tu n'avais fait que lui payer à dîner. Exact ?

— J'ai même été obligé de repousser ses avances. Ce n'était pas… comment disais-tu, George ?

— Jerry Hall ?

Gene a ri.

J'ai remis la conversation sur les rails.

— Tu n'as qu'à dire la vérité à Claudia et elle acceptera que tu reviennes. Tous tes problèmes seront résolus.

— Ce n'est pas aussi simple que ça.

— Pourquoi ?

Nous avions tous le regard fixé sur Gene. Personne ne parlait. Nous nous comportions comme des psychiatres. Si seulement j'avais pu régler le Problème Rosie simplement en disant la vérité !

— Je ne suis pas sûr que Claudia s'intéresserait à moi si je n'étais pas celui qu'elle croit. Ça fait partie de l'attirance que j'exerce sur elle.

— Elle est attirée par toi parce que tu la trompes ? ai-je demandé. J'avais pourtant cru comprendre que toutes les théories…, enfin, toutes *tes théories*…

— Les femmes aiment les hommes capables d'attirer d'autres femmes. Elles ont besoin qu'on leur rappelle qu'elles ont quelqu'un que d'autres voudraient avoir.

Regarde George. Tout ce que tu as fait ne t'a pas empêché de te remarier trois fois.

— Si je ne m'étais pas conduit comme ça, je n'aurais peut-être pas été obligé d'essayer quatre fois. Mais Don a raison sur un point : on n'a rien à perdre à cracher le morceau.

— Ça va plus loin. On a laissé traîner les choses jusqu'à ce qu'il soit trop tard. Rétrospectivement, je crois que ça a commencé après la naissance d'Eugénie. Je me suis mis à jouer à ce petit jeu, même sans aller jusqu'au bout. On ne peut pas négliger une vie de couple pendant neuf ans et espérer tout reprendre à zéro. Et puis d'ailleurs, j'ai trouvé quelqu'un d'autre.

— Qui ça ?

— Tu le sais très bien. Ça y est, j'ai partagé mon secret. (Il s'est tourné vers Dave.) À toi.

Dave a rendu son regard à Gene.

— Tu comprendras ce que ça veut dire. Le bébé n'est pas de moi.

La surprise nous a retransformés en psychothérapeutes et nous avons attendu que Dave poursuive.

— On a fait ce truc, cette FIV, et j'ai eu des problèmes. Certains qui tiennent à mon poids, d'autres non. Enfin, pour finir, son ovule à elle a été fécondé par le têtard d'un autre mec.

J'ai supposé que *têtard* était un synonyme de spermatozoïde et non de pénis.

— Alors le fait que je ne sois jamais à la maison, que je travaille tard, tous les machins dont se plaint Sonia, je me demande si ce n'est pas parce que je n'ai pas envie d'investir du temps dans un gamin qui n'a pas mes gènes. Inconsciemment, bien sûr. (Il a regardé Gene.) Comme tu l'as expliqué.

— Merde, a fait Gene. Il n'y a rien de mal à bosser dur pour gagner quelques dollars.

— C'est marrant, a repris Dave. Avant que tu me dises comment marche ce truc des gènes, j'avais peur que Sonia me plaque. Maintenant, je me rends compte que je n'investis pas plus dans notre bébé que dans Dave le Veau. Et si elle s'en rend compte, pourquoi est-ce qu'elle voudrait de moi ?

Gene a ri.

— Pardon, ce n'est pas toi qui me fais rire. C'est la complexité de tout ce binz. Fais-moi confiance, Sonia ne te quittera pas pour ça. Le truc génial avec l'homo sapiens, c'est qu'on a un cerveau capable de triompher de nos instincts. À condition de le vouloir.

J'avais été tellement captivé par les révélations de George, Gene et Dave – des révélations stupéfiantes – que je n'avais pas eu le temps de réfléchir à la mienne. George m'a sauvé.

— Don nous a un peu parlé de ses difficultés de couple, l'autre soir. Et si tu nous faisais une mise à jour ?

— Je suis en train d'acquérir des connaissances sur le processus de l'accouchement. Je possède maintenant des compétences de niveau professionnel sur l'attachement des bébés à l'égard de couples formés de deux partenaires du même sexe ou de sexe opposé, et sur les effets de cet attachement sur leur taux d'ocytocine. Par ailleurs, une médiatrice se charge du suivi de mes progrès.

— Et ta relation, elle en est où ? a demandé George.

— Avec Rosie ?

— Avec qui veux-tu que ce soit ?

— Aucun changement. Je n'ai pas encore eu l'occasion de mettre mes connaissances en pratique.

Pendant que le taxi nous raccompagnait, nous sommes tous restés silencieux. Deux réflexions me tournaient dans la tête : les mensonges de Gene avaient causé la fin de son mariage. Dire la vérité ne pouvait plus le sauver.

Quand l'ascenseur s'est arrêté à mon étage, George m'a demandé si je pouvais prendre quelques minutes pour aller vérifier quelque chose dans son appartement.

— Il est extrêmement tard, lui ai-je fait remarquer, tout en soupçonnant que j'aurais du mal à m'endormir.

Je n'avais pas bu suffisamment d'alcool pour contrebalancer les effets de l'adrénaline provoquée par l'excitation de la naissance de Dave le Veau et, malgré le rétablissement de mon horaire de coucher, mon sommeil était irrégulier depuis le retrait du matelas.

— Ça ne te prendra que quelques minutes, a-t-il insisté.

— L'alcool affectera mon jugement. Mieux vaut attendre demain matin.

— Très bien. Dans ce cas, je crois que je vais faire un peu de batterie pour me détendre.

Gene, qui avait maintenu la porte de l'ascenseur ouverte, est intervenu.

— George voudrait te parler en tête à tête. C'est bon. Bois un verre pour moi.

Je n'avais plus le choix, alors j'ai suivi George dans son appartement. Il a rempli deux grands verres de scotch Balvenie vingt et un ans d'âge.

— À la tienne. Je t'avais dit que je n'avais pas envie de faire partie d'un groupe de mecs, mais tu t'es débrouillé pour que ça marche quand même. Aucun de nous ne bougerait le petit doigt si tu ne nous appelais pas et ne nous obligeais pas à inscrire chaque semaine une soirée entre garçons à notre *programme*.

— Tu suggères que nous renoncions au groupe ? Tu veux dire que je suis le seul à en tirer avantage ?

— Au contraire. Tout ce que je dis, c'est que pour que ces trucs-là ne se cassent pas la gueule, il faut un homme à la hauteur de la situation. Sans Mr. Jimmy, les Dead Kings auraient tout arrêté il y a trente ans. Et nous y aurions tous beaucoup perdu.

J'ai bu mon scotch. Je supposais que George m'avait transmis son message, mais il nous a resservis. J'espérais que le second verre résoudrait le problème de sommeil – et peut-être le problème permanent.

— J'ai dit tout à l'heure que je n'avais pas de secrets, tu te rappelles ? a-t-il repris.

J'ai hoché la tête.

— J'ai menti. Mon fils, celui dont j'ai raté la naissance. Il est toxico. Ça, ce n'est pas un secret. Le secret, le voilà. C'est ma faute. C'est moi qui en suis responsable. Il n'avait jamais bu, jamais fumé. Il était batteur de jazz. Un putain de bon batteur.

— Tu crois que c'est parce que tu as été un mauvais père qu'il s'est mis à consommer des substances illicites ?

— Ce n'était pas inscrit dans ses gènes, crois-moi. (George a mis un long moment à finir son verre de scotch. J'ai respecté la règle de la psychothérapie et suis resté silencieux. George s'est resservi.) C'est moi qui l'ai fait commencer. Je n'arrêtais pas de l'asticoter. De lui reprocher d'être un trouillard, d'avoir peur de croquer dans la vie à pleines dents. Gene t'expliquera pourquoi j'ai agi comme ça.

— Je croyais que c'était un secret. Tu veux que j'en parle à Gene ?

— Non. Mais si tu le faisais, Gene te dirait que j'ai cherché à l'abaisser à mon niveau. Inconsciemment, sans doute. Mais pas aussi inconsciemment que ça.

George était manifestement affligé. J'espérais que je n'aurais pas besoin de mettre mon bras – ou mes bras – autour de lui.

— Et voilà, a-t-il soupiré. Tu es le seul à être au courant, à part lui et moi. Il ne m'a jamais fait le moindre reproche.

— Tu as besoin d'aide pour résoudre ce problème ?

— Si c'était le cas, tu serais le premier à qui j'en demanderais. Mais c'est trop tard. J'avais simplement envie d'en parler à quelqu'un qui voit les choses clairement, sans a priori. Si je dois être jugé, je veux l'être par quelqu'un que je respecte.

Il a levé son verre comme pour trinquer, puis il en a consommé le contenu. J'ai suivi son exemple.

— Merci pour tout, a-t-il repris. Je te revaudrai ça. Si tu trouves une solution à la toxicomanie, préviens-moi quand tu iras recevoir ton prix Nobel. Si je devais miser sur quelqu'un pour y arriver, ce serait toi.

Il faisait noir dans notre appartement quand je suis revenu de chez George. J'avais sorti mes vêtements mouillés du sac poubelle, je m'étais brossé les dents et avais vérifié mon emploi du temps du lendemain, quand une idée a pris forme dans mon esprit. Il fallait absolument que je la mette à exécution.

Gene dormait et n'a pas été très content que je le réveille.

— Il faut qu'on appelle Carl, lui ai-je dit.

— Quoi ? Qu'est-ce qui s'est passé ? Il est arrivé quelque chose à Carl ?

— Pas encore, mais le risque existe. Il pourrait commencer à consommer des substances illicites. En raison de son état mental.

Gene avait avancé un argument, pas très convaincant il est vrai, pour ne pas avouer la vérité à Claudia. Mais de toute évidence, les mensonges de Gene incitaient Carl à le haïr. La haine est source de souffrance, ce qui peut entraîner des problèmes de santé mentale et physique. Les adolescents sont extrêmement vulnérables. Il était trop tard pour sauver le fils de George, mais nous étions en mesure de sauver Carl.

— Son état mental est dû à une hypothèse inexacte sur ton comportement. Il faut que tu la rectifies.

— Ça peut attendre demain matin.

— Il est 2 h 14, 17 h 14 à Melbourne. Un moment parfait pour téléphoner.

— Je ne suis pas habillé.

C'était vrai. Gene avait dormi en sous-vêtements, un choix malsain. J'ai commencé à lui exposer les risques de *tinea cruris,* mais il m'a coupé.

— D'accord, allons-y. Mais ne branche pas la vidéo.

Calculon était en ligne. Je me suis connecté et elle a appelé Carl. Je suis resté en mode texte.

— *Salutations Carl. Gene (ton père) veut te parler.*

— *Non merci. Désolé, Don, je sais que tu ne cherches qu'à nous aider.*

— *Il a un aveu à te faire.*

— *Je ne veux rien savoir de plus sur ce qu'il a fait. Bonne nuit.*

— *Attends. Il n'a pas eu de rapports sexuels avec des femmes multiples. C'était un mensonge.*

— *Comment ?*

J'ai estimé que c'était le moment idéal pour passer en vidéo. Le visage de Carl a rempli l'écran. Il était mal rasé, un peu comme Stefan, et avait l'air parfaitement capable de commettre un parricide.

— Qu'est-ce que tu racontes ?

J'ai donné un coup de poing sur le bras de Gene, un signal traditionnel, me semblait-il, pour lui faire savoir que c'était à lui de parler.

— Putain, Don, tu m'as fait mal.

— Communique ton information à Carl.

— Hum, Carl, il faut que tu saches que je n'ai pas couché avec toutes ces femmes. Je me suis un peu vanté. Ne le dis pas à Claudia.

Il y a eu un silence. Et puis Carl a repris : « T'es vraiment un loser » et il a mis fin à la connexion.

Gene a essayé de se relever du bord de la baignoire où il était assis, mais, sans doute en raison de son état d'ébriété, il a glissé en arrière et est tombé sur mes vêtements, imprégnés de liquide amniotique bovin. L'odeur n'était pas plaisante. Gene n'avait pas l'air blessé, et me trouvant moi-même sur le siège des toilettes, il m'a paru plus simple de le laisser se débrouiller tout seul.

Le hurlement qu'avait poussé Gene en tombant dans la baignoire avait dû réveiller Rosie. Elle a ouvert la porte du bureau-salle de bains et nous a jeté un regard étrange, probablement dû aux tentatives de Gene pour s'extraire de la baignoire et à ma tenue inhabituelle – le pantalon de Ben le Fermier étant trop grand pour moi, il était retenu par une ficelle. Gene était, évidemment, en sous-vêtements.

Rosie s'est rapidement détournée de Gene et m'a regardé.

— Vous passez une bonne soirée ? a-t-elle demandé.

— Excellente.

L'accouchement d'un gros mammifère constituait un jalon essentiel de la restauration de notre relation.

Rosie ne paraissait pas souhaiter poursuivre la conversation. Gene est retombé dans la baignoire.

— Pardon, lui ai-je dit. Je n'aurais pas dû définir la soirée comme excellente. Nous n'avons manifestement pas réussi à convaincre Carl.

— Je crois que tu te trompes. Il lui faut un peu de temps pour digérer ça, c'est tout.

Je me suis levé, mais Gene n'avait pas fini.

— Don, un jour, bientôt même, tu auras toi aussi un enfant. Tu comprendras alors jusqu'où tu es prêt à aller pour préserver ta relation avec lui, ou elle.

— Bien sûr. Je t'ai encouragé à faire des efforts maximaux pour résoudre le problème Carl.

— Dans ce cas, si jamais tu repenses à ce que j'ai fait, j'espère qu'au moins, tu me comprendras. Même si tu ne me pardonnes pas.

— Qu'est-ce que tu veux dire ?

— Carl n'aurait jamais cru à cette histoire si un autre que toi la lui avait racontée.

— Pourquoi est-ce que tu n'es pas au travail ? m'a demandé Rosie le lundi matin.

Il était 9 h 12 et elle préparait son petit déjeuner. Il avait l'air sain, ce qui était probablement inévitable dans la mesure où le frigo ne contenait que des aliments compatibles avec la grossesse. Comme il était prévisible, sa silhouette changeait ; elle était actuellement conforme aux diagrammes du Livre correspondant au cinquième mois de grossesse. J'observais les variations de la plus belle femme du monde. C'était comme d'écouter une nouvelle version d'un morceau qu'on aime beaucoup. *Satisfaction*, chanté par Cat Power.

— J'ai programmé une journée de congé. Pour assister à l'échographie, ai-je dit.

Je n'avais pas encore abordé le sujet afin de maximiser l'effet des progrès de mon niveau de participation. Une surprise.

— Je ne t'ai pas parlé d'échographie, a répliqué Rosie.

— Tu n'es pas censée en faire une ?

— Je l'ai faite la semaine dernière.

— Avant la date prévue ?

— Vingt-deux semaines. Comme tu l'as précisé il y a deux mois.

— Exact. La semaine dernière, tu en étais à vingt et une semaines et un nombre variable de jours. Nous nous étions mis d'accord : vingt-deux semaines et zéro jours.

— Putain, a soupiré Rosie. Je te demande de venir et tu ne bouges pas, et maintenant, je ne te demande rien et tu prends un jour de congé. (Elle s'est retournée pour remplir la bouilloire.) Tu n'avais pas vraiment envie de m'accompagner, Don, n'est-ce pas ? Tu n'es pas venu la dernière fois.

— C'était une erreur. Que je tenais à corriger.

— Pourquoi ?

— Il est généralement admis que les hommes doivent assister aux échographies. J'ignorais cette convention. Je regrette d'avoir commis cette erreur.

— Je ne veux pas que tu m'accompagnes parce que c'est une convention sociale.

— Tu n'avais pas envie que je vienne ?

Rosie a versé de l'eau bouillante sur un sachet d'herbes pour infusion (en fait, il ne s'agissait pas d'herbes mais d'un mélange à base de fruits et sans caféine).

— Don, nous enchaînons les malentendus. Ce n'est pas ta faute, mais tout ça ne t'intéresse pas vraiment, je le sais.

— Inexact. La reproduction humaine est incroyablement intéressante. Ta grossesse m'a poussé à acquérir des connaissances…

— Tu sais quoi ? Il donne des coups de pied. Il remue. Je l'ai vu à l'écran. Je le sens quand je suis couchée au lit.

— Excellent. Les mouvements sont habituellement décelés à partir de dix-huit semaines approximativement.

— Je sais. Je le vis.

J'ai pris mentalement note de consigner cette information sur le carreau de la Semaine 18. La chute de Gene dans la baignoire avait un peu effacé certains de mes tout premiers diagrammes, mais les carreaux récents étaient intacts. Rosie me regardait comme si elle attendait autre chose.

— C'est bon signe. Ça veut dire que tout se déroule normalement. Ce que l'échographie aura confirmé. (J'avançais une hypothèse.) Est-ce que tout se déroule normalement ?

— Merci de poser la question. Tous les éléments sont en place conformément au programme. (Elle a bu une gorgée de tisane de fruits.) Tu sais, on peut voir si c'est un garçon ou une fille.

— Pas toujours. Ça dépend de la position.

— Eh bien, le bébé se trouvait dans la bonne position.

J'ai eu une idée.

— Et si nous allions au musée d'Histoire naturelle ? Il y aura moins de monde en semaine.

— Non merci. Je vais lire un peu. Mais vas-y, toi. Tu veux savoir si notre bébé est un garçon ou une fille ?

Je ne voyais pas en quoi cette information pouvait être utile pour le moment, sinon pour encourager l'acquisition de produits masculins ou féminins, ce que Rosie aurait certainement considéré comme sexiste. Ma mère m'avait déjà demandé quelle couleur de chaussettes elle devait acheter.

— Non, ai-je répondu.

Grâce à la pratique, je suis plus compétent pour interpréter les expressions de Rosie que celles des autres. J'ai décelé de la tristesse et de la déception – une réaction clairement négative.

— J'ai changé d'avis. Oui. De quel sexe ?

— Aucune idée. Ils auraient pu me le dire mais je n'ai pas voulu savoir.

Rosie s'était elle-même ménagé une surprise. Cela réglait le problème des chaussettes.

Je suis allé chercher mon sac à dos dans le bureau-salle de bains. Rosie m'a arrêté sur le seuil, m'a pris la main et l'a posée sur son ventre, visiblement distendu à présent. « Tu sens ? Il donne des coups de pied ! »

J'ai senti et confirmé le fait. Cela faisait un certain temps que je n'avais pas touché Rosie, et l'idée d'acheter un triple expresso et un muffin aux myrtilles m'a traversé l'esprit. Mais ils figuraient tous les deux sur la liste des substances interdites.

25.

Rosie avait terminé la rédaction de sa thèse. Conformément à la pratique conventionnelle voulant qu'on célèbre les événements marquants, j'ai réservé une table pour deux dans un prestigieux restaurant, non sans avoir vérifié qu'ils étaient en mesure de servir un repas compatible avec la grossesse. À la demande de Rosie, j'ai repoussé les réjouissances pour lui permettre de se concentrer sur la préparation d'un examen de dermatologie.

Notre relation n'avait pas connu d'évolution significative depuis le Deuxième Malentendu de l'Échographie. Le samedi précédent, j'avais rempli le carreau 26 – deux carreaux adjacents, en fait : Bud ne tenait plus sur un seul.

J'avais cessé de faire le trajet en métro en compagnie de Rosie. Avec l'arrivée du temps froid, j'avais pris l'habitude de traverser l'Hudson River Park en courant pour me rendre à la Columbia et en revenir. Nos rapports sexuels avaient cessé. Quand j'avais vingt ans, j'avais partagé une maison avec d'autres étudiants. Notre situation était assez comparable.

Rosie était déjà rentrée de son examen et se trouvait dans son bureau-chambre à coucher quand nous sommes arrivés, Gene et moi. Elle nous a crié :

— Salut, les mecs. Vous avez passé une bonne journée ?

— Intéressante, ai-je répondu depuis le salon tout en retirant le panneau d'accès à la réserve de bière pour contrôler le système et tirer deux échantillons à goûter – Inge a découvert une anomalie statistiquement intéressante dans le groupe 17B.

Depuis la réaction initiale de Rosie à l'Opération Mères lesbiennes et le conseil de Gene qui estimait que cette recherche empiétait sur le « territoire » de Rosie, j'avais préféré limiter mes comptes rendus à la recherche sur le foie des souris, un terrain qui me paraissait plus sûr.

— Elle a utilisé un test des rangs signés de Wilcoxon – interruption temporaire – je vérifie la bière.

Gene en a profité pour détourner la conversation.

— Comment s'est passé votre examen ?

— J'ai la mémoire comme une passoire. Il y a des machins que j'ai appris, c'est sûr, mais voilà : impossible de m'en souvenir.

Je suis revenu avec deux verres d'un demi-litre pleins et en ai donné un Gene. Le système de réfrigération fonctionnait à la perfection et je me demandais quand George se rendrait compte qu'il pouvait se passer de mes services.

De toute évidence, c'était à nouveau mon tour de parole.

— L'analyse révélait un taux inattendu…

— Nous parlions de l'examen de Rosie, m'a fait remarquer Gene.

Au lieu de lui rappeler qu'avant cela, il avait été question des résultats des souris et que cette discussion n'avait pas été achevée, j'ai opéré un rapide ajustement mental et me suis joint à la conversation sur l'examen.

— Les déficiences des fonctions cognitives sont un effet secondaire courant de la grossesse. Tu devrais demander qu'on en tienne compte.

— De ma grossesse ?

— Exact. Les recherches scientifiques sont parfaitement claires.

— Non.

— Ta réaction me paraît irrationnelle. Ce qui est également un effet secondaire démontré de la grossesse.

— J'ai simplement passé une sale journée, d'accord ? Je crois que je serai quand même reçue. Oublie ça.

On ne peut pas oublier les choses sur commande. Se voir demander d'oublier quelque chose est comparable à se voir demander de ne pas penser à un éléphant rose, ou à acheter certains aliments.

Le déclin des fonctions cognitives pendant la grossesse présentait-il un intérêt dans le cadre de l'évolution ou reflétait-il la diversion d'une ressource en faveur du processus reproductif ? La deuxième solution me paraissait la plus vraisemblable. J'y ai réfléchi pendant que Gene prononçait les formules convenues et rassurantes auxquelles les professeurs ont recours pour se débarrasser des étudiants pendant la période située entre l'examen et les résultats, puis j'ai exposé un résumé de ma conclusion.

— Il y a de fortes probabilités pour que ton échec à l'examen entraîne la production d'un bébé de qualité supérieure.

— Qu'est-ce que tu racontes ? Don, et si tu allais t'habiller pour le dîner ?

Rosie est retournée dans son bureau-chambre à coucher, sans doute pour se préparer elle-même pour le dîner. Gene était encore en mode interruption. J'ai soupçonné l'effet d'une consommation excessive de café ou d'une stimulation liée à Inge.

Il a crié à Rosie :

— Pensez plutôt à votre thèse ! L'examen n'est qu'un accident de parcours. La thèse, c'est six ans de boulot. Et si ça peut vous aider à mieux fêter ça ce soir, je peux d'ores et déjà vous annoncer qu'elle sera acceptée, moyennant tout au plus quelques modifications mineures. Que je sois philosophiquement d'accord avec vous ou non, peu importe. Vous avez apporté une vraie contribution et vous pouvez être fière de vous. Je dois reconnaître que je vous en ai fait baver pour vous maintenir sur le droit chemin. Alors, sortez et amusez-vous bien.

— Vous ne venez pas avec nous ? a demandé Rosie.

— Je vais me prendre une pizza.

— Je pensais que tu dînais avec Inge, ai-je dit.

— Pas tous les soirs. Pas encore.

— J'avais cru que vous nous accompagneriez. Vous avez quand même joué un rôle important dans tout ça.

— Non, non, je vous laisse entre vous.

— Sérieusement. J'aimerais bien que vous veniez. Je serais vraiment heureuse que vous soyez avec nous ce soir. S'il vous plaît.

Rosie créait un problème – un problème complètement inattendu. Elle n'avait pas cessé de récriminer contre Gene dans son rôle de directeur de thèse, de colocataire et, en général, en tant qu'être humain, ce qui m'avait conduit à supposer qu'elle ne souhaiterait pas sa présence au moment où elle célébrait ce qu'elle avait souvent présenté comme « être enfin débarrassé de ce connard ». J'avais réservé pour deux, et c'était un restaurant très couru. J'ai exposé la situation, en omettant les énoncés négatifs sur Gene, mais Rosie a insisté. « Conneries. Ils peuvent très bien ajouter une chaise. Ils ne nous foutront pas dehors. »

En me fondant sur les conversations que j'avais eues avec le personnel du restaurant plus tôt dans la journée, je supposais que le deuxième énoncé de Rosie avait de bonnes chances d'être exact.

Le restaurant de l'Upper East Side était suffisamment proche pour que nous puissions y aller à pied, bien que les vingt derniers pâtés d'immeubles aient apparemment mis Gene et Rosie à rude épreuve. Ils avaient grand besoin l'un comme l'autre d'une remise en forme. J'ai fait part à Rosie de cette utilisation possible du temps dégagé par l'achèvement de sa thèse et de son examen.

Une préposée à l'accueil se tenait devant un pupitre, juste derrière la porte d'entrée. Je me suis adressé à elle de la manière conventionnelle.

— Bonsoir. J'ai fait une réservation au nom de Tillman.

Elle s'est éloignée si rapidement qu'on aurait pu croire que je lui avais dit : « Nous avons décelé un cas de peste bubonique dans votre établissement. »

— Qu'est-ce qui lui prend ? a demandé Rosie. Tu as pourtant mis une veste.

C'était exact, malgré l'absence de code vestimentaire prescrit par le restaurant. J'ai compris que c'était une allusion à la soirée où Rosie et moi avions dîné ensemble pour la première fois. L'enchaînement d'événements qui avait commencé par le refus du responsable d'un restaurant de me laisser entrer dans son établissement à la suite d'une confusion sur la définition du mot « veste » avait finalement abouti à notre relation. Tant de choses avaient changé depuis.

La Femme à la Peste Bubonique est revenue avec un homme en tenue de soirée qui était, ai-je supposé, le maître d'hôtel.

— Professeur Tillman. Bienvenue. Nous vous attendions.

— Bien sûr. J'ai fait une réservation. Pour cette heure-ci. Précisément.

— Oui. Vous aviez réservé pour deux personnes, si je ne me trompe ?

— Exact. J'*avais*. Trois maintenant.

— Ma foi, c'est que nous sommes absolument complets. Et le chef s'est donné un peu de mal, si j'ai bien compris, pour répondre à vos exigences particulières.

Absolument complets était tautologique. Heureusement que mon père n'était pas avec nous. Il n'en aurait pas moins été d'une grossièreté inacceptable d'exclure Gene, maintenant qu'il était allé jusqu'au restaurant. Je me suis retourné pour partir.

— Nous irons ailleurs, ai-je dit au maître d'hôtel.

— Non, non, je vous en prie, nous allons trouver une solution. Attendez un moment, s'il vous plaît.

Un couple arrivait, et il a dû s'occuper de lui.

— Réservation pour deux à huit heures, a annoncé l'homme.

Il était 20 h 34.

Ils ne se sont pas présentés, mais le maître d'hôtel les a manifestement reconnus, car il a coché sa liste. Je les ai observés plus attentivement. C'était la Femme Bruyante de la soirée où j'avais été licencié de mon emploi au bar à cocktails !

Elle était indéniablement enceinte. Pour autant que j'aie pu en juger, elle n'était pas ivre. Au moins, le sacrifice de mon emploi pour protéger son bébé d'un syndrome d'alcoolisation fœtale n'avait pas reposé sur un jugement erroné quant à sa grossesse.

Son compagnon s'est tourné vers elle.

— Tu vas voir, leur brie truffé est à mourir.

Mourir. Le terme utilisé était potentiellement exact. Je me suis vu contraint d'intervenir.

— Les fromages non pasteurisés sont susceptibles d'être porteurs de listeria et sont donc à déconseiller pendant la grossesse. Vous feriez courir un risque au fœtus. Une fois de plus.

Elle m'a regardé.

— *Vous !* Le nazi des cocktails ! Putain de merde, qu'est-ce que vous foutez là ?

La réponse allait de soi et je n'ai pas été obligé de la donner car le maître d'hôtel s'est interposé.

— En fait, nous avons ce soir un menu dégustation tout à fait spécial. Un de nos clients nous a présenté quelques exigences inhabituelles, et le chef a finalement décidé de préparer la même chose pour tous. (Il m'a jeté un regard bizarre avant de poursuivre lentement.) Afin de préserver sa santé mentale.

— Vous avez tout de même du brie truffé ? Et des sashimis de homard ? a demandé la Femme Bruyante.

— Ce soir, le brie sera remplacé par un fromage au lait de brebis de fabrication locale et artisanale et le homard du Maine sera cuit dans un bouillon rehaussé de…

— Laissez tomber.

— *Madame*, permettez-moi de vous dire que le menu de ce soir est particulièrement approprié à votre… condition, a précisé le maître d'hôtel.

— Ma *condition* ? Allez vous faire foutre. (Elle a entraîné son partenaire vers la porte.) Viens, on va chez Daniel.

J'avais sauvé à deux reprises le bébé de cette femme, ou du moins, je lui avais donné une chance. J'aurais mérité d'être son parrain. Je ne pouvais qu'espérer que Daniel serait informé des risques d'intoxication alimentaire pendant la grossesse.

Rosie riait. Gene secouait la tête. En attendant, un problème avait été résolu.

— Vous avez maintenant deux places disponibles, ai-je fait remarquer au maître d'hôtel. Et une réduction du risque de surpopulation.

On nous a conduits vers une table près d'une fenêtre.

— Ils m'ont garanti que tous les plats servis seraient compatibles avec un bébé en développement dans le respect des directives les plus strictes, et que la somme des nutriments serait parfaitement équilibrée. Et incroyablement délicieuse.

— C'est possible, ça ? s'est étonnée Rosie. Ce n'est pas le genre de choses que savent les chefs. Pas avec ton niveau de… précision.

— Celui-ci est parfaitement informé. Maintenant.

J'avais passé deux heures et huit minutes au téléphone pour tout lui expliquer, moyennant plusieurs appels complémentaires. Gene et Rosie ont trouvé ça hilarant. Gene a ensuite levé un verre de champagne pour trinquer au succès de Rosie et, conformément à la convention, nous avons levé respectivement, Rosie et moi, nos verres d'eau minérale et de champagne.

— Au futur docteur Jarman, a lancé Gene.

— Au docteur *docteur* Jarman, ai-je rectifié. Quand tu auras fini tes études de médecine, tu auras deux doctorats.

— En fait, a dit Rosie, c'est un des trucs dont je voulais te parler. Je vais repousser la suite de mes études.

Enfin ! Elle avait entendu la voix de la raison.

— Excellente décision, ai-je approuvé.

La nourriture est arrivée.

— Vitamine A, ai-je annoncé, emballée dans du foie de veau.

— À ce que je vois, tu as vraiment pris mon abandon du pescétarisme au pied de la lettre, a observé Rosie.

— Si tu veux minimiser l'impact environnemental, il faut consommer l'intégralité de l'animal. En plus, c'est délicieux.

Rosie en a pris une bouchée.

— Pas mal. En fait, c'est bon. Excellent. Quoi que l'avenir nous réserve, je ne dirai jamais que tu t'es montré indifférent aux questions d'alimentation.

Après l'arrivée des petits-fours à base de carotte à teneur réduite en glucose et du café décaféiné, j'ai demandé l'addition – *la note s'il vous plaît* – et Gene a remis les projets de Rosie sur le tapis.

— Toute la journée à la maison avec le bébé ? Vous n'allez pas devenir cinglée ?

— Je prendrai un boulot à temps partiel pour que nous soyons financièrement indépendants. J'envisage différentes solutions. Je vais peut-être rentrer chez moi un moment. En Australie.

J'ai relevé une contradiction dans sa phrase. Pour que *nous* soyons financièrement indépendants. *Je* vais peut-être rentrer chez *moi*. Tout espoir que Rosie ait simplement commis une erreur grammaticale s'est évanoui quand j'ai compris que *nous* devait désigner Bud et elle. Si *nous* se référait à Rosie et moi, ou à Rosie, Bud et moi, notre indépendance financière globale n'exigeait pas qu'elle prenne un emploi. De plus, elle ne m'avait pas consulté sur l'éventualité de rentrer en Australie. J'étais abasourdi. Le serveur a apporté l'addition et j'ai posé ma carte de crédit dessus automatiquement.

Rosie a pris une profonde inspiration et a tourné les yeux vers Gene, avant de nous regarder alternativement l'un et l'autre.

— Ce qui me conduit à l'autre sujet dont je voulais vous parler. Ce n'est pas vraiment un secret – il est difficile d'avoir beaucoup de secrets quand on partage le même appartement…

Elle s'est interrompue quand Gene s'est levé et a fait signe au serveur qui s'approchait de notre table avec ma carte de crédit sur un plateau d'argent. J'ai calculé le pourboire et rempli le bordereau, mais Gene m'a pris le plateau des mains avant que j'aie eu le temps de signer.

— Qu'est-ce que c'est que ce pourboire ? m'a-t-il demandé.

— Dix-huit pour cent. Le montant recommandé.

— Très précisément, à en juger par les quelques cents.

— Exact.

Gene a biffé ce que j'avais écrit et a noté autre chose.

Rosie a pris la parole.

— Il faut vraiment que je dise…

Gene l'a interrompue.

— Je crois que nous leur devons un peu plus ce soir. Ils nous ont offert une soirée vraiment exceptionnelle et légèrement loufoque. (Il a levé sa tasse à café. Je n'avais jamais vu porter un toast avec une tasse à café mais j'ai imité son geste. Rosie a laissé sa tasse sur la table.) À Don, qui a tant mis de lui dans cette soirée et qui rend notre vie à tous juste un petit peu plus loufoque.

Il y a eu une pause. Rosie a levé sa tasse lentement et a trinqué avec Gene, et avec moi. Personne n'a rien dit.

Quand nous sommes sortis du restaurant, nous avons été assaillis par des flashs. Un groupe – une *meute* – de journalistes photographiait Rosie !

Puis l'un d'eux a crié : « Ce n'est pas la bonne, désolé les mecs. » Nous avons pris un taxi pour rentrer chez nous et avons regagné nos chambres séparées.

26.

Gene a confirmé mon analyse le lendemain soir. Rosie avait eu l'intention de mettre fin à notre vie conjugale.

— C'est uniquement parce que la soirée d'hier au restaurant lui a rappelé pourquoi vous étiez tombés amoureux qu'elle y a renoncé. Malheureusement, le problème n'est pas là.

— D'accord. Il ne porte pas sur mes aptitudes de conjoint, mais sur mes aptitudes de père.

— J'ai bien peur que tu aies raison. Claudia te dirait que les deux sont indissociables, mais Rosie semble avoir opéré cette dissociation.

Rosie était déjà allée se coucher. Rosie, qui m'avait encouragé à voir au-delà de mes limites, Rosie qui avait permis à ma vie de dépasser largement tout ce que j'avais pu envisager. J'étais assis avec mon meilleur ami sur un balcon de Manhattan, avec vue, par-delà l'Hudson, sur les lumières du New Jersey, pendant que la plus belle femme du monde et mon enfant potentiel dormaient à l'intérieur. Et j'avais failli perdre cela. Je risquais encore de le perdre.

— Le truc, a repris Gene, c'est que les raisons pour lesquelles Rosie t'aime sont précisément celles qui la conduisent à penser que tu es trop… différent… pour être père. Elle peut être prête à prendre des risques dans sa vie de couple, mais aucune femme ne prend de risque quand il s'agit de ses gosses. En résumé, il faudrait que tu arrives à la persuader que tu es… suffisamment comme la moyenne des gens pour être père.

L'analyse me paraissait pertinente. Et la solution restait identique. Travailler d'arrache-pied sur mes compétences paternelles.

J'avais accompli d'immenses progrès grâce à mes études d'obstétrique complétées par l'accouchement de Dave le Veau ainsi que par ma participation à l'Opération Mères lesbiennes. Malheureusement, Rosie n'avait pas pris conscience de mes nouvelles compétences par suite de l'absence de bébé auquel les appliquer. D'autres initiatives, comme le landau, avaient eu un effet négatif inattendu.

Je prévoyais que la situation s'améliorerait après la naissance, mais il fallait que je relève le défi de parvenir à surmonter les quatorze dernières semaines de grossesse sans rejet de la part de Rosie. La moindre erreur commise par mégarde pouvait tout remettre en cause : vu ma propension à commettre ce genre d'impairs, il était essentiel de créer une zone tampon.

J'avais besoin de la contribution d'experts pour élaborer le plan de survie optimal.

Dave était atterré.

— Rosie et toi ? Tu veux rire. Enfin, je savais que vous aviez des problèmes, mais pas plus que Sonia et moi.

— Elle a accordé la priorité au bébé par rapport à notre relation. Ce qui entraîne l'échec de notre couple.

George a ri.

— Pardon, je ne me moque pas de toi. Mais voilà : bienvenue dans le monde réel. Tout de même, je n'irais pas jusqu'à dire que ton couple est fichu simplement parce qu'elle se comporte comme toutes les femmes. C'est dans leurs gènes, pas vrai, Gene Génie ?

— Si je te dis que les femmes sont programmées pour se concentrer sur le fœtus, on ne me filera pas le prix Nobel pour ça. Je pense tout de même que Don a un vrai problème. (Gene s'est tourné vers moi.) Ça a commencé quand il n'a pas assisté à l'échographie.

— Merde, a acquiescé Dave. J'ai pris un congé pour y aller, et pourtant, je ne prends *jamais* de congé. Tu as raté quelque chose, Don.

— Rosie m'a donné la sortie papier.

J'étais sur la défensive. J'avais foiré.

— Ce n'est pas pareil. On a pu voir le bébé qui bougeait et – enfin tu comprends – après tous ces efforts, il était là.

Dave manifestait d'indéniables signes d'émotion.

George a sorti une bouteille de sous la table, et j'ai utilisé mon tire-bouchon. La saison de baseball était finie depuis longtemps et nous étions à la pizza Arturo de Greenwich Village. Les pourboires outranciers de George nous permettaient d'enfreindre les règles et d'apporter ses vins toscans ridiculement chers qu'il prétendait désormais préférer à l'ale anglaise. L'interruption de la conversation nous a laissé un peu de temps pour réfléchir.

Gene a goûté le vin.

— Qu'est-ce que tu en penses ? a demandé George.

— Du vin ? Ma foi, ce n'est qu'une des dix meilleures bouteilles que j'aie jamais goûtées. Et je suis avec trois mecs dans une pizzeria. Je n'aurais pas dû commander la *diavolo*. Quant à Don et Rosie…

Gene a fait tourner son vin dans son verre, qui était trop petit pour permettre d'apprécier un vin de qualité.

— Il ne sert à rien de se voiler la face. Rosie est convaincue qu'il ne peut pas faire un père acceptable. Schémas répétitifs, vous vous rappelez ? Rosie a été élevée par un parent solo, alors elle considère peut-être que c'est sa destinée, à elle aussi.

L'intuition de Gene ne m'apportait aucune solution concrète. Je ne pouvais pas changer le passé.

Dave s'était tu pour finir la première pizza que nous partagions.

— J'essaie de faire marcher cette entreprise de réfrigération. C'est comme de jouer au baseball, a-t-il dit. Tout ce que je peux faire, c'est essayer d'abattre du boulot tous les jours et espérer que les résultats seront au rendez-vous. Et que Sonia ne me lâchera pas entre-temps. Quant à Don, je ne vois qu'une solution : qu'il ne ménage aucun effort et croise les doigts pour que Rosie change d'avis.

Dave avait raison. Il fallait que je fasse tout ce que qui était en mon pouvoir pour être le meilleur père que j'étais capable d'être. Les débuts étaient prometteurs. À l'insu de Rosie, j'avais eu une interaction tellement fructueuse avec un bébé que j'avais fait monter son taux d'ocytocine. J'allais pourtant devoir passer à la vitesse supérieure.

J'avais obtenu l'avis de 42,8 % de mes amis sur la crise, mon nouvel ami George compris. J'avais extrait de leurs messages le résumé suivant : *Il y a effectivement un problème* et *Accroche-toi.*

J'ai décidé de ne pas appeler les Esler. Je n'avais pas envie qu'ils rejoignent Rosie, Gene, George, Dave, Sonia et Stefan – Stefan ! – au nombre de ceux qui étaient informés de l'existence d'un problème.

Restait Claudia. La meilleure psychologue du monde.

Cette fois, elle a décidé d'utiliser le mode vocal plutôt que le mode texte quand je me suis connecté avec elle sur Skype. Je n'avais pas encore compris ce qui déterminait sa préférence, mais la rapidité de la communication vocale m'a permis de lui exposer le problème en moins d'une heure.

Claudia m'a livré son analyse presque dès la fin de mon rapport.

— Elle cherche l'amour parfait. Elle a idéalisé une relation qu'elle a perdue avant d'être en âge de comprendre que l'amour n'est jamais parfait.

— Trop abstrait.

— Sa mère est morte quand elle avait dix ans. Même si sa mère – l'amour de sa mère – n'était pas parfait, Rosie n'a pas eu l'occasion de le découvrir. Alors elle s'est mise en quête du père parfait, qui n'existait pas, évidemment, et ensuite, elle a trouvé un mari parfait.

— Je ne suis pas parfait.

— Dans ton genre, si. Tu crois à l'amour plus qu'aucun d'entre nous. Avec toi, le gris n'existe pas.

— Tu veux dire que je suis incapable de traiter des concepts continus ; que mon esprit est un peu booléen ?

— Tu ne tromperas jamais Rosie, n'est-ce pas ?

— Bien sûr que non.

— Pourquoi ?

— Ce n'est pas bien. (J'ai pris conscience de ce que je venais de dire.) À moins de vivre une relation conjugale ouverte, bien entendu.

— Ne nous engageons pas sur ce terrain, Don. Nous parlons de Rosie et toi. À un moment quelconque, Rosie a dû découvrir que tu es humain. Tu oublies un anniversaire, tu ne devines pas ce qu'elle pense.

— Il est peu probable que j'oublie une date. Mais il est vrai que lire dans les pensées n'est pas mon fort.

— Elle s'est donc mise à la recherche d'un autre amour parfait.

— Schémas répétitifs.

— D'où tu tires ça, toi ? Inutile de répondre. Mais en l'occurrence, c'est valable. Et d'après ce que tu me dis, elle ne te considère pas comme un élément de cet amour parfait. Être toi-même fonctionne sans doute merveilleusement quand vous êtes tous les deux, mais ça marche moins bien avec un bébé. Dans son esprit.

— Parce que je ne suis pas comme la moyenne des pères.

— Peut-être. Mais tu sais, être comme la moyenne ne suffit peut-être pas. Son image du père n'est pas simple. Elle a eu un tas de problèmes avec le sien, non ?

— Les problèmes avec Phil ont été réglés. Ils sont amis.

Au moment même où je prononçais ces mots, j'ai repensé à ce que Gene m'avait dit des problèmes d'enfance.

— Ça ne change pas le passé. Ça ne modifie pas son subconscient.

— Alors, qu'est-ce que je dois faire ?

— C'est toujours la question la plus difficile.

Je n'étais pas loin de conclure que les chercheurs en psychologie feraient bien de consacrer plus d'attention à la résolution des problèmes.

— Continue à travailler sur tes qualités de père. Essaie peut-être d'en discuter avec Rosie. Mais pas en employant les mêmes termes que moi.

— Comment veux-tu que j'en discute avec elle sans reprendre les termes que tu as utilisés pour m'expliquer ce qui se passe ?

Autant essayer d'expliquer la génétique sans parler d'ADN.

— Tu as raison. Continue peut-être simplement à faire des efforts et à lui montrer que ça t'intéresse. – *Il y a effectivement un problème. Accroche-toi.* – Hé, Don.

J'ai attendu que Claudia termine sa phrase.

— J'aimerais mieux que tu n'en parles pas à Gene, mais je sors avec quelqu'un. J'ai une relation avec un autre homme. Alors, j'aimerais autant que tu arrêtes d'essayer de nous rabibocher, Gene et moi.

Comme la conversation semblait terminée, j'ai mis fin à la connexion. De toute évidence, Claudia n'avait pas fini : elle m'a envoyé deux messages écrits :

Bon courage, Don. Jusqu'à présent, tu nous as toujours surpris.

Et puis : *Je crois que tu connais le nouvel homme de ma vie. Simon Lefebvre – directeur de l'Institut de recherche médicale.*

La phase « collecte de données » de l'Opération Mères lesbiennes était achevée, et j'avais revu la version préliminaire de l'article. À ma demande, B3, l'infirmière serviable, m'avait envoyé les données brutes et j'avais effectué ma propre analyse. Les résultats étaient passionnants et constituaient indéniablement une avancée dans ce champ de recherche. L'article pouvant être considérablement amélioré, j'ai adressé mes notes à B2. Elle n'a pas réagi, mais B1 a demandé un rendez-vous au Doyen qui m'a invité à les rejoindre.

— Don exige que nous fassions figurer des données collectées avant que les protocoles n'aient été parfaitement définis. C'est fallacieux.

— Il s'agit des données les plus intéressantes, ai-je fait remarquer. Elles établissent qu'aucune mère ne fait monter le taux d'ocytocine du bébé par des rituels de jeu.

— C'est parce que les rituels de jeu originaux étaient déformés par des préjugés masculins. Ils ne convenaient pas aux référents parentaux féminins. Les bébés le sentaient. Il a fallu que nous les adaptions aux femmes.

— Les rituels corrigés s'inscrivent dans la catégorie des câlins, ai-je observé.

— Vous ne les avez pas vus. Vous n'étiez pas là.

La seconde partie de l'énoncé était exacte. Les mails m'informant des horaires ne m'étaient jamais parvenus, et les techniciens que j'avais contactés à ce sujet avaient été incapables de repérer d'où venait le problème malgré mes nombreuses relances de plus en plus insistantes. Heureusement, B3 avait trouvé une solution plus efficace.

— On m'a procuré une vidéo.

— Qui…

— Quelle importance ? a demandé David. Don est certainement habilité à voir la vidéo.

— Il n'est pas qualifié pour déterminer la différence entre jeu et câlin.

— Exact. J'ai adressé les vidéos à des experts pour analyse.

— À qui ? À qui avez-vous envoyé les vidéos ?

— Aux chercheurs de l'équipe initiale en Israël, évidemment. Ils m'ont confirmé que le deuxième protocole devait être classé dans le registre des câlins. Votre recherche établit donc que le référent parental secondaire, s'il est de sexe féminin, stimule la production d'ocytocine chez l'enfant par des câlins plus que par le jeu. Une différence très claire avec les résultats obtenus avec des référents secondaires masculins. Votre recherche est donc extrêmement intéressante.

J'ai eu l'impression que B1 n'avait pas compris ce que j'avais dit, car elle s'est levée avec une expression que j'ai diagnostiquée provisoirement comme de la colère. J'ai clarifié mon propos.

— Et donc parfaitement publiable. Le chercheur avec lequel j'ai discuté sur Skype était tout à fait intéressé.

— Ce qu'a fait Don est tout à fait contraire à l'éthique, a protesté B1. Présenter nos résultats à d'autres chercheurs !

— Naïf peut-être, mais pas contraire à l'éthique. Je vous rappelle que nous sommes à la faculté de médecine de Columbia, un établissement ouvert, disposé à coopérer avec les chercheurs du monde entier. Don a tout notre soutien.

Après le départ de B1, le Doyen m'a félicité pour mon obstination.

— Elles ont cherché à vous virer, Don. Je pense que la plupart des chercheurs se seraient découragés. Votre opiniâtreté nous a permis d'obtenir un bon résultat.

Le temps s'était mis au froid, ce qui était habituel pour le début du mois de décembre. Le diagramme de Bud occupait désormais quatre carreaux. À vingt-neuf semaines, avec les services médicaux disponibles à New York, il était peut-être en mesure de survivre dans un environnement extérieur.

Notre couple survivait en mode colocation.

Rosie avait invité son groupe de travail à l'appartement pour fêter la fin des cours avant les examens, en même temps que l'interruption de ses études.

— Ce sera probablement la dernière fois que je les vois, m'a-t-elle dit. Nous n'avons pas grand-chose en commun – la plupart d'entre eux sont plus jeunes que moi.

— De quelques années seulement. Ce sont des adultes.

— À peine. Et ils ne sont pas plongés dans les histoires de bébés et tout ça. Bref, si Gene et toi avez envie de sortir avec Dave…

— On a eu une soirée entre garçons hier soir. Sonia reproche à Dave de ne pas s'occuper suffisamment d'elle. En plus, il a de la paperasse à faire. Gene a un rendez-vous galant avec Inge.

— Un rendez-vous galant ?

— Exact.

Il était inutile de recourir à un terme plus vague. Gene avait avoué qu'il était amoureux d'Inge. George avait affirmé que la différence d'âge n'avait aucune importance et Dave n'avait pas d'avis sur la question. Le visa de Gene lui permettait de prendre un mois de vacances aux États-Unis à la fin de son congé sabbatique et il avait l'intention de profiter de ce délai pour essayer de trouver un poste permanent à New York.

— Et George ? Il n'est pas libre ?

Rosie ne connaissait pas George.

L'insistance avec laquelle elle me suggérait de sortir conduisait à une conclusion inévitable. J'avais tiré certaines leçons de l'Opération Mères lesbiennes.

— Tu ne veux pas que je sois là ?

— C'est mon groupe de travail.

— C'est aussi mon appartement. La réunion de ton groupe de travail s'apparente à une réception. Je suis ton partenaire. D'autres invités viennent-ils avec leur partenaire ?

— Peut-être.

— Excellent. Ma RSVP est : tu peux compter sur ma présence.

Le Doyen aurait été impressionné.

27.

Gene m'a donné quelques directives pour l'organisation d'une réception.

— Musique à fond, lumières tamisées, aliments salés, alcool à volonté. Chemise propre et jeans. Les chaussures que tu avais pour Dave le Veau si tu les as nettoyées. N'enfonce pas ta chemise dans ton pantalon. Le côté mal rasé est parfait. Serre les mains, propose à manger, sers à boire, ne fais rien qui risque de gêner Rosie.

— Qu'est-ce qui te fait penser que je pourrais la gêner ?

— L'expérience. En plus, elle me l'a dit. Pas en ces termes, mais elle a cherché à me convaincre de remettre mon rendez-vous avec Inge pour que je puisse la débarrasser de toi. Ça ne risquait pas. C'est le grand soir.

— Le grand soir ? Tu as l'intention d'avoir un rapport sexuel avec Inge ?

— Tu ne me croiras peut-être pas si je te dis que notre relation est restée remarquablement chaste jusqu'à présent. Mais mon instinct professionnel me dit que cette soirée sera la bonne.

J'ai pris les dispositions nécessaires pour la réception et quand je suis arrivé à la maison, Rosie m'a confirmé que tout se déroulait conformément au programme.

— Qu'est-ce que c'est que tout cet alcool ? m'a-t-elle demandé. Un livreur a apporté cinq caisses de bouteilles. On ne peut pas se permettre de dépenser des sommes pareilles.

— La livraison était gratuite. Et j'ai obtenu une remise sur la quantité. À en juger par ton comportement passé, tu vas recommencer à boire excessivement dès que Bud sera né.

— J'ai demandé à tout le monde d'apporter quelque chose. On est tous étudiants, tu sais.

— Pas moi, ai-je dit.

— Et puis, Don, j'envisage sérieusement de rentrer en Australie, rappelle-toi. Avant la naissance du bébé. Je ne serai plus là pour boire tout ça.

J'avais avancé ma discussion hebdomadaire avec ma mère de trente minutes en raison de la réception et j'avais pris la décision de mentir pour éviter d'infliger une souffrance émotionnelle.

— Il est déjà arrivé ? a demandé ma mère.

J'ai dit la vérité.

— Il est arrivé jeudi.

— Tu aurais quand même pu nous appeler. Si tu voyais dans quel état est ton père. L'expédition a coûté une fortune. Et Dieu seul sait ce qu'il avait déjà dépensé pour le reste. Il a discuté avec des gens en Corée – en *Corée* – pendant la moitié de la nuit et puis les paquets sont arrivés et il a dû signer tous ces papiers à propos de brevets et de secret et évidemment, il a fallu qu'il lise attentivement les notices jusqu'au dernier mot – tu connais ton père, il y a travaillé jour et nuit, Trevor a dû se débrouiller seul au magasin pendant plusieurs semaines… Je crois que tu devrais lui parler. – Elle s'est détournée et a crié : Jim, c'est Donald.

Le visage de mon père a remplacé celui de ma mère.

— C'est bien ce que tu voulais ? a-t-il demandé.

— Excellent. Parfait. Incroyable. Je l'ai testé. Il remplit toutes les conditions requises.

C'était également vrai.

— Qu'en pense Rosie ? a demandé ma mère en fond sonore.

— Tout à fait satisfaite. Elle est convaincue que papa est le plus grand inventeur du monde.

C'était un mensonge. Je n'avais pas montré le berceau à Rosie. Il était dans le placard de Gene. Après le problème du landau, j'avais estimé qu'il y avait une forte probabilité pour qu'elle rejette la réalisation la plus stupéfiante de mon père.

Les premiers arrivés à la fête du groupe de travail étaient un couple, ce qui justifiait pleinement ma décision d'assister à cette soirée. Rosie a fait les présentations.

— Josh, Rebecca, Don.

J'ai tendu la main et ils l'ont serrée tour à tour.

— Je suis le conjoint de Rosie, ai-je dit. Je peux vous servir quelque chose à boire ?

— On a apporté de la bière, a répondu Josh.

— Il y en a de la fraîche au frigo. Nous pourrons la boire en attendant que la vôtre retrouve la température optimale.

— Merci, mais c'est de la bière anglaise. J'ai travaillé dans un pub de Londres pendant six mois. Alors, j'y ai pris goût.

— Je peux vous proposer six authentiques ales à la pression.

Il a ri.

— Vous vous fichez de moi.

Je lui ai montré la pièce réfrigérée et j'ai tiré une pinte de Crouch Vale Brewers Gold. Rebecca nous a suivis et je lui ai demandé si elle voulait une bière ou préférait un cocktail. Les protocoles sociaux m'étaient familiers et je me sentais parfaitement à l'aise en lui préparant un Ward 8. J'ai fait quelques petits tours amusants avec le shaker.

D'autres invités nous ont rejoints. J'ai préparé des cocktails selon leurs stipulations et j'ai fait passer les poivrons de Padrón au gros sel et les edamame. Rosie a arrêté la musique que j'avais choisie pour la remplacer par un fond sonore plus actuel. Le volume est resté élevé, les lumières tamisées, la consommation d'alcool régulière. Nos invités paraissaient s'amuser. La formule de Gene avait prouvé son efficacité. Pour le moment, rien ne permettait de penser que j'avais embarrassé qui que ce soit.

À 23 h 07, on a frappé à la porte. C'était George. Il tenait d'une main une bouteille de vin rouge, de l'autre un étui de guitare.

— Vous vous vengez, c'est ça ? Empêcher un vieillard de dormir, franchement, c'est du propre ! Ça vous dérangerait si je me joignais à vous ?

George étant notre logeur de facto, il ne semblait pas recommandable de lui refuser l'entrée. Je l'ai présenté aux autres, ai pris sa bouteille et lui ai proposé un cocktail. Quand je suis revenu avec son martini, tous les invités étaient assis et George s'était mis à jouer et chanter. Désastre ! C'était de la musique des années 1960, très proche de celle que Rosie avait interrompue au début de la soirée. J'ai supposé que le concert de George serait tout aussi inacceptable pour des jeunes gens.

J'avais tort. Avant que j'aie eu le temps d'imaginer comment réduire George au silence, les invités de Rosie tapaient dans les mains et chantaient avec lui. Je me suis donc concentré sur le service.

Gene est rentré pendant le concert de George. Notre appartement était rempli de jeunes gens, parmi lesquels un pourcentage significatif de femmes non accompagnées, désinhibées par l'alcool. Alors que je craignais un comportement inapproprié de sa part, Gene s'est immédiatement retiré dans sa chambre. J'ai supposé qu'il avait épuisé ses réserves de libido.

La réception s'est terminée à 2 h 35. L'un des derniers invités à partir était une femme qui s'était présentée sous le nom de Mai, âge approximatif vingt-quatre ans, IMC approximatif vingt. Nous avons bavardé dans le frigo à bière pendant que je choisissais de l'alcool pour son dernier cocktail.

— On ne t'imaginait pas du tout comme ça, a-t-elle dit. Pour être franche, on te prenait tous pour un sacré polard.

C'était une date mémorable. Ce soir, du moins dans cette sphère limitée d'interaction sociale, j'avais réussi, malgré l'existence d'un préjugé, à convaincre une jeune personne cool, et apparemment ses condisciples, que je me situais dans le champ normal de la compétence sociale. Je me suis tout de même demandé avec inquiétude comment ce préjugé avait pris naissance.

— Qu'est-ce qui vous a fait croire que j'étais un sacré polard ?

— On s'était dit… ben, enfin, c'est-à-dire que tu es avec Rosie, quoi, le seul être humain de la planète à faire des études de médecine et une thèse de psycho en même temps. En plus, avec sa manie de toujours dire ce qu'elle pense, le mal qu'on a à la convaincre de venir quand on fait une soirée… et puis, tu vois, ce genre, ah ouais, c'est vrai, je vais avoir un bébé mais d'abord, faut que je finisse ces stats. On pensait qu'elle avait dû craquer pour un mec comme elle et puis te voilà, là, dans cet appart avec les cocktails, ton pote musicos et ta chemise vintage…

Elle a bu une gorgée de son cocktail.

— C'est énorme ! J'hésite à te poser la question, mais tu crois qu'elle va s'en sortir avec la partie clinique ? Elle se fait aider ?

— Comment ça ?

— Pardon. Je me mêle de ce qui ne me regarde pas. Il se trouve qu'on en a parlé entre nous parce qu'on aimerait bien lui donner un coup de main. Elle utilise sa grossesse comme prétexte pour y échapper, c'est gros comme une maison.

— Pour échapper à quoi ?

— À son année de médecine clinique. Je sais bien qu'elle veut faire psy et qu'elle n'aura plus à toucher un patient après l'année prochaine. Mais si elle veut arriver au bout, il va falloir qu'elle se fasse aider, c'est clair. Je suppose qu'elle a dû subir un traumatisme quand elle était petite – un accident de bagnole ou un truc comme ça, et que du coup, la médecine d'urgence la fait flipper.

Rosie se trouvait dans la voiture quand sa mère avait été tuée et Phil grièvement blessé. Il paraissait raisonnable de penser que la vision des blessures d'autrui risquait de réveiller des souvenirs traumatisants. Mais elle ne m'en avait jamais parlé.

Inge a demandé à me voir de toute urgence le lundi matin qui a suivi la réception, puis elle m'a invité à aller prendre un café.

— C'est une question plutôt personnelle, a-t-elle expliqué.

Je ne vois aucune raison logique imposant de discuter de sujets personnels et sociaux dans un café et d'accompagner cet entretien de la consommation de boissons, alors qu'on estime normal d'évoquer des sujets de recherche aussi bien dans l'environnement professionnel qu'au café. Toujours est-il que nous avons changé de lieu et commandé des cafés pour permettre à la conversation de s'amorcer.

— Vous aviez raison à propos de Gene. J'aurais mieux fait de vous écouter.

— Il a cherché à vous séduire ?

— Pire. Il prétend être amoureux de moi.

— Et ce sentiment n'est pas réciproque ?

— Bien sûr que non. Il est plus vieux que mon père. Je le considérais comme un mentor et il me traitait en égale. Mais je n'ai jamais rien fait qui puisse lui laisser supposer… Je n'arrive pas à croire qu'il ait pu se tromper à ce point. Je n'arrive pas à croire que *j'aie* pu me tromper à ce point.

Le soir, j'ai frappé à la porte de Rosie et je suis entré. Je m'attendais à la trouver à son ordinateur, en train de travailler, mais elle était allongée sur le matelas. Je n'ai aperçu aucun livre. L'absence de distractions offrait une excellente occasion d'aborder un sujet important.

— Mai m'a dit que tu as un problème avec les activités cliniques. Une phobie du contact avec les patients. C'est exact ?

— Putain ! Je laisse tomber médecine, je te l'ai dit. Peu importent les raisons.

— Tu as dit que tu repoussais la poursuite de ces études. David Borenstein…

— J'emmerde David Borenstein. Je les repousse, oui. Je les reprendrai peut-être, ou peut-être pas. Je n'en sais rien. Pour le moment, tu vois, j'ai largement de quoi faire avec mes examens à passer et un bébé à faire naître.

— De toute évidence, si un obstacle t'empêche d'atteindre ton objectif, tu devrais rechercher des méthodes appropriées pour réussir à le surmonter.

Je pouvais éprouver de l'empathie pour Rosie et étais en mesure de l'aider. J'avais vécu une situation presque identique quand j'avais abandonné mes études d'informatique pour me lancer dans la génétique. La répulsion que m'inspirait la manipulation d'animaux s'accroissait proportionnellement à la taille de l'animal. C'était un comportement irrationnel, mais instinctif et donc difficile à dominer.

J'avais eu recours à l'hypnothérapie, mais avais attribué ma guérison à l'Incident du Sauvetage du Chat, qui m'avait obligé à sauver le chaton d'un colocataire qui avait sauté dans les toilettes – une tâche doublement déplaisante. J'avais ainsi découvert qu'en cas d'urgence j'étais capable d'établir une séparation entre fonctionnement intellectuel et sensation physique. Ayant réussi à identifier la configuration cérébrale appropriée, j'avais pu la reproduire avec suffisamment d'efficacité pour disséquer des souris et participer à la naissance d'un veau. J'étais convaincu d'être en mesure de faire face à une urgence médicale et de pouvoir apprendre à Rosie comment faire.

Je me suis lancé dans une explication, mais elle m'a interrompu.

— Laisse tomber, je t'en prie. Si j'étais assez motivée, je me débrouillerais pour y arriver. Ça ne m'intéresse pas suffisamment, c'est tout.

— Tu veux aller au théâtre ? Ce soir ?

— Pour voir quoi ?

— C'est une surprise.

— Ce qui veut dire que tu n'as pas acheté de billets ni rien. Tu n'as pas d'activités… programmées ?

— J'ai programmé une pièce de théâtre. Pour nous deux. En couple.

— Désolée, Don.

Je suis allé trouver Gene. Il était lui aussi dans sa chambre, allongé sur le lit. Notre logement était globalement déprimé.

— Ne dis rien, a-t-il grommelé. Inge t'a parlé, hein ?

Gene m'avait demandé de ne rien dire, puis m'avait posé une question qui exigeait une réponse. J'ai décidé que la seconde proposition annulait la première.

— Exact.

— Bon sang, comment est-ce que je vais pouvoir continuer à la regarder en face ? Je me suis conduit comme un imbécile.

— Exact. Heureusement, elle a été tout aussi peu perspicace en ne remarquant pas que tes interactions avec elle répondaient à un objectif de séduction. Je recommande…

— C'est bon, Don. Je n'ai pas besoin de ton avis sur les protocoles sociaux.

— Inexact. J'ai une très longue expérience des situations embarrassantes que peut provoquer l'insensibilité à l'égard d'autrui. Je suis même un spécialiste en la matière. Je recommande que tu lui présentes des excuses et que tu reconnaisses que tu t'es montré maladroit. Je lui ai recommandé de te présenter ses excuses pour n'avoir pas exposé clairement sa position. Elle est tout aussi embarrassée. Personne d'autre que moi n'est au courant.

— Merci. J'apprécie.

— Tu veux aller au théâtre ? J'ai des billets.

— Non, je crois que je vais plutôt rester ici.

— Mauvaise décision. Tu devrais venir au théâtre avec moi. Autrement, tu vas continuer à réfléchir à ton erreur avec un progrès nul.

— D'accord. À quelle heure ?

Don Tillman. Conseiller.

Avant de sortir, j'ai préparé à dîner pour Rosie et mis les deux autres portions au frigo pour notre retour, à Gene et moi. J'ai eu un problème mineur pour tendre le film alimentaire, en raison d'une mauvaise conception du distributeur. Rosie s'est levée de table et en a déroulé une nouvelle feuille.

— Je n'arrive pas à comprendre comment tu peux être aussi empoté avec le Scellofrais. Comment tu feras pour changer une couche ? Tu ne peux donc pas être à peu près normal de temps en temps ? (Elle a fait demi-tour. Gene était sorti de sa chambre pour nous rejoindre.) Pardon. Je n'aurais pas dû dire ça. Oublie-le. Mais il y a des fois où je n'en peux plus que tu ne fasses jamais rien comme tout le monde.

— Ce n'est pas vrai, a objecté Gene. Don n'est pas le seul homme à avoir du mal avec le film plastique. Ni à être incapable de trouver des trucs dans le frigo. Je me rappelle notre ami Stefan, à Melbourne, qui a piqué une crise sous prétexte que quelqu'un avait barboté le sucre de la salle de repos. Il a vitupéré pendant cinq minutes et quand il l'a enfin bouclée, la moitié de l'institut était là, les yeux fixés sur le bol de sucre, posé juste devant lui.

— Qu'est-ce que Stefan a à voir là-dedans ? a demandé Rosie.

— Vous avez envie de venir bosser, Rosie ou toi ?

C'était Jamie-Paul, le lendemain soir, qui m'envoyait un texto depuis le bar à vin anciennement bar à cocktails.

J'ai répondu par texto.

— Pinard m'a pardonné ?

— Qui est Pinard ? Hector est parti.

Rosie a proposé de m'accompagner, mais Jamie-Paul avait dit « Rosie *ou* toi », ce que j'ai interprété, conformément à l'usage courant, comme un *ou* exclusif.

Ce n'était plus tout à fait comme avant, en partie à cause de l'absence de Rosie, mais Jamie-Paul m'a informé que d'anciens clients commençaient à revenir et à commander des cocktails. Pinard avait été licencié à la suite d'un incident au cours duquel personne n'avait été en mesure de servir un whisky sour satisfaisant au frère du propriétaire. Noël n'était que quinze jours plus tard, et il y avait du monde au bar – voilà pourquoi mes services étaient requis. J'avais laissé Rosie et Gene manger le dîner que j'avais confectionné.

Je me sentais bien en préparant des cocktails, incroyablement bien. J'étais compétent et les gens appréciaient ma compétence. Personne ne se souciait de ce que je pensais de l'éducation des enfants par des couples gays, personne ne se demandait si je devinais ce qu'ils ressentaient ni si j'étais capable de manipuler du film alimentaire. Je suis resté au-delà de l'heure normale, travaillant gratuitement jusqu'à la fermeture du bar, avant de rentrer à pied dans la neige pour rejoindre un appartement rendu virtuellement vide par le sommeil de ses occupants.

Les choses ne se sont pas passées exactement comme prévu. J'étais en train d'écrire un billet demandant à Gene et Rosie de ne pas me déranger avant 9 h 17 quand la porte de Rosie s'est ouverte. Ses formes avaient vraiment changé. J'ai éprouvé un sentiment que j'ai été incapable de définir précisément : un mélange d'amour et de chagrin.

— Tu rentres drôlement tard, a-t-elle remarqué. Tu nous as manqué. Mais Gene a été sympa. Ce n'est pas facile pour nous tous, en ce moment.

Elle m'a embrassé sur la joue, complétant ainsi la série de messages contradictoires.

28.

J'ai trouvé l'occasion de racheter mon absence aux deux échographies.

La réunion d'information prénatale devait se tenir à l'hôpital où Rosie s'était inscrite pour son accouchement. J'étais bien décidé à y assister et à m'en tirer plus qu'honorablement. Le groupe de parole Pour être un bon père, où j'avais réussi mon examen après une unique séance, me servait de référence.

Dave avait déjà assisté à une séance d'information prénatale.

— C'est surtout pour les pères, m'a-t-il expliqué. Ce à quoi il faut s'attendre, comment soutenir son épouse, ce genre de trucs. Les femmes savent déjà tout ça. Les types en savent si peu qu'ils sont gênés et leurs femmes aussi.

Je ne serais pas un motif de gêne pour Rosie.

— Je n'y vais que parce que ça fait partie du jeu, m'a dit Rosie pendant que nous allions à l'hôpital en métro. J'ai bien eu envie de sécher et de les mettre au pied du mur. Qu'est-ce que tu veux qu'ils fassent ? Qu'ils m'empêchent d'avoir mon bébé ? De toute façon, il est probable que je n'accoucherai même pas ici.

— Il serait déraisonnable de courir le moindre risque pour quelque chose d'aussi important.

— Ouais, ouais. Mais je te l'ai déjà dit, tu n'étais pas obligé de venir. S'ils forçaient les pères à y aller, ce serait de la discrimination contre les mères seules.

— Les pères sont censés y assister, ai-je objecté. On explique aux pères ce à quoi ils doivent se préparer, dans un environnement bienveillant, non menaçant et détendu.

— Merci. Le « non menaçant » est rassurant. J'aimerais autant me passer d'une démonstration de karaté.

L'énoncé de Rosie était totalement injustifié, car elle ignorait tout des deux occasions dans lesquelles j'avais recouru aux arts martiaux en situation de *légitime défense raisonnable* à New York. Elle faisait probablement allusion à l'Incident de la Veste de notre premier rendez-vous et confirmait ainsi que, depuis quelque temps, sa mémoire sélective favorisait des événements me présentant sous un mauvais jour, *alors même qu'elle avait été amusée sur le moment et m'avait accompagné chez moi ensuite.*

On avait disposé dans le hall une bouilloire électrique, un choix de boissons instantanées de qualité médiocre, dont plusieurs contenaient de la caféine, et des biscuits sucrés qui ne figuraient en aucun cas sur la liste des aliments recommandés pendant la grossesse. Nous avions trois minutes d'avance, mais approximativement dix-huit personnes étaient déjà présentes. Toutes les femmes étaient enceintes, à des degrés divers. Aucune participante ne m'a fait l'effet d'être un référent parental secondaire lesbien.

Un groupe de trois personnes s'est approché de nous pour se présenter : deux femmes enceintes et un homme. Les femmes s'appelaient Madison (âge estimé trente-huit, IMC non estimé pour cause de grossesse mais probablement faible dans des conditions normales) et Delancey (approximativement vingt-trois ans, IMC sans doute supérieur à vingt-huit dans des conditions normales). J'ai fait remarquer que Madison comme Delancey étaient des noms de rues new-yorkaises. Mon esprit fonctionnait à son taux d'efficacité maximal, qui lui faisait repérer des schémas intéressants. L'homme, qui était le mari de Madison et avait approximativement cinquante ans, IMC approximatif vingt-huit, s'appelait Bill.

— Il y a aussi une William Street, ai-je observé.

— Il n'y a là rien de surprenant, a acquiescé Bill. Vous avez déjà choisi un nom pour votre garçon ou votre fille ?

— Pas encore, a répondu Rosie. Nous n'en avons même pas parlé.

— Vous avez de la chance, a repris Bill. C'est devenu notre unique sujet de conversation.

— Et vous ? a demandé Rosie à Delancey.

— On en discute beaucoup, Madison et moi, mais comme c'est une fille, elle s'appellera Rosa comme ma maman. Elle était maman solo, elle aussi.

Schémas répétitifs. Rosa était un nom très comparable à Rosie. Si son patronyme avait été Jarmine, son nom complet aurait constitué une anagramme de « Rosie Jarman ». Ou s'il avait été Mentilli, il aurait formé l'anagramme de « Rosie Tillman », ce qui n'aurait présenté d'intérêt que si Rosie avait adopté mon nom de famille quand nous nous étions mariés.

— Je recommande d'éviter un prénom lié à votre identité ethnique. Pour limiter les préjugés, ai-je repris.

— Vous ne croyez pas que c'est vous qui vous trimballez un paquet de préjugés ? a répondu Madison. On est à New York, pas au fin fond de l'Alabama.

— L'étude sur la discrimination à l'embauche réalisée par Bertrand et Mullainathan reposait sur des recherches effectuées à Boston et Chicago. Il me paraîtrait déraisonnable de prendre le risque.

Une autre idée a surgi spontanément dans mon esprit.

— Vous pourriez appeler votre enfant Wilma. Une combinaison de William et Madison.

— C'est un nom qui va certainement faire sa réapparition, a approuvé Bill. Depuis le fin fond de l'âge des cavernes. Qu'est-ce que tu en penses, Mad ?

Il riait. Je m'en sortais bien – *super bien* – socialement.

— Et d'où vous connaissez-vous, Madison et vous ? a demandé Rosie à Delancey.

C'est Madison qui a répondu.

— Delancey est ma meilleure amie. Et notre employée de maison.

Cette relation paraissait très efficace. Chose intéressante, les deux premières lettres de *Delancey* annexées aux deux premières de *Madison* donnaient *made*, homonyme de *maid*, bonne, ce qui désignait la fonction de Delancey. *Made* était aussi l'anagramme de *Dame*, qui semblait correspondre au statut de Madison. Et aussi d'*edam* qui est un fromage et de *mead*, nom anglais de l'hydromel, une boisson alcoolisée à base de miel. Il aurait été intéressant d'imaginer un menu dont tous les aliments auraient été associés à des boissons constituant leur anagramme.

Les idées qui se bousculaient dans mon esprit ont été interrompues par l'arrivée tardive de l'animatrice. Avant qu'elle ne soit monopolisée par des tâches pédagogiques, j'ai attiré son attention, de façon relativement détaillée, sur le problème de la restauration.

Rosie m'a interrompu.

— Je pense qu'elle a compris le message, Don.

— Oh, c'est un tel plaisir d'accueillir un papa qui s'intéresse à l'alimentation de la femme enceinte. La plupart n'y comprennent absolument rien.

Elle s'appelait Heidi (âge approximatif cinquante, IMC vingt-six) et paraissait très amicale.

La partie pédagogique a commencé par les présentations des participants, suivies par une vidéo de naissances concrètes. Je me suis avancé au premier rang quand un élève de sexe masculin a quitté sa place et est sorti précipitamment. J'avais déjà regardé de nombreuses vidéos en ligne présentant les situations et complications les plus courantes, mais l'écran géant apportait indéniablement un plus.

À la fin, Heidi a demandé :

— Des questions ?

Elle s'est dirigée vers le tableau blanc situé à l'avant de la salle, dans un angle.

Me rappelant les recommandations de Jack le Motard, j'ai commencé par fermer ma putain de gueule, afin de donner aux autres la possibilité de prendre la parole.

La première question a été posée par une femme qui s'est présentée sous le nom de Maya.

— Quand le bébé se présente par le siège, ne procède-t-on pas normalement à une césarienne ?

— Si, en effet. Dans l'exemple que nous avons vu, je pense qu'ils n'ont pas repéré le problème avant que le travail soit déjà bien engagé. C'était trop tard. Et, comme nous avons tous pu le constater, tout s'est finalement très bien passé.

— On m'a prévenue qu'il faudrait me faire une césarienne si le bébé ne se retourne pas. J'aurais tellement voulu accoucher par les voies naturelles.

— En cas de siège, l'accouchement par les voies naturelles présente certains facteurs de risques.

— De quel ordre ?

— Je ne suis pas en mesure de vous donner ici toutes les données et tous les chiffres…

Heureusement, je pouvais le faire. Je me suis dirigé vers le tableau blanc et, en me servant des marqueurs rouge et noir, j'ai montré comment le cordon ombilical pouvait être écrasé en cas d'accouchement par le siège, et j'ai procédé à l'analyse des éléments déterminants dans la décision de procéder à une césarienne. Heidi se tenait à côté de moi, bouche bée.

Comme Maya attendait son troisième enfant, le risque était moindre.

— Les os de votre bassin et votre vagin doivent déjà être bien élargis.

— Merci de nous en faire tous profiter, mon pote, est intervenu son mari.

Quand j'ai eu fini, tout le monde a applaudi.

— Vous êtes gynéco, c'est ça ? a demandé Heidi.

— Non, simplement un père conscient qu'il a un rôle précieux et gratifiant à jouer dans la grossesse de sa femme.

Elle a ri.

— Vous êtes un exemple pour nous tous !

J'espérais que Rosie, assise dans le fond de la salle, en avait pris bonne note.

Nous avons abordé un certain nombre de sujets, et j'ai pu m'étendre sur la plupart d'entre eux. Je n'avais pas oublié le conseil de Jack, mais j'étais apparemment la seule personne compétente dans l'assistance, avec Heidi. Tout semblait se passer à merveille. C'est alors que nous avons évoqué la question de l'allaitement maternel, sur laquelle j'avais effectué des recherches qui dépassaient le contenu du Livre.

— Ce ne sera pas toujours facile, et vous, les pères, il faudra que vous souteniez le choix de vos conjointes d'allaiter votre enfant, a dit Heidi.

— Ou non, ai-je ajouté, puisque le mot *choix* sous-entend une alternative.

— Je suis sûre que vous admettrez, Don, que l'allaitement maternel doit toujours être l'option à privilégier.

— Pas toujours. Il existe de nombreux facteurs susceptibles d'affecter cette décision. Je recommande d'établir un tableau.

— Il n'empêche que l'immunité que l'allaitement assure à l'enfant est primordiale. Il faudrait avoir une raison vraiment impérieuse pour refuser à notre enfant ce renforcement naturel du système immunitaire.

— D'accord, ai-je approuvé.

— Dans ce cas, passons à la suite, a suggéré Heidi.

Elle oubliait un fait capital !

— L'immunité maximale s'obtient par le partage des bébés entre mères. Dans l'environnement ancestral, les mères s'échangeaient les bébés pour les allaiter. (J'ai pointé du doigt les Femmes aux Noms de Rues.)

Madison et Delancey sont d'excellentes amies, elles vivent dans la même maison et leurs bébés doivent naître au même moment. Il va de soi que chacune ferait bien d'allaiter le bébé de l'autre en plus du sien. Pour assurer aux deux enfants des systèmes immunitaires aussi performants que possible.

J'ai poursuivi la discussion avec Rosie dans le métro en rentrant chez nous. Rétrospectivement, cela relevait sans doute plus de ce que Rosie aurait appelé des élucubrations que d'une vraie discussion, dans la mesure où toutes les contributions étaient de mon fait.

— Les gerçures des mamelons sont, paraît-il, affreusement douloureuses, et pourtant les mères sont censées continuer à allaiter leur bébé pour renforcer son système immunitaire. Et voilà qu'une convention sociale, une convention sociale *construite*, reposant sur des justifications minimales, suffit à empêcher une simple extension qui…

— Je t'en prie, Don, boucle-la, a coupé Rosie.

Elle s'est excusée quelques minutes plus tard, sur le chemin entre la station de métro et chez nous.

— Pardon de t'avoir rembarré. Je sais bien que tu es comme ça et que tu n'y peux rien. Mais franchement, il t'arrive d'être affreusement embarrassant.

— Dave avait prévu un risque de gêne. C'est parfaitement normal.

J'étais tout de même conscient qu'il était très improbable qu'un membre de la réunion d'information de Dave ait été à l'origine de la brouille publique entre deux excellentes amies et de la fin de leur relation professionnelle, ainsi que d'un débat déstructuré engageant la plupart des participants et contredisant la promesse des organisateurs que les séances se tiendraient dans un environnement « non menaçant ».

« Continue à marquer », m'avait conseillé Dave. Pour poursuivre son analogie avec le baseball, j'étais en danger imminent d'être mis sur la touche. J'avais besoin de l'aide de mon entraîneur : ma psychothérapeute.

— Je ne suis pas votre psychothérapeute, Don.

J'avais intercepté Lydia au moment où elle quittait la clinique en fin de journée. N'ayant pas réussi à obtenir de rendez-vous, j'avais décelé une manœuvre d'obstruction. Elle a refusé d'aller prendre un café avec moi et a insisté pour que nous remontions dans son bureau. J'étais venu seul.

Je lui ai tout raconté, à l'exclusion de la substitution Rosie-Sonia. Ou plus exactement, j'avais *l'intention* de tout lui raconter, mais la description du Tumulte prénatal dans laquelle je m'étais lancé en réponse à sa question : « Qu'est-ce qui vous a incité à venir me voir ? » m'a pris trente-neuf minutes et n'était pas encore terminée quand elle m'a interrompu. Elle *riait*. Je n'aurais jamais imaginé que Lydia puisse rire, et voilà qu'elle riait de façon *inappropriée* d'une situation qui avait conduit mon couple au bord du désastre.

— Oh mon Dieu ! Des nazies de l'allaitement maternel. Des femmes qui ont pour meilleure amie leur employée de maison. Vous savez ce que dit David Sedaris ? Aucune de ces femmes n'a l'employée de maison *d'autrui* pour meilleure amie. (L'observation était intéressante, mais n'apportait aucune contribution à la résolution de mon problème.) Très bien, a repris Lydia. On n'est pas partis sur un très bon pied, vous et moi, et c'est en partie ma faute. Nous avons besoin de gens comme vous. Je veux que vous sachiez que je vous ai complètement blanchi du côté de la police dès notre première séance. Le seul enfant pour qui vous pourriez représenter un danger est le vôtre.

J'étais bouleversé.

— Je peux représenter un danger pour mon enfant ?

— J'ai estimé qu'il y avait un risque. C'est pour ça que j'ai utilisé le prétexte du rapport de police pour vous revoir. Je voulais être sûre que vous étiez inoffensif. Dénoncez-moi si vous voulez, mais j'ai fait ça pour la bonne cause et je constate que vous êtes revenu de votre plein gré. (Elle a tourné les yeux vers la pendule.) Vous voulez un café ?

J'ai failli ne pas percevoir le signal social parce qu'il était vraiment inattendu. Elle avait envie de poursuivre la conversation.

— Volontiers, merci.

Elle m'a quitté et est revenue avec deux cafés.

— Ma journée de travail est officiellement terminée. Elle est même officiellement terminée depuis une heure. Mais je voudrais vous raconter une histoire. Elle vous aidera peut-être à comprendre certaines choses.

Lydia a bu une gorgée de son café et j'en ai fait autant. Il était de la qualité qu'on aurait attendue dans une salle des profs d'université. J'ai tout de même continué à le boire, et Lydia s'est lancée dans son explication.

— Il y a environ un an, j'ai perdu une patiente. Elle souffrait de psychose du post-partum. Vous savez ce que c'est ?

— Oui, bien sûr. Une naissance sur six cents. Dans beaucoup de cas, pas d'antécédents. Plus courant chez les primipares. Les femmes qui accouchent pour la première fois.

— Merci pour la précision, docteur. Toujours est-il que je l'ai perdue, elle et le bébé. Elle a tué son bébé et s'est suicidée.

— Vous n'aviez pas établi le diagnostic de psychose ?

— Je n'ai pas eu l'occasion de le faire. Son mari n'avait pas signalé le moindre problème. Il était… insensible, tellement insensible qu'il n'a pas remarqué que sa femme était psychotique.

— Et vous m'avez cru capable de la même insensibilité ?

— Je sais que vous essayez de bien faire. Mais j'ai pensé que Rosie risquait de faire une dépression sans que vous vous en rendiez compte.

— Les dépressions postnatales surviennent dans dix à quatorze pour cent des naissances. Mais je suis expert dans l'utilisation de l'échelle de dépression post-partum d'Édimbourg.

— Elle a rempli le questionnaire ?

— Je lui ai posé les questions.

— Croyez-moi Don, vous n'êtes certainement pas expert. Mais j'ai vu Rosie. C'est une femme remarquablement solide, sans doute parce qu'elle a passé son enfance en Italie. Elle vous connaît bien. De toute évidence, elle vous aime, ses études de médecine lui donnent un objectif et l'aident à se structurer, elle a su régler ses problèmes de famille, elle a un bon réseau d'amis.

Il m'a fallu un moment pour me rappeler qu'elle parlait de Sonia.

— Et si elle ne faisait pas d'études ? Et n'avait pas d'amis ? Et ne m'aimait pas ? Je suis convaincu que le soutien d'un mari, même insensible, vaudrait mieux que rien.

Lydia a vidé sa tasse et s'est levée.

— Heureusement, vous ne vous trouvez pas dans cette situation. Paradoxalement, avoir un mari de ce genre est pire que l'absence de tout soutien. Il peut très bien empêcher sa femme d'agir positivement. À mon avis – et je m'appuie sur un certain nombre de travaux de recherche –, elle se débrouillerait mieux sans lui.

29.

J'ai passé le lendemain au travail, seul, à m'efforcer de traiter le problème créé par les observations de Lydia. J'ai entrepris quelques recherches complémentaires sur les attributs souhaitables d'un père.

La *non-violence* figurait en tête de liste. Mes actes avaient provoqué mon arrestation et l'obligation d'assister à un cours antiviolence. Mon pétage de plombs était, dans les faits, identique aux crises de colère dont Jack le Motard avait parlé. Je ne me considérais pas comme une menace pour autrui, mais sans doute un grand nombre d'individus violents portaient-ils le même jugement sur eux-mêmes.

Consommation de drogues – absence de. Ma consommation d'alcool, déjà située à la limite quotidienne supérieure que j'avais pu définir, avait significativement augmenté depuis le début de la grossesse. C'était indéniablement une réaction au stress. Jack le Motard avait raison : elle me rendait probablement plus enclin aux pétages de plombs.

Stabilité émotionnelle. Une seule réponse. Pétage de plombs.

Sensibilité aux besoins de l'enfant. Un seul mot. Empathie. Ma plus grave faiblesse d'être humain.

Sensibilité aux besoins émotionnels du conjoint. Voir *supra*.

Aptitude à la réflexion. Probablement bonne en tant que scientifique, mais mon incapacité à trouver une solution à mon problème relationnel donnait à penser que je ne savais pas l'appliquer à l'environnement domestique.

Soutiens sociaux. C'était le seul point à me racheter sur cette liste par ailleurs désastreuse qui pointait mes défaillances. Ma famille était en Australie, mais j'avais la chance de jouir d'un incroyable soutien de la part de Gene, Dave, George, Sonia, Claudia et du Doyen. Et puis, bien sûr, je bénéficiais de l'aide professionnelle de Lydia.

La *franchise* ne figurait pas sur la liste, mais c'était de toute évidence un attribut désirable. J'avais espéré qu'une fois l'Incident de l'Aire de Jeux réglé, je pourrais en parler à Rosie. Malheureusement, c'était un exemple de comportement bizarre, et les comportements bizarres avaient cessé d'être acceptables.

J'ai dressé un tableau qui m'a immédiatement montré que les aspects négatifs l'emportaient sur les traits positifs. En tant que père potentiel, j'étais manifestement inapproprié et il était de plus en plus clair que je n'étais plus indispensable dans mon rôle de conjoint.

Des recherches complémentaires m'ont confirmé qu'il n'était pas inhabituel que les relations conjugales se délitent pendant la grossesse ou juste après la naissance. L'attention de la femme se portait naturellement vers le bébé, aux dépens du conjoint. Il arrivait aussi que le partenaire masculin cherche à éviter la responsabilité de la paternité. De toute évidence, le premier cas de figure s'appliquait à nous. Et malgré toute ma volonté d'assumer mes responsabilités paternelles, j'avais été jugé inapte aussi bien par une médiatrice sociale professionnelle que par ma propre épouse. Un jugement que venait de confirmer mon auto-évaluation.

Mes recherches m'ont apporté quelques conseils en matière de séparation : on obtenait de meilleurs résultats par des dispositions rapides et fermes que par des discussions prolongées. Cela correspondait à la manière dont deux films que j'avais regardés pendant l'Opération Rosie présentaient la rupture : *Casablanca* et *Sur la route de Madison*. Conformément à ces scénarios, j'ai préparé un bref discours de neuf pages pour rappeler les grandes lignes de la situation et reconnaître l'inéluctabilité de ma conclusion. Un travail émotionnellement douloureux, mais la nécessité d'exposer mon argumentation m'a aidé à y voir plus clair.

En faisant mon jogging jusqu'à la maison, mon discours tout prêt, j'ai laissé mes pensées vagabonder. J'avais été marié à Rosie pendant seize mois et trois jours. Tomber amoureux d'elle avait été l'unique événement réellement heureux de ma vie. Je n'avais pas ménagé ma peine pour faire durer notre relation mais – comme Dave avec Sonia – j'avais toujours soupçonné l'existence d'une sorte d'erreur cosmique qui serait forcément révélée un jour. Alors, je me retrouverais seul. Ce qui était arrivé.

Ce n'était, évidemment, la faute de personne, sinon de mes propres limites. J'avais tout simplement commis trop d'erreurs, et les dégâts s'étaient accumulés.

J'étais parti tôt du travail pour arriver avant Gene. Une fois de plus, Rosie était allongée sur le matelas. Cette fois, elle lisait, mais c'était un roman sentimental stéréotypé du genre de ceux qu'affectionnait ma tante.

J'avais rendu Rosie tellement malheureuse qu'elle cherchait le réconfort dans les rêveries.

J'ai commencé mon discours.

— Rosie, il me paraît évident que les choses ne se passent pas bien entre nous. J'ai commis des fautes…

Elle m'a interrompu.

— Tais-toi. Ne parle pas de fautes. C'est moi qui suis tombée enceinte sans t'en avoir parlé avant. Je crois savoir ce que tu vas dire. Je me suis fait les mêmes réflexions. Je sais que tu as fourni de gros efforts, mais notre relation a toujours été le fait de deux personnes indépendantes qui s'amusaient bien ensemble. Rien à voir avec une famille conventionnelle.

— Dans ce cas, pourquoi as-tu voulu être enceinte ?

— Je pense qu'avoir un bébé était tellement important pour moi, et puis j'ai fantasmé à l'idée que nous puissions être parents ensemble. Je n'avais pas suffisamment réfléchi.

Rosie a continué à parler mais mon aptitude à traiter le discours, surtout portant sur les émotions, avait été perturbée par mes propres émotions. Je me suis rendu compte que j'avais espéré qu'elle me contredirait – et peut-être même rirait de mon erreur de raisonnement – et que tout redeviendrait comme avant.

Finalement, elle a demandé :

— Qu'est-ce qu'on va faire ?

— J'ai cru comprendre que tu voulais rentrer en Australie. Il va de soi que je pourvoirai aux besoins financiers de Bud conformément aux usages.

— Je veux dire, maintenant. Je peux rester ici ?

— Bien sûr.

Je n'allais pas condamner Rosie à être une SDF. Elle n'avait pas de proches amis à New York à part Judy

Esler. Et je n'avais pas envie d'informer les Esler de notre séparation pour le moment. Je n'avais pas renoncé à l'espoir irrationnel que le problème se résoudrait.

— Je vais loger chez Dave et Sonia. Temporairement.

— Ce ne sera sûrement pas pour très longtemps. Je vais réserver un vol pour Melbourne. Avant qu'on ne me laisse plus prendre l'avion.

Comme Rosie m'a fait remarquer qu'il était trop tard pour que j'aille chez Dave le soir même, j'ai dormi à l'appartement. Je me suis réveillé au milieu de la nuit en l'entendant accomplir son rituel de chocolat chaud et de salle de bains, puis la porte s'est ouverte. À la lueur du salon, où l'obscurité n'était jamais totale, son aspect m'a semblé intéressant, d'une manière extrêmement positive. Sa forme avait encore changé et j'ai regretté de ne pas avoir pu en suivre l'évolution par un contact plus rapproché.

Elle allait rentrer à Melbourne. Je passerais quelques jours chez Dave et Sonia, puis je regagnerais l'appartement, seul. Peut-être retournerais-je aussi en Australie, un jour ou l'autre. Ça ne changeait pas grand-chose. Je ne m'intéresse pas beaucoup à mon environnement géographique. J'aimais bien mon boulot à la Columbia, avec David Borenstein, Inge, l'Équipe des B et, pour le moment en tout cas, Gene.

Quelque part dans le monde, j'aurais un enfant, mais mon rôle n'aurait pas été très différent de celui d'un donneur de sperme. J'enverrais de l'argent à Rosie pour participer aux frais de son éducation et je reprendrais peut-être mon emploi de préparateur de cocktails pour compléter mon revenu et mes contacts sociaux. Même à New York, je menais une vie compétente. Elle redeviendrait ce qu'elle avait été avant Rosie. Elle serait meilleure grâce aux changements que Rosie m'avait incité à faire, et grâce à ma nouvelle perception de la réalité. Elle serait pire parce que je saurais qu'un jour, elle avait été encore meilleure.

Sans rien dire, Rosie m'a rejoint dans mon lit. Elle bougeait différemment à cause du poids additionnel de Bud et de son système de soutien, se cambrant pour profiter de la troisième vertèbre en forme de cale que les femelles des humains possèdent à cette fin. J'ai trouvé qu'elle aurait pu me demander la permission, car je n'avais jamais eu l'idée d'aller la retrouver dans son bureau après son déménagement. Je n'ai évidemment pas émis d'objection.

Quand elle a glissé un bras autour de moi, j'ai regretté de ne pas avoir pensé à congeler une réserve de muffins aux myrtilles. À ma surprise, le rituel préliminaire n'a pas été nécessaire.

Le lendemain matin, j'ai laissé passer mon heure de réveil automatique. Rosie était toujours là. Elle serait en retard pour ses travaux dirigés du samedi matin.

— Tu n'es pas obligé de partir, m'a-t-elle dit.

J'ai analysé la phrase. Elle me donnait le choix. Mais elle ne suggérait pas qu'elle avait l'intention de modifier ses projets de retour en Australie. Et elle ne disait pas : « Je veux que tu restes. »

J'ai préparé un sac et, après avoir mis plus d'une heure à réaliser un dessin précis de Bud sur le carreau 31, j'ai pris le métro pour aller chez Dave.

Quand Sonia est rentrée chez eux après avoir rendu visite à ses parents, elle a ordonné à Dave de me reconduire à mon appartement. Immédiatement. Il m'avait déjà aidé à m'installer dans son bureau, qui était aussi la chambre à coucher de leur bébé en construction, qui devait naître dix jours plus tard.

— Elle est enceinte, a fait remarquer Sonia. On a toutes des hauts et des bas. Pas vrai, Dave ?

Elle s'est tournée vers moi.

— Tu ne peux pas la quitter simplement parce que vous vous êtes disputés. C'est à toi de te débrouiller pour que votre couple tienne le coup.

J'ai vérifié l'expression de Dave. Il avait l'air surpris. N'importe quel psychologue, Rosie incluse, aurait certainement admis que la réussite d'un couple était une responsabilité commune.

— On ne s'est pas disputés. J'ai consulté une spécialiste. De toute évidence, j'exerce une influence négative sur Rosie. Elle rentre en Australie. Elle y trouvera le soutien approprié.

— C'est toi, le soutien approprié.

— Je suis inapte à la paternité.

— Dave. Ramène Don chez lui. Aide-le à régler ça.

Il était 19 h 08 quand nous sommes arrivés à l'appartement. Gene était là, puisque sa vie sociale avec Inge était terminée.

— Où étais-tu passé ? m'a-t-il demandé. Je t'ai appelé mais tu n'as pas répondu.

— Mon téléphone est dans mon sac. Chez Dave. Je loge chez Dave maintenant.

— Où est Rosie ?

— Je pensais qu'elle serait là. Elle rentre généralement avant treize heures le samedi.

J'ai exposé la situation à Gene. Il était d'accord avec Sonia pour recommander une tentative de réconciliation.

— J'ai vraiment tout fait pour que ça marche, ai-je fait remarquer. Je pense que Rosie aussi. Il s'agit d'un problème intrinsèque à ma personnalité.

— Elle a ton gosse à bord, Don. Tu n'échapperas pas à ça.

— D'après ta théorie, les femmes recherchent les meilleurs gènes auprès du père biologique, mais prennent une décision distincte concernant l'homme qu'elles souhaitent voir s'occuper de leur enfant.

— Une chose après l'autre, Don. Comme je l'ai expliqué à Dave, tout ça, c'est de la théorie. La priorité est de retrouver Rosie. Elle doit être affalée dans un bar à noyer son chagrin.

— Tu crois qu'elle boit de l'alcool ?

— Tu ferais quoi, toi ?

— Je ne suis pas enceinte.

Si Gene avait raison, nous étions devant une situation d'urgence. Peut-être Rosie avait-elle laissé un indice dans son bureau.

Quand je suis entré, son ordinateur était allumé. Un message Skype était affiché sur l'écran. D'une personne dont le nom Skype était *34*, fuseau horaire Melbourne, Australie.

« Je t'ai dit que je serais là pour toi. Tiens bon. Je t'aime. »

« Je t'aime » ! J'ai ouvert l'application pour consulter la conversation précédente.

— *C'est la merde absolue. Tout est fini entre Don et moi.*

— *Tu es sûre ?*

— *Et toi, tu es sûr que tu veux toujours de moi ? Avec le bébé et tout ?*

Rosie est entrée. Elle n'avait pas l'air ivre.

— Salut, Dave. Qu'est-ce que tu fais dans ma chambre, Don ?

Ce que je faisais était évident.

— Il y a un autre homme ?

— Si tu veux tout savoir, la réponse est oui. (Elle s'est détournée de Dave et moi et a regardé par la fenêtre.) Il me dit qu'il m'aime. Je crois que j'éprouve le même sentiment pour lui. Pardon, mais c'est toi qui m'as posé la question.

Schémas répétitifs. La mère de Rosie avait eu un rapport sexuel avec un homme et en avait épousé un autre, qui lui était resté fidèle alors même qu'ils croyaient tous les deux que Rosie était l'enfant du premier homme. Rosie m'avait caché des informations, tout comme moi je lui en avais caché. Probablement pour la même raison : pour ne pas faire de peine.

Dave m'a ramené chez lui. Il avait entendu notre conversation. Aucun de nous ne savait quoi dire. Malgré la plausibilité – peut-être l'inéluctabilité – de ce que je venais d'apprendre, j'étais sous le choc. Je savais, sans l'ombre d'un doute, qui était cet autre homme : Stefan, le camarade d'études de Rosie, ce type d'une beauté conventionnelle, dont elle avait reconnu qu'il l'avait draguée à Melbourne, avant que nous ne formions un couple. Il avait trente-deux ans quand j'avais fait sa connaissance, et pouvait donc en avoir trente-quatre à présent. Elle l'avait choisi de préférence à moi quand elle avait eu besoin d'aide pour ses statistiques. Et maintenant, elle l'avait choisi pour l'aider à élever Bud. À mon avis, il était assez stupide pour prendre comme identifiant une chaîne de caractères instable.

30.

Le bureau de Dave, ma chambre désormais, était un vrai désastre ! Sa table était jonchée de papiers, sept corbeilles de classement laissaient déborder leur contenu et les dossiers à intercalaires qu'il utilisait à la place d'un classeur métallique semblaient sur le point de se déchirer sous l'effet de la pression interne. Il m'a paru évident que son entreprise courait à la faillite.

Les cours étaient terminés pour l'année. Inge s'occupait avec compétence de l'analyse de mes données sur les souris et je n'étais pas requis par l'Opération Mères lesbiennes. Le moment aurait été idéal pour des activités communes avec Rosie. Au lieu de quoi, je disposais de beaucoup de temps imprévu. J'ai donc proposé mes services d'archiviste.

Dave était suffisamment aux abois pour confier ses affaires à un généticien doté d'une aversion pour les tâches administratives. Quant à moi, tout était bon pour empêcher mon cerveau de fabriquer des images mentales de Rosie et de Numéro 34.

— Les factures imprimées se rangent dans ce dossier, m'a expliqué Dave.

— Mais tu les as déjà sur ton ordinateur. Ça ne sert à rien de les imprimer.

— Et si l'ordinateur plante ?

— Tu as toujours ta sauvegarde, évidemment.

— Ma sauvegarde ?

Il ne m'a fallu que deux jours de travail concentré, moyennant la suppression des déjeuners, pour remettre son système de rangement en ordre.

— Où sont les dossiers ? s'est inquiété Dave.

— Dans l'ordinateur.

— Et les sorties papier ?

— Détruites.

Dave a eu l'air surpris, choqué même. Rectification : atterré.

— Certains de ces documents venaient de mes clients : commandes, autorisations, croquis. Tout ça, c'est sur papier.

Je lui ai montré la fonction scan de l'appareil que j'avais acquis pour 89 dollars et 99 cents, avant de lui signaler un dernier problème.

— Tu établis tes factures au coup par coup. Tu n'as pas une application pour faire ça ?

— Elle est trop compliquée à utiliser.

Il est rare que je trouve les programmes informatiques difficiles d'emploi ; en revanche, les règles de comptabilité m'ont donné du fil à retordre, parce que je ne suis pas comptable. Pendant que Dave était au travail, j'ai embauché Sonia, qui était désormais en congé dans l'attente de son accouchement. Elle ne connaissait pas ce logiciel, mais a pu répondre à toutes mes questions concernant la comptabilité.

— Je ne comprends pas pourquoi Dave ne m'a pas demandé un coup de main. Il a toujours prétendu gérer la situation, alors que visiblement, il est complètement largué.

— Je suppose qu'après avoir commencé par te dissimuler ses difficultés – pour t'éviter du stress –, il a eu de plus en plus de mal à t'avouer qu'il te cachait des choses depuis longtemps.

— Les couples mariés ne devraient pas avoir de secrets. Je l'ai dit à Dave, m'a déclaré la femme qui avait joué le personnage d'une étudiante en médecine italienne et m'avait demandé de ne pas en parler à Dave parce que c'était un anxieux.

— Est-ce que tu pourrais me tirer le listing des paiements en attente ? m'a demandé Sonia une fois le système configuré et toutes les données entrées. Je voudrais bien savoir combien on nous doit.

Les chiffres étaient disponibles à partir du menu.

— 418 dollars et 12 cents d'encours.

— Et les impayés ?

— 9 245 dollars, sur quatre factures. Toutes émises il y a plus de cent vingt jours.

— Oh bon sang ! Oh *bon sang* ! Pas étonnant qu'il n'ait pas voulu acheter de landau. Si ça remonte à quatre mois, c'est sûrement qu'il y a un problème avec le boulot qu'il a fait. Tu peux me montrer les factures ? Celles des impayés ?

— Bien sûr.

Sonia a observé l'écran pendant quelques instants, puis elle a tendu le doigt vers le combiné téléphonique de l'appareil multifonction nouvellement acquis.

— Ça marche, ce truc-là ?

— Bien sûr.

Sonia a passé cinquante-huit minutes au téléphone, appliquant une diversité de tactiques visiblement conçues pour inspirer la culpabilité, la pitié, la peur et, dans un cas, la simple prise de conscience. Elle était incroyable. Quand elle a raccroché, je le lui ai dit.

— J'ai passé la moitié de ma vie à relancer des gens ordinaires qui avaient fait exploser leur budget en essayant d'avoir un bébé. Ce que je ne comprends que trop bien. Après ça, crois-moi, c'est une bouffée d'air frais.

— Ils vont payer ?

— Le bar à vin de la 19e Rue-Ouest va devoir appeler les proprios. Il y a eu un changement de gérant depuis que Dave a fait les travaux et, apparemment, son prédécesseur a laissé une satanée pagaille. Mais les trois autres ne feront pas de difficulté. Il leur fallait juste un rappel.

Sonia a subtilement abordé le sujet pendant le dîner.

— Il me faudrait un peu d'argent : mon compte est presque à sec. Tu peux m'en passer ?

— Pas pour le moment, a répondu Dave. J'attends des rentrées. Tout est un peu lent en ce moment, mais le boulot marche bien.

— Tu peux me rappeler combien on nous doit ?

— Un paquet. Ne t'en fais pas.

— Bien sûr que si, je m'en fais. Si on a besoin d'argent, je peux très bien reprendre le travail après la naissance du bébé. À temps partiel.

— Inutile. Le fric va bien finir par rentrer.

— Dis-moi simplement combien on nous doit, que je puisse prendre une décision en connaissance de cause.

Dave a haussé les épaules.

— Tu me connais, je n'ai pas les chiffres exacts en tête. Vingt ou trente mille. Tout va bien, sois tranquille.

Le lendemain matin, Sonia était fâchée contre Dave. Comme il était parti travailler de bonne heure, elle n'a pas pu s'en prendre à lui et a reporté sa colère sur moi.

— Il est parti toute la journée et la moitié de la nuit, et il ne gagne rien. Est-ce qu'il bosse vraiment ? Peut-être qu'il passe son temps à la bibliothèque comme ces types qui ont perdu leur boulot et n'osent pas le dire à leur femme. C'est ça, Don ?

Son hypothèse était improbable. Dave discutait de son travail avec moi, en détail. Apparemment, il n'en manquait pas, mais peut-être ne facturait-il pas des sommes suffisantes à ses clients ou mentait-il à propos de leur niveau de satisfaction. Cela n'aurait pas été la première fois que je me trompais à propos de mes amis. Je ne savais toujours pas si un trait essentiel de l'identité de Gene était une fiction fabriquée de toutes pièces. Claudia avait une relation avec Simon Lefebvre. Et Rosie était amoureuse d'un autre homme.

— S'il faut que je reprenne le boulot, il n'aura qu'à rester à la maison pour s'occuper du bébé. Ça l'obligera peut-être à s'y intéresser.

Je me suis retiré dans le bureau de Dave pour réfléchir. Il était évidemment possible que Dave n'ait pas entré toutes les factures dans l'ordinateur. C'était effectivement le cas, mais j'avais rectifié le problème. Ce problème n'avait concerné que deux factures, peu élevées de surcroît. En y pensant, il m'a paru bizarre que Dave soit presque à jour dans l'enregistrement de ses factures.

Une ampoule métaphorique s'est allumée dans mon cerveau. L'explication évidente n'était pas que Dave avait fait preuve d'une méticulosité inhabituelle dans une partie de la gestion de son entreprise. Non ! Dave avait fait preuve d'une remarquable cohérence dans sa négligence : il n'avait même pas établi un certain nombre de factures.

J'ai ouvert le fichier des feuilles de travail que j'avais scannées et j'ai entrepris de les comparer aux factures. J'avais raison. Une grande partie des travaux qu'il avait effectués n'avait même pas été entrée dans l'ordinateur, et n'avait donc pas été facturée aux clients. Il y avait une limite à ce que je pouvais faire pour rattraper la situation. Établir des factures exigeait des connaissances en comptabilité que je ne possédais pas. Si je commettais des erreurs de facturation, Dave risquait de passer pour un incompétent ou pour un escroc.

Heureusement, j'avais une comptable qualifiée sous la main. Nous avons travaillé ensemble, Sonia et moi, jusqu'à 15 h 18 pour établir les factures : les taxes n'étaient pas les mêmes selon les États, les factures de main-d'œuvre et de matériaux étaient classées à part, Dave avait appliqué toute une série de majorations ou de ristournes incohérentes.

Sonia ajoutait des commentaires qui alternaient entre la compassion et la critique :

— Oh là là, qu'est-ce que c'est compliqué ! Pas étonnant qu'il n'ait pas eu envie de s'y coller. Huit mille dollars. Qui datent d'il y a trois mois ! On a vécu tout ce temps sur le liquide que lui a donné George. Dave est un imbécile.

À la fin de notre séance de travail, nous avions devant nous une pile d'enveloppes prêtes à être postées et avions déjà envoyé par email un certain nombre d'autres factures.

— Montre-moi d'abord le total des créanciers. Je veux savoir combien on doit avant de m'emballer.

J'ai vérifié : zéro dollar, zéro cent.

— C'est tout Dave, ça, a soupiré Sonia. On n'a pas de quoi s'acheter à bouffer, mais pas un fabricant de frigo ne connaîtra de difficultés de trésorerie à cause de Dave Bechler. Maintenant, tu peux me montrer le total des débiteurs. J'étais trop angoissée pour tenir le compte.

— 53 216 dollars et 65 cents. L'estimation de vingt à trente mille qu'a faite Dave était inexacte. Note bien que ce montant est un peu réduit parce que le paiement de deux des factures pour lesquelles tu as téléphoné est arrivé en ligne.

Sonia s'est mise à pleurer.

— Tu espérais plus ? ai-je demandé.

Maintenant, Sonia riait et pleurait à la fois. Comment comprendre de telles manifestations d'émotion ?

— Je vais faire du café pour fêter ça, a-t-elle annoncé. Du vrai café.

— Tu es enceinte.

— Tu avais remarqué ?

Il aurait été impossible de ne pas le remarquer. Sonia était énorme. Le rappel à la nécessité de consommer de la caféine avec modération n'aurait pas pu être plus visible.

— Combien tu en as bu aujourd'hui ?

— Je suis italiana. Je prrrends dou café touté la jourrrrnée.

Elle a éclaté de rire.

— Je consommerai une boisson alcoolisée avec Dave quand il rentrera.

J'éprouvais de l'empathie pour Dave à distance.

— Tout ça, c'est sa faute. (Les larmes avaient apparemment cessé.) Don, tu m'as sauvé la vie.

— Inexact, j'ai…

— Je sais, je sais. Don, quand tu as dit qu'une spécialiste t'avait fait comprendre que tu n'étais pas l'homme qu'il faut pour Rosie, je n'ai pas pu te poser la question devant Dave, mais tu ne parlais pas de Lydia, j'espère ?

L'anglais est agaçant parce qu'il ne possède pas de réponse sans équivoque à une question présentée sous forme négative. Le simple ajout de l'équivalent du mot français *si* (« *Si,* je parle *bien* de Lydia ») aurait résolu le problème. Sonia a probablement déchiffré mon expression, puisque aucune réponse verbale n'a été nécessaire.

— Don. Lydia ne connaît même pas Rosie. C'est *moi* qu'elle connaît.

— Voilà bien le problème. J'ai été approuvé comme parent avec toi, mais pas avec quelqu'un comme Rosie. Lydia a décrit Rosie à la perfection.

— Oh bon sang, Don, tu es en train de faire la plus grosse bêtise de ta vie.

— J'ai décidé de suivre le meilleur conseil disponible. Un conseil professionnel, objectif, fondé sur des recherches scientifiques.

Sonia n'aurait pas été prête à admettre la preuve évidente que Rosie ne voulait pas de moi, preuve qui venait s'ajouter à l'évaluation de Lydia.

— Tu veux que ton couple marche ou pas ? a-t-elle demandé.

— Mon tableau a identifié…

J'ai interprété l'expression de Sonia comme *Je ne veux plus entendre parler de ton putain de tableau. Est-ce que, sentimentalement, en tant qu'être humain parfaitement mûr, tu as envie de passer le reste de ta vie avec Rosie et le Bébé humain en Développement, ou vas-tu laisser un ordinateur prendre cette décision à ta place, espèce de geek pathétique ?*

— Qu'il marche. Mais je ne pense pas…

— Tu penses trop. Invite-la à dîner quelque part et discutez-en tranquillement entre vous.

31.

Gene, Inge et moi avions établi un total de sept connexions avec le site Internet du Momofuku Ko : nous avions un notebook et un téléphone portable chacun, plus mon gros ordinateur de bureau de la Columbia. Je leur donnais des consignes pour maximiser nos chances d'obtenir une table dès que les réservations ouvriraient.

Gene avait approuvé l'idée de Sonia d'inviter Rosie au restaurant.

« Que tu réussisses ou non à arranger les choses avec elle, vous allez être les parents d'un enfant. Elle n'a pas l'air d'avoir beaucoup d'amis, à part sa mama juive qui passe tous les jours. »

J'ai supposé qu'il faisait allusion à Judy Esler. Lors de notre premier séjour à New York ensemble, un an et huit mois auparavant, Rosie avait organisé un dîner au Momofuku Ko – le meilleur repas de ma vie. Rosie avait été tout aussi favorablement impressionnée.

À dix heures tapantes, nous avons cliqué sur le bouton pour réserver. Les créneaux disponibles qu'ils venaient d'ouvrir à la réservation sont apparus sur l'écran et nous avons sélectionné différentes dates et heures comme prévu.

— Raté, a lancé Gene. Quelqu'un a déjà pris ce créneau. Essaie la deuxième option.

— Le mien aussi est pris.

— Encore raté, a grommelé Gene.

— Déjà réservé, a annoncé Inge.

Nous avions échoué, simples humains attelés à une tâche qu'un logiciel aurait effectuée plus efficacement.

J'ai actualisé l'écran. Il n'était pas impossible qu'un client utilisant la même stratégie que nous ait effectué des réservations multiples et vienne d'en annuler une. J'ai réactualisé. Sans succès.

— Et ce créneau-là, il ne te convient pas ? m'a demandé Inge qui avait regardé par-dessus mon épaule.

Elle a désigné l'écran.

Je m'étais concentré sur les réservations qui venaient d'ouvrir pour dans dix jours et n'avais pas remarqué un unique créneau encore disponible, le jour même, à vingt heures. Sans doute était-il là depuis le début. J'ai cliqué et le programme a répondu par une demande de numéro de carte de crédit. J'avais une table pour deux, le soir même !

— Crois-moi, a dit Gene. Elle n'a sûrement aucun projet. Par précaution, je vais la coincer en l'invitant à dîner avec moi et tu n'auras qu'à te pointer pour lui faire la surprise.

— Qu'est-ce qui est arrivé à ta chemise ? m'a demandé Sonia.

— Accident de lessive.

— On dirait du tie and dye. Tu ne peux pas sortir comme ça.

— Il est très peu probable que le restaurant refuse de me laisser entrer. Si ma chemise n'était pas hygiénique, si j'avais négligé de me laver, ou…

— Il ne s'agit pas du restaurant. Il s'agit de Rosie.

— Rosie me connaît.

— Alors, il est grand temps que tu sois un peu moins prévisible. Dans le bon sens.

— Je vais emprunter…

— Tu ne vas pas en emprunter une à Dave. Tu l'as regardé récemment ?

L'Opération Réduction de Poids de Dave ne marchait pas mieux que ma vie conjugale.

J'ai fait un détour par Bloomingdale's en regagnant l'appartement. Ce n'était pas la seule boutique de vêtements pour hommes sur mon chemin, mais évoluer dans un environnement non familier aurait été inefficace. La remarquable compétence du vendeur a eu pour résultat l'acquisition d'un nouveau jean adapté à un changement de dimensions de mon tour de taille. J'ai estimé mon IMC actuel à vingt-quatre. Cette augmentation de deux points était tout à fait inattendue. Grâce à la remise en vigueur d'une version du Système de Repas Normalisé, ma ration d'hydrates de carbone était de nouveau strictement gérée. Mes efforts sportifs de course, de vélo et de cours d'arts martiaux avaient été stables, et j'aurais dû brûler des kilojoules supplémentaires en raison du froid qui régnait. Il ne m'a fallu que quelques secondes de réflexion pour identifier la variable : l'alcool. J'avais ainsi une nouvelle raison de réduire ma consommation de boissons alcoolisées.

Alors que je m'approchais de l'immeuble, un homme approximativement de mon âge est arrivé dans l'autre sens, un café dans chaque main. Il a souri et a attendu que je tape le code de sécurité de la porte d'entrée. Les laboratoires et les salles d'informatique de l'université sont équipés d'un système similaire et ce scénario précis avait été évoqué dans le cadre de notre formation obligatoire.

— Permettez-moi de tenir un de vos cafés, ai-je dit. Comme cela, vous pourrez entrer le code et je ne me rendrai pas complice d'une violation des règles de sécurité.

— Ne vous donnez pas ce mal, a-t-il répondu. Le jeu n'en vaut pas la chandelle.

Il a fait mine de s'éloigner.

Je venais apparemment de déjouer une tentative d'intrusion. Si je ne prévenais pas la police, cet homme reviendrait et chercherait à profiter de la naïveté d'un résident moins vigilant. Il pouvait s'agir d'un assassin, d'un violeur ou d'une personne susceptible d'enfreindre l'un des nombreux articles du règlement de copropriété. Et Rosie se trouvait à l'intérieur du bâtiment.

Au moment où je détachais mon téléphone de ma ceinture pour composer le 911, une autre éventualité m'a traversé l'esprit. L'accent de cet homme m'était aussi familier que la métaphore comparant le coût de l'éclairage avec le plaisir du divertissement. Je l'ai hélé.

— Vous venez voir George ?

Il est revenu sur ses pas.

— En effet.

— Vous n'avez qu'à appuyer sur l'interphone. Il habite au dernier étage.

— Je sais. J'avais l'intention d'aller frapper à sa porte.

— Il est préférable d'utiliser l'interphone. Comme ça, s'il n'a pas envie de vous voir, il ne sera pas obligé de vous ouvrir.

— Vous avez tout compris.

J'avais pris la bonne décision. Il était facile d'oublier que George était une rock star, ou du moins une ancienne rock star, et risquait donc d'être traqué par des chasseurs d'autographes et autres désaxés.

— Vous êtes un fan des Dead Kings ? ai-je demandé.

— Pas précisément. J'en ai eu ma dose quand j'étais petit. George est mon père.

Mes aptitudes de reconnaissance faciale sont médiocres et les humains ont tendance à suridentifier les schémas, en raison du risque encore supérieur de ne pas les identifier. Le visage mince et le long nez busqué présentaient pourtant une ressemblance indéniable avec ceux de George.

— Vous êtes le toxicomane ?

— Il me semble que l'expression en usage ici est *toxicomane en voie de guérison*. Je m'appelle George.

— Il y a deux George ?

— Quatre même. Ça a commencé avec mon arrière-grand-père George. Mon paternel est donc George III. Vous le connaissez ?

— Exact.

— Ça colle, pas vrai ? La démence de George III. Et moi, je suis George IV, le prince régent. C'est comme ça qu'on m'appelait dans ma famille. Le Prince.

Il n'était pas exclu que le Prince soit un imposteur, un chasseur d'autographes inventif, mais j'étais convaincu de pouvoir assurer la sécurité de George en cas de nécessité. À condition que le Prince ne soit pas armé.

— Je vais vérifier que vous ne portez pas d'arme, puis je vous ferai monter, ai-je proposé.

La formulation paraissait naturelle, même si elle devait sans doute plus aux divertissements visuels qu'à l'expérience concrète.

Le Prince a ri.

— Vous vous foutez de moi.

— Nous sommes en Amérique, lui ai-je rappelé en prenant une voix que j'espérais chargée d'autorité.

Je l'ai palpé. Il n'était pas armé.

George n'était pas chez lui, ou alors il n'avait pas envie d'ouvrir. Il était 19 h 26 et il fallait prévoir trente-cinq minutes pour aller au restaurant.

Je ne pouvais pas laisser le Prince à l'intérieur de l'immeuble sans surveillance.

— Je propose que nous téléphonions à votre père.

— Inutile. Je ne serai sans doute plus là après-demain. Je passais à tout hasard.

— S'il refuse de vous voir, le résultat sera le même que si vous partez : vous ne le verrez pas.

— Ce n'est pas la même chose. Et de loin. Mais bon, appelez-le si vous voulez.

Le téléphone de George ne répondait pas.

— Je vais y aller, ça n'a pas d'importance, a dit le Prince.

— Vous voulez que je lui laisse un message ?

— Dites-lui que ce n'était pas sa faute. Nous sommes les auteurs de notre vie.

Je n'avais pas envie de laisser partir le Prince. George estimait avoir fait du tort à son fils, ce qui avait paru l'affliger profondément, et il aurait été bon qu'il entende de la propre bouche du Prince que ce n'était pas sa faute. D'un autre côté, je ne voyais pas comment empêcher celui-ci de quitter l'immeuble sans y rester moi-même ou sans enfreindre les règles de sécurité.

— Je recommande que vous repassiez plus tard.

— Merci. Je le ferai peut-être.

Je savais, avec une totale certitude, que le Prince mentait et ne reviendrait pas. Cette conviction absolue, qui ne reposait sur aucune preuve concrète, m'inspirait une curieuse impression. Sans doute y avait-il une information que j'avais traitée inconsciemment. J'essayais encore de l'identifier quand j'ai frappé à la porte de mon propre appartement.

Rosie l'a ouverte. Elle était incroyablement belle. Elle s'était maquillée, venait de se parfumer et portait une robe étroite qui adhérait à sa nouvelle forme. Gene se tenait derrière elle.

Elle a souri.

— Salut, Don, qu'est-ce que tu fais là ? J'avais cru comprendre que c'était Gene qui m'invitait à dîner.

Elle a encore souri.

— Exact. Il fallait simplement que je vérifie la bière. Mais il n'y a aucun signe d'inondation. Inspection terminée.

J'ai regagné l'ascenseur précipitamment, glissant mon pied dans l'entrebâillement avant que la porte se referme. Gene m'a suivi.

— Merde alors, Don, qu'est-ce qui te prend ? Où tu vas ?

— Une urgence. Je ne suis pas disponible. Rosie s'attendait à sortir avec toi. Aucun changement pour elle.

— Il n'est pas question que j'emmène Rosie au Momofuku Ko.

Je n'avais pas le temps de discuter.

Au rez-de-chaussée, j'ai parcouru la rue du regard et je l'ai vu, debout sur le trottoir en train de faire signe à un taxi. Je me suis mis à courir au moment précis où l'un d'eux s'arrêtait et suis arrivé juste à temps pour écarter le Prince de la portière ouverte. Le chauffeur n'a pas apprécié mon intervention, et j'ai fini les bras autour du Prince pendant que le taxi repartait.

— Merde alors, qu'est-ce qui vous prend ? a demandé le Prince, exprimant sa surprise dans les mêmes termes que Gene.

— Je vous invite à dîner. Au Momofuku Ko. Le Meilleur Restaurant du Monde. En attendant le retour de votre père.

J'avais fait la connexion au moment précis où Rosie avait ouvert la porte et m'avait abasourdi par sa beauté. Une vague de douleur m'avait envahi, une prise de conscience que j'allais la perdre, suivie du sentiment que la vie ne vaudrait plus la peine d'être vécue. C'était une émotion extrême et une conclusion irrationnelle, et elles auraient passé, l'une et l'autre, comme elles avaient passé à l'époque où j'avais vingt ans, où j'avais plongé les yeux dans l'abîme de la dépression et avais réussi à reculer. Voilà ce que j'avais reconnu chez le Prince. Il était au bord de l'abîme. Il avait dit qu'il ne serait plus là dans deux jours.

En décidant de le suivre, je me fiais à mes compétences les moins sûres. Peut-être étais-je en train de laisser passer la dernière chance de sauver mon couple. J'étais certain que Rosie ou Gene m'auraient dit que je me trompais sur toute la ligne. Mais si j'avais raison, le risque était trop grand.

J'ai lâché le Prince.

— Il va falloir que vous vous expliquiez avant de m'emmener où que ce soit, a-t-il protesté. Et puis d'abord, qui êtes-vous ?

— Je vous raconterai tout ça en marchant. Notre première priorité est d'attraper le métro. Les réservations sont annulées au bout de quinze minutes de retard.

J'essayais de trouver comment établir la justesse éventuelle de mon diagnostic de dépression sans poser de question directe. J'ai cherché à me remettre dans l'état d'esprit de mes mauvaises périodes afin de déterminer quel genre de question aurait pu susciter une réponse honnête. Le processus n'avait rien de plaisant.

— Ça va ? m'a demandé le Prince.

— Je me replonge dans de mauvais souvenirs. Il m'est arrivé d'être tellement déprimé que j'ai songé à me suicider.

— Racontez-moi ça.

J'ai envoyé à Gene un texto le prévenant que j'utilisais la réservation, pour éviter qu'il ne change d'avis et ne décide d'y aller avec Rosie. Le Prince et moi sommes arrivés avec douze minutes de retard, trois minutes de marge par rapport au seuil de tolérance. J'aurais préféré dîner avec Rosie, mais le problème du sujet de conversation n'aurait pas manqué de se poser. Malgré les encouragements de Sonia, je n'avais toujours pas trouvé de solution à notre Problème de Couple.

Le dîner avec le Prince, en revanche, a été passionnant.

— George m'a dit qu'il vous avait convaincu de consommer de la drogue, ce qui avait eu pour conséquence de vous entraîner dans la toxicomanie.

— Il vous a dit ça ?

— Exact.

— Remarquablement fair-play de sa part. Puisque c'est comme ça, je pense que je peux tout vous raconter.

Le serveur est venu prendre nos commandes de boissons. Le Prince a demandé une bière. Puisque son programme de désintoxication autorisait visiblement l'alcool, j'ai recommandé du saké, expliquant qu'il était plus compatible avec la nourriture. J'ai moi-même commandé de l'eau minérale.

— En fait, papa était à fond dans ces histoires de rock and roll, et moi, j'étais tout le contraire. À part la batterie. Pas de stimulants artificiels pour moi.

Le Prince avait utilisé une intonation atypique pour prononcer cette dernière phrase, comme s'il jouait le rôle d'un superhéros de dessin animé.

— J'étais absolument sincère. Et il n'arrêtait pas de me dire : « Tu ne vas quand même pas passer ta vie sans t'être jamais défoncé, ne serait-ce qu'un tout petit peu. Sans savoir comment c'est. » Et moi, en bon polard – vous voyez ce que je veux dire –, j'ai décidé que si je devais faire une unique expérience, il fallait que ce soit la meilleure possible.

— Vous avez fait des recherches sur les drogues ?

— Je sais, ça paraît incroyable.

Ça paraissait parfaitement raisonnable. Je me suis demandé pourquoi j'avais sombré dans la consommation d'alcool et de caféine sans m'être engagé dans une recherche approfondie sur les autres possibilités – ou même sur les effets de ces deux substances.

Elles étaient légales. Les cigarettes aussi. La légalité était sûrement moins importante que le risque de mort. Les amphétamines avaient fait exception, mais je leur avais attribué un objectif précis, parfaitement ciblé. J'ai exposé ma propre expérience d'étudiant et le désastre consécutif en matière d'examens.

— Le professeur m'a montré le devoir dont j'avais exigé qu'il soit renoté. Il était parfaitement incompréhensible. Pures divagations !

Le Prince a ri.

— Quoi qu'il en soit, j'ai estimé que l'acide était le top – pour la qualité d'expérience. La sécurité, tout.

— Vous avez choisi le diéthylamide de l'acide lysergique ? Comme drogue optimale ?

— J'ai avalé un seul comprimé de LSD. Vous savez sans doute qu'on s'accorde à dire qu'une unique dose ne peut en aucun cas vous rendre dépendant ? Eh bien, je suis le type qu'ils devraient faire intervenir dans les vidéos pédagogiques. Parce que ça a été la meilleure expérience de ma vie, la plus géniale. Je n'avais plus qu'une envie, retrouver cette sensation. Et vous savez quoi ?

— Non.

— Je n'y suis pas arrivé. Pas vraiment, en tout cas. J'ai fait de mauvais trips, des trips couci-couça, il m'est arrivé toutes sortes de merdes, alors je me suis mis à essayer d'autres machins. J'ai tout essayé. Longtemps. Je n'ai plus jamais retrouvé ce que j'avais éprouvé. Alors j'ai commencé à faire machine arrière. Et voilà où j'en suis aujourd'hui. Je ne prends plus que ça.

Il a levé son verre de saké. Je ne buvais pas d'alcool, un résultat de ma récente résolution. J'ai observé avec intérêt le changement d'humeur du Prince quand l'alcool a fait son effet. Je me suis dit que Rosie avait probablement fait la même expérience en nous regardant sombrer dans l'ébriété, Gene et moi, maintenant qu'elle était temporairement non buveuse.

— Donc, vous avez résolu le problème, ai-je repris.

— Sauf que j'ai gâché les plus belles années de ma vie. Pas de femme, pas de gosses, pas d'emploi.

— Pas d'emploi ? – Désastre. – Il vous faut un emploi. Tout le reste est facultatif, mais il vous faut un emploi.

— Je suis batteur. Un batteur correct. Vous savez combien il y a de batteurs corrects sur la planète ? J'avais pensé arriver peut-être à monter quelque chose ici, mais ça n'a pas marché.

Mon téléphone a vibré. C'était Gene.

Avec Rosie au Café Wha. Putain, t'es où ?

J'ai répondu à Gene et il m'a invité à les rejoindre. *Ordonné* de les rejoindre.

— Ça vous dirait, d'écouter un peu de musique ? ai-je demandé au Prince.

Il restait ma priorité absolue et, bien que son état émotionnel m'ait paru nettement meilleur, mon expérience personnelle me permettait de savoir que le problème n'était pas réglé.

— Pourquoi pas ? Peut-être que le groupe oubliera de se pointer. Comme ça, je pourrai jouer des solos de batterie pendant deux ou trois heures.

J'ai demandé au Prince de ne pas parler. Il fallait que je réfléchisse. Marcher est propice à la réflexion, comme d'autres activités répétitives. Malheureusement, le trajet jusqu'à Greenwich Village n'était pas assez long pour me permettre de trouver une solution à son problème.

Le local se trouvait au sous-sol. Quand nous avons ouvert la porte, je me suis rendu compte que, contrairement à ses habitudes, Gene avait choisi de passer sa soirée à écouter de la musique live. Les mots *Dead Kings* figuraient sur la face antérieure de la batterie du groupe. George était assis derrière.

Je me suis tourné vers le Prince.

— Vous saviez qu'il jouait ici ? m'a-t-il demandé.

— Non. C'est un résultat de l'interconnectivité humaine.

Ce n'était pas la première fois que j'entendais George jouer mais je ne l'avais jamais vu se livrer à son activité répétitive la plus caractéristique. Nous sommes restés sur le seuil à observer la scène pendant un moment. Le Prince regardait son père, et moi, je cherchais Rosie et Gene. En raison du grand nombre de clients, je n'ai pas réussi à les repérer.

J'ai demandé au Prince ce qu'il pensait des compétences de son père.

— Il est meilleur qu'autrefois.

— Meilleur que vous ?

— Il est parfait pour les Dead Kings. La compétence technique ne fait pas tout. Ce qui compte, c'est le jeu d'ensemble. On a beaucoup critiqué Ringo, n'empêche que c'était un superbatteur pour les Beatles.

Nous sommes restés près de l'entrée, le temps qu'ils jouent trois autres morceaux. Pendant que nous écoutions, mon esprit a achevé le processus de résolution du problème. J'ai pris mentalement note de me montrer moins critique à l'égard de mes étudiants qui gardaient leurs écouteurs en travaillant.

Le chanteur a annoncé une brève interruption et j'ai vu George se diriger vers une table, juste devant la scène. Les cheveux roux de Rosie étaient parfaitement identifiables. J'ai donné instruction au Prince de m'attendre et je les ai rejoints. George et Gene ont été contents de me voir, Rosie peut-être moins.

— Sympa de venir te joindre à nous, a-t-elle dit. Je suppose que tu as dîné.

— Exact. Il faut que je parle à Gene.

— Évidemment.

J'ai entraîné Gene à l'écart et lui ai expliqué ce que je voulais faire. J'avais trouvé une solution théorique, mais les protocoles sociaux étaient trop complexes pour que je puisse les exécuter. Gene, bien sûr, était tout à fait sûr de lui.

— Je vais parler à George. Toi, tu parles à Comment-il-s'appelle-déjà ?

— Le Prince.

— Le Prince. C'est ça. Je vais faire ça à deux conditions, Don. Numéro Un, tu dois, tu *dois*, faire un effort pour arranger les choses avec Rosie.

— J'ai fait tous les efforts possibles.

— Ce n'est pas l'impression que tu as donnée ce soir. Numéro Deux, il va falloir que tu commettes une infraction à un règlement.

Un frisson m'a parcouru. Gene me demandait beaucoup. Il m'a désigné une affichette : *Les photographies et les enregistrements sont strictement interdits.*

— Sors ton téléphone. Ça va être un moment historique.

Gene est retourné à sa table. Je l'ai vu discuter avec George qui a réagi en regardant autour de lui avec une agitation extrême. Mais le timing était parfait. Le groupe se reformait et George a été appelé sur scène.

Ils ont joué un morceau et puis George, qui avait son propre micro, a fait une annonce.

— Mon fils est ici ce soir. Je ne l'ai pas vu depuis très longtemps. Il s'appelle George comme moi, et la dernière fois que je l'ai entendu jouer, il était sacrément meilleur que moi.

Le public a applaudi et le Prince a agité la main. Quand George lui a fait signe de le rejoindre, il a refusé, mais je l'ai poussé en lui faisant comprendre que je continuerais aussi longtemps qu'il le faudrait.

Le Prince est monté sur scène et George lui a laissé sa place à la batterie. Le groupe a commencé à jouer et nous sommes restés assis, George et moi, avec Rosie et Gene. George ne quittait pas la scène des yeux. Le Prince paraissait compétent. À la fin du morceau, George a fait mine de se lever. J'ai reposé mon téléphone qui avait exécuté l'application vidéo responsable de mon arrestation et j'ai pris position devant lui.

— Le changement de rôles est définitif, ai-je annoncé. Le Prince a besoin d'un emploi, et toi, tu as besoin d'échapper au schéma répétitif des croisières sur l'Atlantique. (J'ai décelé de la résistance.) En plus, ça rattrapera l'erreur que tu as commise et qui a temporairement ravagé sa vie.

George s'est rassis et s'est servi un verre de vin rouge.

— Et comme c'est un excellent batteur, les clients de la croisière bénéficieront d'un divertissement de meilleure qualité.

32.

— Rosie. Il y a une chose dont je voudrais discuter avec toi.

J'étais venu à l'appartement pour contrôler la bière. Le système fonctionnait à la perfection ; avant d'aller m'installer chez Dave, je n'avais procédé qu'à une vérification hebdomadaire. Mais le temps étant exceptionnellement doux pour un mois de décembre, il m'avait paru raisonnable de venir plus fréquemment. J'en avais aussi profité pour dessiner le diagramme de Bud de la semaine 32 sur les carreaux. Son développement restait intéressant, malgré la connexion réduite avec ma propre existence. Maintenant que j'en étais arrivé là, il paraissait raisonnable d'aller au bout des quarante semaines.

— Si j'ai fermé la porte, ce n'est pas pour rien, Don. Ça ne me facilite pas les choses que tu passes deux fois par jour.

Gene m'avait fait savoir que, pour le moment, Rosie n'était pas réceptive à un dîner surprise – ni même à un dîner programmé –, ni à des conversations sur notre relation.

— Je crois qu'il va falloir que tu laisses passer un peu de temps, m'avait-il prévenu.

Mais ce n'était pas de notre relation que je voulais lui parler.

— Il s'agit d'une question scientifique. Comme tu envisages de te remettre à la psychologie, ça devrait t'intéresser.

— Permets-moi de réserver mon jugement.

Je lui ai fait un compte rendu de l'Opération Mères lesbiennes. Tout ce qui avait justifié que j'évite de le mentionner n'était plus pertinent. Il était temps de commencer à divulguer les informations que j'avais dissimulées. C'était la première étape, la moins risquée aussi. Ma participation au projet n'était ni illégale, ni contraire à l'éthique, ni bizarre.

— C'est le programme de recherche que tu avais évoqué il y a un bon moment, c'est ça ? a demandé Rosie. Tu n'en as plus jamais parlé.

— Je ne voulais pas empiéter sur ton territoire.

— Plus exactement, tu ne voulais pas me dire que tu empiétais sur mon territoire.

— Exact. Le problème est qu'elles ne veulent pas publier les résultats.

— Pourquoi, à ton avis ?

— Si je connaissais la réponse, je ne t'aurais pas réveillée pour te poser la question.

— Qu'est-ce que tu penses des gens qui présentent des conclusions scientifiques en les sortant de leur contexte pour mieux défendre leurs théories personnelles ?

— Tu fais allusion à Gene ? ai-je demandé.

— Aussi. Ces femmes veulent prouver que deux nanas sont aussi aptes à élever un enfant qu'un couple hétérosexuel. (Elle s'est redressée dans son lit.) Elles n'ont aucune envie de publier quelque chose qui semble réfuter cette idée.

— Autrement dit, elles défendent leurs théories personnelles.

— Pas autant que le dinosaure qui va reprendre les résultats de ces recherches pour prétendre que les enfants qui n'ont pas de père souffrent de carences affectives. Un sujet qui me tient particulièrement à cœur en ce moment. Alors ne me demande pas d'en discuter rationnellement.

— Les résultats n'indiquent pas que la présence d'un père est requise. Les deux référents parentaux sont capables de faire monter le taux d'ocytocine du bébé. Simplement, un parent non conventionnel utilise une méthode non conventionnelle. Je prédis zéro problème pour l'enfant.

— Ça m'étonnerait que le *Wall Street Journal* voie les choses sous cet angle.

Je m'étais tourné pour repartir quand Rosie a poursuivi.

— Et puis, Don. Je rentre en Australie demain. Judy me conduit à JFK. J'ai pris le vol le moins cher. Il n'est pas remboursable.

J'allais sortir pour aller contrôler la bière une nouvelle fois avant le dîner quand Sonia m'a intercepté.

— Si tu veux bien m'attendre une heure, je t'accompagne.

— Pourquoi ?

— On va voir Lydia.

— Elle m'a fait savoir qu'elle était indisponible

pour toute nouvelle consultation. En plus, c'est dimanche. Dimanche soir.

— Je sais. Je l'ai appelée. Je lui ai expliqué que Rosie et toi – enfin, toi et moi – avions rompu à cause de ce qu'elle t'avait dit. Elle n'en revenait pas : elle croyait t'avoir rassuré et convaincu de rester avec moi – avec Rosie.

— Elle n'a fait que donner un avis objectif.

— Quoi qu'il en soit, maintenant, elle se sent responsable. Elle a dépassé les bornes et elle le sait. On a rendez-vous chez toi. Je ne pouvais pas lui demander de venir ici à cause de Dave. Je lui ai dit, à lui, que je t'emmenais voir Rosie avant son départ. Je n'ai pas parlé de Lydia. Évidemment.

— Et Rosie ?

— Gene se débrouille pour sortir avec elle.

— Gene est mêlé à ça ?

— Tout le monde y est mêlé, Don. On est tous convaincus que vous faites une erreur tous les deux et puisque tu refuses d'écouter quelqu'un d'autre que Lydia, eh bien, c'est elle qui te le dira. Je vais me mettre dans la peau de Rosie – je *serai* Rosie – et Lydia nous dira de rester ensemble. Et ensuite, tu résoudras le Problème du Désastre Conjugal. Je parle ton langage ?

Nous sommes arrivés à l'appartement, Sonia et moi, deux minutes avant l'heure du rendez-vous avec Lydia. J'ai pris conscience que Sonia n'était jamais venue chez nous ; je n'avais pas eu l'idée de les inviter, Dave et elle, à dîner. C'était sans doute une erreur sociale.

— Bon sang, c'est quoi cette odeur ? a-t-elle demandé. Pouah ! Ça me donne envie de vomir. Déjà que je n'ai pas été très en forme aujourd'hui.

— De la bière. Il y a une petite fuite à laquelle il est impossible d'accéder. Dave la reproche à l'ouvrier qui a remplacé le plafond.

Sonia a souri.

— Du Dave tout craché. Comment Rosie supporte-t-elle ça ?

— Les humains s'adaptent assez vite aux odeurs. L'hygiène corporelle est une convention sociale récente. Autrefois, les humains ne se lavaient pas pendant des mois et ça ne posait aucun problème. À part les maladies, bien sûr.

Lydia est arrivée à l'heure.

— Bon sang, c'est quoi cette odeur ? a-t-elle demandé.

— De la bière, a répondu Sonia. Les humains s'adaptent assez vite aux odeurs. L'hygiène corporelle est une convention sociale récente.

— Je suppose que dans un petit village d'Italie, elle n'avait pas grand-chose à voir avec les normes new-yorkaises.

— C'est exact. Heureusement, Don est un maniaque de l'hygiène parce que autrement, le bébé…

J'ai jeté à Sonia un regard destiné à lui rappeler qu'elle était censée être Rosie, qui ne défendrait certainement pas l'excentricité et n'avait pas été élevée dans un petit village italien aux conditions sanitaires précaires. Sonia non plus, bien sûr. J'ai décelé un risque de confusion.

Un des George s'est alors mis à la batterie.

— Qu'est-ce que c'est que ça ? a réagi Lydia.

C'était une question raisonnable, car le début du morceau pouvait aisément être confondu avec une rafale d'arme automatique. Mais les battements ont pris un rythme plus régulier et ont été rejoints par une basse et deux guitares électriques. Lydia avait à présent dû trouver la réponse elle-même, une chance car elle n'aurait pas pu entendre la mienne.

Nous avons essayé de communiquer par un langage des signes rudimentaire pendant approximativement trois minutes. J'ai compris que Lydia demandait, « Comment le bébé pourra-t-il dormir ? » et que Sonia répondait : « Crâne, au revoir, oiseau, kangourou, non, non, non, manger des spaghetti. »

La musique s'est arrêtée. Sonia a dit :

— J'envisage de rentrer en Italie.

— Et si vous restez ? Si vous arrivez à régler ce malentendu, Don et vous ?

Je les ai conduites dans la chambre de Gene où j'avais entreposé le cadeau de mon père.

— Oh mon Dieu, un cercueil, s'est écriée Lydia. Un cercueil transparent.

— Ne soyez pas ridicule, a rétorqué Sonia. J'ai l'impression que vous cherchez des raisons de critiquer Don.

— Qu'est-ce que c'est alors ? Un vaisseau spatial ?

En réalité, le berceau insonorisé était incompatible avec les voyages dans l'espace parce qu'il était perméable à l'air. J'ai réglé l'alarme de mon téléphone et, dès qu'elle s'est mise à sonner, je l'ai posé dans le berceau et j'ai soigneusement refermé le couvercle. Le bruit s'est éteint.

— Mais si le téléphone avait besoin de respirer, il pourrait le faire, ai-je précisé.

— Et s'il pleure ? a demandé Lydia.

— Le téléphone ? (J'ai compris mon erreur et désigné le microphone et l'émetteur intégrés au berceau.) Rosie dormira avec des écouteurs. Je mettrai des bouchons d'oreilles, comme ça je ne serai pas dérangé par le bébé.

— Sympa pour vous, a remarqué Lydia. (Elle a regardé autour d'elle.) Quelqu'un d'autre loge ici ?

— Mon ami. Sa femme l'a expulsé pour comportement immoral et il vit actuellement avec Rosie.

— Dans la chambre du bébé.

— Exact.

— Rosie, a dit Lydia (et Sonia s'est tournée vers la porte avant de se rappeler que c'était à elle que Lydia s'adressait). Vous êtes à l'aise avec tout ça ?

La réaction de Sonia a suggéré un *mal*aise extrême. Elle a regagné le salon et regardé autour d'elle d'un air affolé.

— Il faut que j'aille aux toilettes. Où sont les toilettes ? a-t-elle demandé à l'intérieur de ce qui était censé être son propre appartement.

Nous nous trouvions juste devant mon bureau-salle de bains. J'ai ouvert la porte pour laisser passer Sonia.

— Il y a un bureau dans la salle de bains, a fait remarquer Lydia au moment où Sonia refermait la porte derrière elle.

J'en étais conscient. Je ne l'avais pas emporté chez Dave et Sonia, car il aurait été incommode de le transporter en métro.

Nous avons été interrompus par Sonia qui nous appelait depuis le bureau-salle de bains.

— Il y a un problème.

— De plomberie ? ai-je demandé.

Il arrivait que la chasse d'eau se coince.

— Avec *ma* plomberie. Quelque chose ne va pas.

Il est socialement *extrêmement* inapproprié d'entrer dans une salle de bains occupée par un individu du sexe opposé qui n'appartient pas à votre famille. Je ne l'ignorais pas, mais mon comportement se justifiait par la probabilité que le problème soit lié à l'état de grossesse avancée de Sonia. J'ai soupçonné le début du travail.

Je me suis engagé en zone interdite, et Sonia m'a exposé le problème. Sa description des symptômes était sans équivoque.

— Qu'est-ce que vous faites ? a demandé Lydia. Tout va bien ?

— Nous téléphonons. Non.

— Qu'est-ce qui ne va pas ?

— Procidence du cordon ombilical. J'ai appelé une ambulance. Le problème ne devrait pas exiger d'intervention immédiate si le travail n'a pas commencé.

— Oh mon Dieu, a murmuré Sonia. Je crois bien que si.

Conformément à mes instructions, Lydia a aidé Sonia à rejoindre le bureau de Rosie, où je venais de remettre le matelas que j'étais allé chercher dans la chambre à coucher conjugale que Rosie avait recommencé à utiliser. J'avais besoin d'espace pour manœuvrer. Sonia s'était allongée sur le matelas. J'avais déjà prévenu que c'était un cas d'urgence maximale quand j'avais téléphoné au 911. Rappeler n'aurait fait qu'ajouter une charge au système, risquant ainsi de retarder l'envoi de secours pour d'autres urgences.

Sonia était extrêmement agitée, presque hystérique.

— Oh, mon Dieu, j'ai lu des trucs là-dessus. La tête du bébé comprime le cordon et il n'a plus d'oxygène, oh merde, merde, merde…

— Potentiellement, ai-je précisé. (J'ai cherché à adopter l'attitude préconisée en présence d'un patient, l'élément même qui m'avait dissuadé d'envisager une carrière médicale.) Les risques de décès maternel sont pratiquement nuls. Sans intervention, le bébé mourra probablement. Mais les secours ont été appelés.

— Et s'ils n'arrivent pas ? *Et s'ils n'arrivent pas ?*

— Je m'estime capable de procéder à l'intervention nécessaire. J'ai suivi un entraînement significatif.

Il ne m'a pas paru indispensable de mentionner qu'il n'y avait pas eu de procidence du cordon au moment de la naissance de Dave le Veau.

— Quel entraînement ? *Quel entraînement ?*

L'affolement de Sonia semblait l'inciter à tout répéter.

Je l'ai rassurée.

— La procédure est d'une grande simplicité. Il va falloir que je procède à un examen.

Ça ne me réjouissait pas : l'idée d'un contact intime avec un humain de sexe féminin qui était une amie proche m'inspirait un élan de répulsion, mais je ne voulais pas avoir à me reprocher de ne pas avoir fait tout ce qui était en mon pouvoir pour assurer la survie du bébé. Il serait extrêmement décevant que le projet que Dave et Sonia avaient mis cinq ans à concrétiser échoue dans la dernière ligne droite. J'ai fait un gros effort pour imaginer que Sonia était la mère de Dave le Veau. Cela entraînerait sûrement une forme de stress post-traumatique que j'aurais à traiter plus tard.

Lydia faisait les cent pas. J'ai diagnostiqué de l'angoisse.

— Vous savez ce que vous faites, Don ?

Attitude exécrable en présence d'un patient.

— Bien sûr, bien sûr.

Je n'en étais pas si sûr, mais m'en tenais à ce principe de base : inspirer le calme, feindre une assurance totale, fût-ce aux dépens de l'honnêteté. J'étais sur le point de commencer l'examen quand j'ai entendu la porte du palier s'ouvrir.

— Salut ? C'est toi, Don ?

C'était la voix de Rosie. Gene était avec elle. Ils se tenaient sur le seuil du bureau de Rosie.

— Qu'est-ce qui ce passe ?

J'ai exposé le problème.

— Il faut que je procède à un examen.

— Que *tu* procèdes à un examen ? a demandé Rosie. Parce que *tu* as l'intention de l'examiner ? Pas d'accord, professeur. Allez, tout le monde dehors. Toi aussi.

— Dieu merci, vous arrivez à temps, a dit Lydia à Gene et Rosie.

Rosie nous a expulsés et a refermé la porte. Moins d'une minute plus tard, elle l'a rouverte, est sortie et l'a tirée derrière elle.

— Tu as raison, a-t-elle dit tout bas mais très distinctement. Oh bordel, qu'est-ce qu'on va faire ? Je n'ai pas eu de cours d'obstétrique.

J'ai essayé d'imiter le volume de son chuchotement.

— Tu as fait de l'anatomie.

— Putain, et à quoi veux-tu que ça me serve ? On a besoin de quelqu'un qui sache ce qu'il faut faire, là, tout de suite.

— Je le sais, moi.

— Je te rappelle que c'est moi, l'étudiante en médecine. C'est moi qui devrais savoir quoi faire.

Le ton de Rosie révélait qu'elle sombrait dans l'irrationalité.

— Ils envoient des étudiants en médecine, maintenant ? a demandé Lydia à Gene.

Elle avait l'air affolée, elle aussi. Sonia poussait des cris incohérents. Gene avait eu raison à propos des Italiennes.

— Je sais ce qu'il faut faire, ai-je répété à Rosie.

— Tu parles ! Tu n'as aucune expérience.

— La théorie suffira. Tu n'auras qu'à suivre mes instructions.

— Don, tu es généticien, pas obstétricien : tu n'y connais rien.

Je n'avais aucune envie de rappeler à Rosie un incident qui avait joué un rôle essentiel dans la rupture de notre relation, mais il était plus important qu'elle ait confiance dans mes connaissances en obstétrique que dans mes compétences sociales.

— Heidi, l'organisatrice du cours prénatal, a cru que j'étais gynécologue-obstétricien.

J'étais beaucoup plus serein maintenant que j'avais été dégagé de la composante contact humain. Puis je me suis rappelé les appréhensions de Rosie à propos de l'aspect clinique de ses études.

— Ça te pose un problème de toucher Sonia ? lui ai-je demandé.

— Moins que si c'est toi qui t'en charges, professeur. Dis-moi simplement quoi faire.

Lydia s'est tournée vers Gene.

— Vous ne pouvez pas intervenir ? Vous êtes qualifié, j'imagine ?

— Professeur titulaire, a répondu Gene. Récemment arrivé dans cette ville. Ma femme et moi nous sommes séparés et la Columbia m'a fait une offre que je n'ai pas pu refuser. (Il lui a tendu la main.) Gene Barrow.

J'ai laissé Gene discuter avec Lydia pendant que j'exposais la procédure à Rosie. L'objectif majeur était d'empêcher la tête du bébé de comprimer le cordon, au besoin en la repoussant. Apparemment, ce n'était pas facile. Rosie n'arrêtait pas de dire « Merde », ce qui affolait Sonia, ce qui incitait Rosie à redire « Merde ». Pendant ce temps, je répétais en boucle que nous étions tout à fait compétents, ce qui semblait avoir un effet positif à court terme sur Sonia. La situation aurait été simplifiée si chacun d'entre nous avait pu dire à tour de rôle, « Oh mon Dieu, il va mourir », « Merde, débrouille-toi pour qu'elle arrête de gigoter », et « Ne t'affole pas, nous avons la situation parfaitement en main » avec instruction de réitérer en fonction des besoins.

Malheureusement, les humains ne sont pas des ordinateurs. L'intensité de notre conversation s'est amplifiée : Sonia hurlait et refusait de se tenir tranquille, Rosie criait « Merde » tandis que je cherchais à les calmer en prenant un timbre plus grave et en augmentant le volume de ma voix. Nos efforts verbaux ont perdu toute pertinence quand le groupe a recommencé à jouer.

Au bout de quatre-vingt-dix secondes seulement, la musique a cessé. Approximativement trente secondes plus tard, la porte du bureau s'est ouverte. Gene est entré, suivi de George III, du Prince et des autres membres des Dead Kings, que j'avais rencontrés à Greenwich Village la nuit de la Transmission des Baguettes. Ils étaient accompagnés d'une femme d'une vingtaine d'années (IMC dans la fourchette normale, estimation plus précise impossible en raison de la confusion générale) et d'un homme d'environ quarante-cinq ans, avec un appareil photo autour du cou. Quelques secondes plus tard, trois urgentistes en tenue médicale ont écarté la foule, chargés d'une civière.

— Vous êtes médecin ? a demandé l'un d'eux (sexe féminin, approximativement quarante ans, IMC fourchette normale) à Rosie.

— Et vous ? a répondu Rosie.

J'étais impressionné. Pendant l'intermède musical, l'état émotionnel de Rosie était passé d'affolé à professionnel.

— La situation médicale est sous contrôle, ai-je annoncé avant de faire un bref exposé à la responsable.

— Excellent travail, a-t-elle approuvé. Nous allons prendre le relais.

Je l'ai regardée prendre la place de Rosie. Conformément à l'attitude préconisée en présence d'un patient, j'ai exposé la situation à Sonia.

— L'urgentiste paraît compétente. Les chances de survie de ton bébé se sont considérablement améliorées.

Sonia voulait que nous montions dans l'ambulance avec elle, Rosie et moi, mais un des autres urgentistes (sexe masculin, approximativement quarante-cinq ans, IMC approximativement trente-trois) a prononcé de nouvelles paroles rassurantes sur un ton extrêmement professionnel et Sonia a accepté qu'ils la transportent jusqu'à l'ambulance. Le photographe a pris des photos. L'urgentiste en surpoids m'a tendu une carte avec l'adresse de l'hôpital.

Lydia a traversé la foule pour me rejoindre.

— Vous ne l'accompagnez pas ?

— Je n'ai aucune raison de le faire. Les urgentistes paraissent tout à fait compétents. Ma contribution est terminée. J'ai l'intention de boire un verre de bière.

— Seieieigneur ! Vous n'avez donc aucun sentiment ?

Je me suis soudain mis en colère. J'avais envie de secouer non seulement Lydia mais tous ces gens qui ne comprennent pas la différence entre le contrôle des émotions et leur absence et établissent un lien absolument illogique entre l'inaptitude à interpréter les émotions d'autrui et l'inaptitude à en éprouver soi-même. Il était ridicule de penser que le pilote qui avait réussi à poser son avion sur l'Hudson aimait moins sa femme que les passagers affolés. J'ai rapidement maîtrisé ma colère, mais ma confiance dans les compétences de conseillère de Lydia avait considérablement diminué.

Rosie a interrompu mes réflexions.

— Je vais prendre une douche. Tu peux virer tous ces gens ?

J'ai pris conscience que je n'avais pas accompli le rituel social fondamental des présentations, en partie parce que je ne connaissais pas certains de ceux qui étaient arrivés. J'ai entrepris de combler les lacunes dans la mesure de mes possibilités.

— Lydia, je vous présente George III et le Prince, Eddie, Billy, Mr. Jimmy. Les gars, je vous présente Lydia, ma médiatrice conjugale.

George a présenté la journaliste (Sally) et le photographe (Enzo) qui étaient venus interviewer les Dead Kings à propos du changement de composition du groupe.

— Qui était la dame ? a demandé George.

— La femme de Dave.

— Vous êtes en état de choc, est intervenue Lydia. Exemple classique de dissociation mentale. Essayez d'inspirer profondément.

— Quelqu'un a prévenu Dave ? a demandé George.

Je l'avais complètement oublié. Ce qui se passait l'intéresserait certainement.

J'ai attendu que les Dead Kings et les journalistes soient partis, puis j'ai téléphoné à Dave. Lydia est allée à la cuisine et a rempli la bouilloire. J'ai diagnostiqué de la confusion.

Dave avait l'air paniqué.

— Sonia va bien ?

— Les risques pour Sonia étaient minimes. Le danger…

— Je t'ai posé une question : est-ce que Sonia va bien ?

J'ai dû répondre plusieurs fois à la question de Dave. Il semblait avoir été contaminé par le problème de répétition. Ma réponse ne variait pas, évidemment, prêtant à notre dialogue l'allure d'un message d'erreur en boucle. J'ai enfin réussi à ménager une interruption et j'ai pu lui transmettre les coordonnées de l'hôpital. Je suis allé dans la cave à bière me remplir un verre. Lydia m'a suivi.

— Vous voulez une bière ? lui ai-je demandé. Notre réserve est illimitée.

— Plus rien ne m'étonne, a-t-elle dit. En fait, oui, je veux bien.

33.

Quand Rosie est revenue de sa douche après avoir enfilé des vêtements propres, nous étions assis sur le canapé, Lydia et moi.

— Qui êtes-vous ? a demandé Rosie à Lydia.

J'ai décelé un niveau mineur d'agressivité.

— Je suis travailleuse sociale. Lydia Mercer. J'étais venue voir Don et Rosie quand tout cela est arrivé.

— Don ne m'en a rien dit. Il y a un problème ?

— Je ne crois pas pouvoir en discuter avec… Vous venez de prendre une douche ? Je croyais que vous faisiez partie de l'équipe d'urgentistes. De la *première* équipe. Celle du grand professeur.

C'était une étrange description de Gene, qui a cinq centimètres de moins que moi et donc approximativement la même taille que Lydia. De plus, Lydia semblait s'être embrouillée. Pourquoi un professeur accompagnerait-il une équipe d'urgentistes ?

— Gene est parti avec les musiciens, ai-je expliqué. Mais il va revenir. Il habite ici.

— Je suis Rosie, a dit Rosie. J'habite ici, moi aussi. J'espère que vous ne voyez aucun inconvénient à ce que j'utilise la douche.

— Vous vous appelez Rosie ?

— Ça vous pose un problème ? Vous venez de dire que vous étiez venue…

— Non… une simple coïncidence puisque la femme de Don – de Don-Dave – s'appelle… aussi Rosie.

— Il n'y a pas de Rosie II, ai-je précisé. Les George sont les seuls à porter des numéros.

— Je suis la femme de Don, a repris Rosie. Ça vous va ?

— Vous êtes sa femme ? (Lydia s'est tournée vers moi.) Il faut que je vous parle en privé, Don-Dave.

J'ai supposé que Lydia en avait conclu que j'avais deux épouses, qui s'appelaient toutes les deux Rosie, qui étaient toutes les deux enceintes et habitaient le même logement, et que nous désignions sous les numéros de Rosie I et Rosie II pour éviter toute confusion. C'était improbable, mais l'éventualité que la situation réelle se produise par pur hasard l'était tout autant. Or le hasard n'y était pour rien, bien sûr. Il m'a fallu quelques instants pour réfléchir aux causes de cet imbroglio. J'avais, moi, Don Tillman, tissé tout un réseau de supercheries. Incroyable. Heureusement, il n'y avait plus aucune raison de poursuivre les cachotteries. Ce qui permettrait à Lydia de donner un avis reposant sur son évaluation de la vraie Rosie.

« Le tête-à-tête est inutile », ai-je dit.

J'ai entrepris de leur raconter à toutes les deux ce qui s'était passé. En détail. J'ai rempli le verre de Lydia, puis le mien, et j'ai aussi rempli un verre pour Rosie, ce que j'ai justifié en me fondant sur trois éléments :

1. Elle en était au troisième trimestre de sa grossesse, une période où les risques qu'une faible quantité d'alcool porte préjudice au fœtus étaient minimes, comme le révélaient les recherches qu'elle avait précédemment citées.

2. La teneur en alcool de l'ale anglaise est inférieure à celle de la bière américaine ou australienne.

3. Rosie avait dit : « Il faut que je boive quelque chose » avec une expression qui donnait à penser qu'il risquait de se produire un événement grave si ce besoin n'était pas satisfait.

Cela faisait approximativement vingt minutes que j'avais commencé mon histoire et Rosie émaillait ses requêtes habituelles de « résumer » et de m'« en tenir à l'essentiel », d'expressions grossières de surprise, quand Gene est revenu.

— Vous pouvez aussi bien vous joindre à nous, a suggéré Lydia. Quel genre de professeur êtes-vous ?

— Je suis directeur de l'Institut de psychologie de la meilleure université d'Australie, actuellement chargé de recherches à la Columbia.

L'énoncé de Gene était exact tout en étant un peu à côté de la question, à laquelle il aurait pu répondre précisément et correctement d'un seul mot : *génétique*. Et c'était moi que l'on accusait de digressions inutiles.

— Eh bien, a repris Lydia, je ne serais pas fâchée d'avoir un peu de soutien professionnel. Permettez-moi de résumer ce que Don vient de nous dire et qui, pour le moment, n'est pas nouveau pour moi. Mais qui l'est apparemment pour Rosie.

— Inutile, suis-je intervenu. Gene est informé de l'Incident de l'Aire de Jeux et de l'obligation d'évaluation psychologique.

Rosie s'est tournée vers Gene. Elle n'avait pas l'air contente.

— J'avais juré le secret, a-t-il expliqué. Don ne voulait pas que vous vous tracassiez.

J'ai continué mon histoire.

— J'ai donc demandé à Sonia de jouer le rôle de Rosie.

Je n'avais pas mis Gene au courant de cette partie. Je l'avais laissé croire que les poursuites avaient été abandonnées après mon premier rendez-vous avec Lydia. Autre élément du tissu de mensonges.

Malgré des différences d'intensité et de détails, les réactions de Rosie, Gene et Lydia se présentaient toutes comme des variantes de « Tu as fait *quoi* ? ».

— Minute, minute, minute, m'a interrompu Lydia. Vous dites qu'elle (elle a désigné Rosie) est votre femme ? Rosie est Rosie ?

Il était possible de répondre sans la moindre connaissance du contexte. C'était la plus simple des tautologies et le fait même que cette question ait été posée offrait un indice de l'état de confusion de Lydia. À son tour, Rosie a déclaré explicitement qu'elle était ma femme.

Gene en a profité pour faire un peu d'esprit.

— Une Rosie est une Rosie est une Rosie, a-t-il dit.

J'ai cherché à être utile.

— Il n'y a qu'une Rosie pertinente dans cette histoire. Elle est rousse. C'est mon épouse. J'ai très exactement une épouse. C'est elle.

— Qui est Sonia dans ce cas ? a demandé Lydia.

Rien de plus facile.

— Vous avez rencontré Sonia. Elle est en train d'accoucher d'un bébé.

— Non. *Qui* est-elle ? Vous avez recruté une villageoise italienne…

— C'est l'épouse de Dave.

— Dave ?

— Et merde, s'est écriée Rosie. Il faut qu'on appelle Dave. J'avais tellement peur de foirer que je l'ai complètement oublié.

— Dave ? m'a demandé Lydia. Il y a un autre Dave ? Votre père ? Je croyais qu'il s'appelait Don.

— J'ai appelé Dave, ai-je dit.

— Ça devient complètement surréaliste, a remarqué Gene. Voilà que nous en sommes réduits à compter sur Don pour régler les affaires des autres.

Nous commencions à être distraits. Les sources de distraction s'accumulaient. Des textos, Lydia qui consultait sa montre, Gene qui s'adressait à Lydia qui consultait sa montre.

— On vous attend quelque part ? a-t-il demandé à Lydia.

— Pas vraiment, mais il faut que je mange. J'ai l'impression qu'on en a pour un moment.

— Je vais commander des pizzas, a suggéré Gene.

Pendant que Gene était au téléphone, on a frappé à la porte. C'était la jeune journaliste et le photographe qui avaient interviewé les Dead Kings : Sally et Enzo.

— Désolée de vous interrompre, a dit Sally. On voulait juste vérifier que tout se passait bien pour la jeune femme qui est partie à l'hôpital. Et puis… on a eu l'impression qu'il y avait peut-être un sujet d'article par ici, si vous avez envie d'en faire profiter les autres.

— Sûrement pas si ça implique que Don reprenne tout depuis le début, a protesté Gene qui nous avait rejoints.

Il s'est interrompu.

— Je suppose qu'on va y passer la nuit de toute façon. Je vais leur dire d'ajouter des pizzas pour vous.

— Ça ne va quand même pas durer aussi longtemps, a observé Sally.

— C'est ce que vous croyez, a répondu Gene. Je prends des margheritas et des pepperoni familiales. Ça vous va ? On partagera.

Alors que Sally la journaliste était *obsédée* par les détails de l'Urgence de Sonia, je n'avais pas oublié que Rosie et B1 s'étaient inquiétées des interprétations déformées que la presse risquait de donner de l'Opération Mères lesbiennes. Il me semblait plus important d'informer ses lecteurs des résultats d'une recherche majeure que d'un cas isolé de complication obstétricale. J'ai eu beau faire tout mon possible pour raconter les deux histoires avec exactitude tout en tenant compte des fréquentes invitations de Sally à glisser sur les détails, j'ai soupçonné qu'elle n'était pas parvenue à une parfaite compréhension des événements. Rosie a passé le plus clair de son temps au téléphone.

Après le départ de Sally et Enzo, j'ai repris la conversation avec Lydia, Rosie et Gene. Je l'avais classifiée comme très importante, mais pas d'une urgence telle qu'elle imposait de refuser l'interview. J'étais obligé d'accomplir un ajustement de programmation en temps réel pour préserver ma santé mentale.

— J'essayais de joindre Dave, a annoncé Rosie.

— Pourquoi ?

— Pour savoir ce que deviennent Sonia et le bébé, voilà pourquoi.

— Césarienne d'urgence, comme prévu. Aucun dommage irréversible à l'une ou l'autre des parties.

— Quoi ? Comment tu sais ça, toi ?

— Texto de Dave il y a 138 minutes.

— Tu n'aurais pas pu nous prévenir ?

J'ai expliqué la question des priorités. Maintenant, je pouvais reprendre l'exposé de la supercherie de la médiation conjugale.

— C'est un garçon ou une fille ? a demandé Rosie.

— Sexe masculin, je crois. (J'ai vérifié mon message.) Non, féminin.

C'était un détail qui aurait pu attendre. La différence n'aurait pas d'importance avant plusieurs années.

— Attendez, est intervenue Lydia. Pourquoi Sonia a-t-elle accepté de faire ça pour vous ? Elle risquait – et risque encore – de s'attirer de sacrés ennuis.

L'incise contenait manifestement une menace, mais comme j'étais moi-même en mesure de le constater, Lydia n'était pas très convaincue.

— Elle m'a dit que c'était pour me remercier de l'aide que j'avais apportée à Dave. J'ai accompli un travail indispensable pour éviter la faillite de son entreprise. En fait, il était indispensable, mais pas suffisant. Le classement et les systèmes informatiques de Dave étaient également inadaptés. Sa procédure d'établissement des factures…

Rosie m'a interrompu.

— La boîte de Dave est en difficulté ?

— *Était*. J'ai résolu tous les problèmes. À part le manque de temps nécessaire aux tâches administratives.

J'ai réussi à me procurer un quatre-en-un de Hewlett Packard et j'ai reconfiguré…

Cette fois, c'est Gene qui m'a interrompu.

— Le système de classement de Dave est absolument passionnant, mais pourrions-nous nous concentrer sur notre Priorité Numéro Un ? Don s'est mis en tête qu'il est inapte à remplir les fonctions de père. Que Rosie s'en sortira mieux sans lui. Rosie lui a emboîté le pas et s'est persuadée qu'il ne *veut* pas être père. C'est n'importe quoi. Don est capable de faire tout ce qu'il décide de faire. Ce n'est pas vrai, Lydia ?

— Théoriquement, si, je pense. Ce qui m'inquiétait, c'était son aptitude à percevoir les besoins d'autrui et à leur apporter le soutien nécessaire.

— Comprendre par exemple que l'entreprise de son ami bat de l'aile et que si elle se casse la figure, toute sa vie va basculer, son couple et le reste ? Et puis de tout arranger ?

— Je veux parler de questions émotionnelles…

— Je ne donne que des avis pratiques, ai-je dit. J'évite les questions émotionnelles.

— J'essaie de ne pas donner d'avis du tout, a repris Lydia. C'est à vous de régler ça.

— Pas si vite, Lydia, a objecté Gene. Don a quitté Rosie parce que vous lui avez dit que sa présence pouvait lui être nuisible. Il a pris une décision radicale en s'appuyant sur votre avis.

— Donné à partir d'un scénario fictif. Une comptable se faisant passer pour une paysanne italienne se faisant passer pour une étudiante en médecine australienne.

J'ai rectifié le scénario exagérément simplifié de Lydia.

— Vous m'aviez jugé inapte avant même de rencontrer Sonia.

Elle s'est adressée à Gene.

— J'étais inquiète. Je connaissais déjà Don. Nous avions déjeuné ensemble.

Rosie s'est levée. J'ai décelé de la colère.

— Vous avez déjeuné avec Don ? Puis vous l'avez conseillé à titre professionnel ? Quand avez-vous déjeuné avec lui ?

— Avec mon amie, Judy Esler.

— *Mon* amie Judy Esler. Au restau japonais de fusion de Tribeca ? Alors, c'est vous la putain de grande gueule qui prétend diagnostiquer l'autisme à vingt mètres ? Et merde !

— C'est Judy qui vous a dit ça ?

Lydia s'est levée, puis Gene s'est levé et a posé une main sur l'épaule de Rosie et l'autre sur celle de Lydia.

— Commençons par écouter Lydia. Elle n'est pas la seule à avoir dépassé les bornes.

Lydia s'est rassise.

— Bon, a-t-elle dit. Je me suis mal conduite à ce déjeuner. Don m'a tapé sur les nerfs. J'ai continué à m'occuper de son dossier par compassion pour Rosie… Sonia… parce que j'avais pitié de la femme, quelle qu'elle soit, qui attendait un bébé d'un homme complètement déconnecté.

Rosie s'est rassise à son tour.

— Après tout ce que j'ai pu voir ici, a poursuivi Lydia, je ne crains pas que Rosie sombre dans la psychose ou la dépression sans que personne s'en rende compte. Si vous m'aviez dit tout de suite que vous aviez sous votre toit un éminent professeur de psychologie, un observateur expérimenté (elle a souri à Gene qui lui a rendu son sourire), je n'aurais pas insisté.

Apparemment, le problème était résolu. Mais Lydia n'avait pas terminé.

— Je ne suis pas la psychothérapeute de Don. Mais vous n'allez pas avoir la tâche facile, tous les deux. Je ne crois pas que Don soit dangereux, et je suis sûre qu'il a fait beaucoup de choses formidables pour ses amis, mais il est, enfin il n'est…

J'ai évité à Lydia d'avoir à trouver des mots délicats.

— … Pas comme la moyenne des gens.

Elle a ri.

— Bonne chance pour tout. Vous êtes deux personnes intelligentes, mais être parent n'est facile pour personne. Un dernier conseil : oubliez toutes les conneries de psychologie évolutionniste que votre imbécile d'ami a pu vous raconter.

Les « conneries de psychologie évolutionniste » étaient probablement une allusion à l'information que je lui avais communiquée le jour de l'Incident du Thon Rouge à propos de la compatibilité sexuelle.

— Comment rentrez-vous ? a demandé celui que Lydia venait d'appeler mon imbécile d'ami.

— En métro.

— Je vais vous accompagner. J'ai l'impression que nous avons un problème commun avec ces généticiens qui croient avoir tout compris au comportement humain.

Nous sommes restés seuls dans l'appartement, Rosie et moi. Il restait un peu de pizza. J'ai sorti le film alimentaire et Rosie s'est apprêtée à me le prendre des mains. Je m'y suis cramponné et d'un geste expérimenté – un geste *très* expérimenté –, j'en ai déchiré une feuille de dimensions parfaites et j'ai emballé la pizza.

Rosie regardait. Elle n'avait pas prononcé un mot depuis qu'elle avait identifié en Lydia quelqu'un que Judy Esler avait critiqué.

— Rien ne t'oblige à rentrer chez Dave ce soir, m'a-t-elle dit. Mais tu n'as pas oublié que j'ai un billet d'avion pour demain.

— L'évaluation de Lydia ne t'a pas fait changer d'avis ?

— Et toi ?

— Si je suis parti de l'appartement, c'est parce que j'avais un impact négatif net sur ta vie. Une idée qui reposait essentiellement sur le fait que Lydia me jugeait inapte à être père.

— Don, elle a tort. C'est tout le contraire. Tu es sûrement le père le plus génial du monde. Pour l'épouse adéquate. Tu sais tout. Tu sais quel régime il faut suivre, quelle activité sportive est la plus recommandée, quel landau acheter. Tu sais des machins sur la procidence du cordon ombilical que moi-même je ne sais pas, alors que je suis en médecine. On passerait notre temps à se chamailler et tu aurais raison tout le temps. Comme toujours.

— Inexact. Je…

— Ne me donne pas de contre-exemple. Je veux bien croire que tu t'es trompé une fois. Je parle en général. Je veux m'occuper de mon bébé, l'aimer et l'élever sans que tu me dises tout le temps quoi faire. Je ne veux pas être une simple paire de mains. Comme ce soir. (Rosie s'est levée et s'est mise à marcher.) Ou un élément de ton Opération Bébé. Je veux entretenir avec mon bébé une relation qui soit à moi.

— Et tu penses que mon apport viendrait contrarier le tien ?

Claudia avait raison. Rosie voulait une nouvelle relation parfaite, sans interférence.

Rosie est passée dans la cuisine et a branché la bouilloire. Le cycle nocturne du chocolat chaud commençait. J'ai consacré ce délai à essayer d'élaborer une argumentation qui persuaderait Rosie de rester à New York. Six minutes approximativement se sont écoulées avant qu'elle ne revienne dans la zone du salon.

— Peut-être aussi qu'on ne se chamaillerait sur rien. Ce qui serait aussi un problème. Maintenant, je n'ai plus d'autre rôle que celui de mère. Et toi, tu passerais ton temps à intervenir et à tout faire mieux que moi. À temps partiel. Il est déjà assez difficile de ne pas être une mère lamentable sans avoir un conjoint qui vous rappelle à chaque instant que vous faites tout de travers.

— Je pourrais peut-être te communiquer mes connaissances sans les appliquer directement.

— Non ! Et puis, après tout, je suis peut-être trop sympa. Je te donne l'impression que tu es Superpapa. Mais tu sais, être parent, ce n'est pas uniquement de la théorie. Les bébés n'ont pas seulement besoin que leur couche soit mise correctement.

— Tu vas vraiment rentrer en Australie ? Sans moi ?

— Don, je ne voulais pas revenir là-dessus, mais je te l'ai déjà dit : il y a quelqu'un d'autre. C'est la décision la plus difficile que j'ai eue à prendre de ma vie. J'ai fait un tableau.

34.

Nous avons dormi dans le même lit, pour ce que je pensais être la dernière fois. Un rapport sexuel ne paraissait pas approprié, surtout à cause de l'existence de « quelqu'un d'autre », et nous étions tous les deux terriblement fatigués. J'avais une masse d'informations déroutantes à traiter, et je savais qu'il était inutile de commencer tant que je n'aurais pas les idées claires. Il n'y avait plus aucune urgence. Je me livrerais à une évaluation postopératoire en temps voulu.

— Je n'ai pas le courage d'aller voir Dave et Sonia, m'a dit Rosie le lendemain matin. Je vais rester ici. Judy passe me prendre à dix heures.

C'était la deuxième fois que je lui disais au revoir, depuis mon départ initial pour l'appartement de Dave. Toutes les études que j'avais lues révélaient que les séparations compliquées engendraient davantage de souffrance que les autres. Mon expérience confirmait ce résultat.

Rosie était dans son bureau en train de finir ses bagages quand je suis revenu de mon jogging programmé. Elle était extrêmement belle, comme toujours, mais sa nouvelle silhouette ajoutait une dimension supplémentaire à sa beauté.

— Il bouge toujours ? ai-je demandé.

— Heureusement. Autrement, je me serais inquiétée.

— Je veux dire, là, maintenant.

— Pas en ce moment, non. Mais je l'ai senti il y a quelques minutes.

J'éprouvais des sentiments conflictuels. Je savais, parce que j'en avais parlé à Dave, que quelqu'un d'exactement comme la moyenne des gens aurait tenu à sentir le bébé en développement « donner des coups de pied ». Pas moi. J'ai envisagé trois raisons possibles :

1. Si l'expérience se révélait émotionnellement puissante, elle ne ferait qu'accroître la souffrance que me causait le départ de Rosie. Si Dave ou un autre individu exactement comme la moyenne des gens se trouvait dans les mêmes conditions que moi, il aurait pu parvenir à la même conclusion.
2. J'étais encore dans une forme de déni face à l'existence d'un vrai bébé, en raison de l'absence de planification. Le sentir bouger aurait contrarié cette confortable situation de déni.
3. J'éprouvais toujours mon aversion naturelle à tout contact corporel avec des étrangers. Rosie avait dormi avec moi la nuit précédente ; pourtant, notre relation avait indéniablement changé.

J'étais conscient de pouvoir influencer l'opinion de Rosie à mon sujet si j'agissais différemment, mais ce comportement aurait été trompeur. Je me suis donc conduit avec intégrité, fidèle à moi-même.

— Tu pourrais me donner une copie de ton tableau ? lui ai-je demandé.

Ma dernière chance était qu'elle ait commis une erreur.

Gene m'a accompagné à l'hôpital pour voir Sonia. Il ne la connaissait pas avant la veille, mais sa motivation était raisonnable.

— On est là pour Dave. En Amérique, les nouveaux pères distribuent des cigares, parce qu'il faut bien qu'ils s'occupent. Pendant les six premiers mois, ils n'ont strictement rien à faire. Et ne me parle pas de nouer des liens affectifs. Si Dave s'attend à ce que le bébé se jette à son cou en criant « papa », il va devoir attendre un moment.

Le conseil de Gene était conforme à ce que j'avais lu. Les partenaires de sexe masculin étaient censés prêter assistance à leur épouse pour les tâches domestiques, des travaux faciles à sous-traiter, surtout dans un pays où le salaire minimum était bas. Il était parfaitement rationnel que Dave se concentre sur son métier, qui lui faisait gagner un salaire horaire supérieur.

— Où est Rosie ? a demandé Sonia dès notre arrivée.

Le bébé dormait dans un berceau rangé dans un dortoir, alors que Sonia avait une chambre particulière. Elle attendait Dave qui avait un travail à finir, mais il avait déjà examiné le bébé. Celui-ci ne présentait aucune anomalie visible et son apparence ne se modifierait pas considérablement d'un jour sur l'autre.

— Aucun changement de statut, malheureusement. En fait, la séparation a été confirmée. Rosie rentre en Australie aujourd'hui.

— Arrête ! Mais pourquoi ? Après ce que vous avez fait pour moi – quand je pense à l'équipe super que vous formiez tous les deux !

La logique de Sonia était défectueuse. Elle semblait juger normal que des professionnels travaillant sur un projet commun opèrent la transition vers une relation permanente. Cela arrivait parfois, de toute évidence, mais dans notre cas, c'était insuffisant.

Notre discussion a été interrompue par l'arrivée d'une infirmière qui portait un bébé, dont j'ai supposé que c'était celui de Sonia et Dave. L'épisode antérieur du Tumulte Prénatal m'avait en effet fait prendre conscience que les conventions sociales étaient plus fortes que l'intérêt de maximiser l'immunité par le partage de lait maternel.

Sonia a engagé le processus de nutrition et d'amélioration de l'immunité.

— Alors, qu'est-ce qui s'est passé ? a-t-elle demandé une fois le bébé en place. Entre Rosie et toi ? Si c'est un coup de Lydia, je vais faire un signalement. Je parle sérieusement.

Sonia était comptable. Elle comprendrait la logique de la prise de décision. J'ai sorti le tableau de Rosie de ma poche et le lui ai tendu. Elle l'a pris d'une main tout en soutenant le bébé de l'autre. J'ai été impressionné par sa compétence en la matière après aussi peu de temps.

— Putain, vous êtes vraiment à la masse tous les deux. Ce qui suffirait à justifier que vous restiez ensemble. (Elle a examiné le tableau pendant quelques secondes de plus.) Qu'est-ce que c'est que cette histoire de *déjà acheté le billet d'avion* ?

— Le billet de Rosie est non remboursable. Elle s'est crue obligée de ne pas perdre son investissement.

Un facteur qui a de toute évidence joué un rôle dans sa décision de rentrer en Australie.

— Vous vous sépareriez à cause du prix d'un billet d'avion ? Je rêve ! De toute façon, elle a tort : exemple classique d'aversion à la perte. On ne tient pas compte des frais irrécupérables quand on prend des décisions d'investissement. Ce qui est perdu est perdu.

Gene m'a pris le tableau des mains.

— Barre le billet d'avion. Bien joué, Sonia. Il n'est pas mauvais parfois de parler à ces gens dans leur propre langue. (Il a regardé le tableau.) Rosie t'a menti.

— Qu'est-ce qui te permet de dire ça ?

— Où est l'autre homme ? Ton fameux Numéro 34 ? Qui d'ailleurs, si tu veux mon avis, n'est pas Stefan. Je le connais. Une femme avec un bébé ? Il prendrait ses jambes à son cou. Même si c'est Rosie. Si cet homme entrait vraiment en ligne de compte, il représenterait le facteur majeur et elle n'aurait même pas besoin de tableau.

Son tableau ne comportait effectivement aucun élément émotionnel. Toutes les entrées concernaient des aspects pratiques tels que la garde de l'enfant (présence du père de Rosie et de sa famille élargie en Australie), les possibilités d'emploi (approximativement équivalentes) et la décision de poursuivre ou non ses études de médecine (facteurs multiples, pas de résultat probant).

— Elle a peut-être dressé ce tableau pour que je me sente moins mal, ai-je observé.

— Tu sais quoi ? a dit Gene. Une phrase de ce genre ne peut exister que dans votre relation, à Rosie et toi.

Il faut que vous restiez ensemble pour nous protéger, nous autres. Don, il n'y a pas de Numéro 34. C'est un prétexte.

— J'ai lu un message Skype.

— Je ne sais rien de ce message. Ce que je sais en revanche, et très concrètement, c'est que Rosie n'est pas un cadeau. Or la théorie veut que les hommes ne soient généralement pas volontaires pour s'occuper d'un bébé qui n'est pas porteur de leurs gènes.

Sonia a jeté à Gene un regard difficile à interpréter.

— Si vous bossiez dans la FIV…

Mais mon esprit travaillait dans une autre direction. Rapidement. J'ai toujours été plus compétent en chiffres qu'en noms. D'un coup, je me suis rappelé où j'avais déjà vu ce numéro 34.

Avant que j'aie eu le temps de traiter l'information, Sonia m'a demandé :

— Tu voudrais tenir Rosie ?

J'ai trouvé que c'était une question d'un caractère personnel inapproprié jusqu'à ce que j'aie compris ce qu'elle disait. Les prénoms ne sont pas des identifiants uniques.

— Le bébé s'appelle Rosie ?

— Rosina. Mais on l'appelle Rosie. Si l'échographie s'était trompée et s'il s'était agi d'un garçon, il se serait appelé Donato. Si elle est là, c'est grâce à vous. À toi et à Rosie.

— Ça risque d'être une source de confusion.

— J'espère bien. Ça voudra dire que tu t'es débrouillé pour que Rosie revienne dans ta vie. Ce que tu dois absolument faire. Tiens.

Elle m'a passé le bébé. Je l'ai porté pendant quelques instants, mais mon esprit était toujours en train d’analyser les conséquences de mon illumination à propos du Numéro 34. J’ai rendu Rosie II à Sonia.

— Tu arrives à quel total ? ai-je demandé à Gene. En supprimant les frais irrécupérables ?

— Ça retire neuf points. On arrive à moins deux.

— Tu es sûr ?

Dans mon souvenir, le prix du billet ne représentait que quatre points. J’ai tendu la main vers le tableau pour m’en assurer, mais Gene a donné la feuille à Sonia.

— Tu veux bien vérifier mon addition ?

— Moins deux, a confirmé Sonia.

J’étais abasourdi.

— Elle a fait une erreur ? Le tableau recommande que nous restions ensemble ?

— Dans le monde où tu vis, oui. Pour Rosie, va savoir. Elle tiendra peut-être à ajouter trois points pour la souffrance occasionnée par le changement de décision. Comment veux-tu que je sache ?

Dave est entré au moment où je préparais ma réponse.

— Tout va bien ? a-t-il demandé.

— Aucun changement dans la situation du bébé, ai-je annoncé. Tu as ton véhicule ?

— Ouais, c’est…

— JFK, ai-je dit. Tout de suite.

Dave agitait ses clés, mais Sonia ne m’a pas laissé partir sans conseils supplémentaires.

— Ne l’assomme pas d’arguments. Et n’oublie pas de lui dire que tu l’aimes.

— Elle le sait.

— Quand le lui as-tu dit pour la dernière fois ?

— Tu penses que je devrais le répéter ?

L'amour était un état permanent. Il n'y avait pas eu de changement significatif depuis que nous nous étions mariés – peut-être une légère baisse de passion, mais il paraissait inutile de fournir à Rosie un compte rendu de cette évolution.

— Oui. Tous les jours.

— Tous les jours ?

— Dave me dit qu'il m'aime tous les jours, pas vrai, Dave ?

— Hum hum.

Dave a recommencé à agiter ses clés.

35.

J'ai pris une réservation en ligne pendant que nous retournions à l'appartement. Les seuls billets disponibles étaient à tarif plein ; en contrepartie, ils présentaient l'avantage d'être remboursables. Rosie était d'une désorganisation notoire, mais dans les occasions importantes comme les voyages internationaux, elle surcompensait ce handicap en arrivant à l'avance. J'espérais qu'elle n'aurait pas franchi les contrôles de sécurité avant notre arrivée. Ne bénéficiant pas du statut « spécial » que la compagnie aérienne m'avait accordé en raison de mes contributions antérieures, Rosie n'avait pas accès au salon de la classe affaires. Je lui adresserais un texto si je n'arrivais pas à la trouver, mais je n'avais pas l'intention de la prévenir.

Nous nous sommes arrêtés à l'appartement pour chercher mon passeport.

— Tu n'en as pas besoin, a remarqué Gene. C'est un vol intérieur jusqu'à Los Angeles. Ton permis de conduire suffit.

— Je n'en ai pas. La date de validité de mon permis australien est passée.

— Tu n'emportes rien d'autre ? Si j'étais toi, je prendrais quand même un sac, au cas où.

— Je ne vais que jusqu'à l'aéroport.

— Fourre quelques affaires dans un sac, je te dis.

— Je ne peux pas faire de bagages sans liste.

— Je te dirai quoi prendre.

— Non.

J'atteignais ma limite supérieure de stress et Gene a dû le sentir.

J'ai cherché mon passeport dans le classeur de mon bureau-salle de bains. Je profiterais du trajet entre l'appartement et l'aéroport pour demander conseil à Dave et Gene. Il fallait absolument que j'optimise mes arguments avant de voir Rosie. J'ai pris conscience d'une possibilité d'améliorer mon équipe de conseillers et en sortant, je suis monté chez George qui a accepté de nous accompagner.

Je me suis assis à l'avant avec Dave. Gene et George ont pris place sur la banquette arrière.

— Qu'est-ce que tu vas lui dire ? m'a demandé Dave.

— Qu'elle a commis une erreur sur son tableau.

— Si je ne te connaissais pas aussi bien, je penserais que c'est une blague. D'accord, je vais jouer le rôle de Rosie. Tu es prêt ?

Je me suis dit que si Sonia avait pu imiter Rosie, il n'y avait aucune raison pour que Dave ne puisse pas en faire autant. J'ai regardé par la fenêtre pour éviter d'être distrait par son aspect physique anormal.

— Don, je viens de penser à un truc que j'ai oublié de mettre sur le tableau. Tu ronfles. Cinq points en moins. Ciao.

— Tu peux prendre ta voix normale. Je ne ronfle pas. J'ai vérifié avec un magnétophone.

— Don, quoi que tu dises, je trouverai autre chose à ajouter au tableau. Il n'est là que pour te convaincre que j'ai pris la bonne décision.

— Autrement dit, tu ne reviendras pas, quoi que je fasse ?

— Ça se peut. Est-ce que tu comprends au moins pourquoi j'ai décidé de partir ?

— Explique-le-moi encore.

— Je ne peux pas. Je suis Dave. C'est à *toi* de *me* l'expliquer pour que je sois sûr que tu as bien compris.

— Je faisais des choses que tu savais déjà faire, et je les faisais de façon agaçante.

— Exactement. Tu étais tout le temps dans mes pattes. Le plus dur pour les pères, c'est de définir leur rôle. Pour moi, il consiste à gagner de l'argent pour faire vivre ma famille.

— Tu veux gagner de l'argent pour faire vivre ta famille ? Je croyais que tu voulais t'occuper du bébé puis essayer de trouver un poste de chercheuse.

— Je suis redevenu Dave. Il faut que tu définisses ta place. Le rôle que tu joues. Elle pense ne pas avoir besoin de toi. À l'heure qu'il est, elle n'a qu'une chose en tête : la relation entre le bébé et elle. C'est la biologie, qu'est-ce que tu veux ?

— Tu as bien retenu la leçon, a approuvé Gene.

Une seule chose en tête. Notre relation conjugale avait été usurpée, supplantée, rendue obsolète par le bébé. Rosie avait obtenu ce qu'elle voulait. Maintenant, elle n'avait plus besoin de moi.

— Ça doit être pareil dans tous les couples, ai-je observé. Pourquoi est-ce qu'ils n'aboutissent pas tous à une rupture ?

— Grâce aux groupies, est intervenu George. Non, sérieusement, il faut que tu trouves ta propre voie. Aucune de mes relations conjugales n'a plus jamais été la même après le premier gosse.

— Attends six mois, a ajouté Gene. Ça finira par s'arranger.

Gene semblait avoir choisi un délai compatible avec son conseil, à la manière d'un négationniste populiste à propos du réchauffement climatique. De toute évidence, sa vie conjugale se trouvait dans un état plus lamentable que six mois après la naissance d'Eugénie. Mais il avait repris récemment contact avec Carl. Il paraissait raisonnable de conclure que le bonheur conjugal n'était pas une simple fonction de temps, et que l'instabilité faisait partie du prix à payer en échange d'une amélioration du bien-être général. Mon expérience coïncidait avec cette observation.

Dave a ajouté :

— Ce que tu es censé faire, c'est décharger ta femme de certaines corvées pour qu'elle ait du temps à t'accorder. Vider la machine à laver, passer l'aspirateur. C'est ce que tout le monde dit. Tous ceux qui n'ont jamais cherché à gérer une boîte.

— Sonia peut se charger de toute la paperasse, ai-je dit. Ce qui te libérera pour des activités bénéfiques à votre relation.

— Je suis capable de gérer ma boîte tout seul, a protesté Dave. Je n'ai pas besoin que ma femme m'aide.

— À mon avis, si ta femme te propose de s'occuper de ta compta, a repris George, tu ferais bien de dire : « Merci beaucoup », de passer ce putain d'aspirateur et quand tu auras fini, tu pourras profiter de ton temps libre pour une partie de jambes en l'air bien méritée.

Dave n'a plus rien dit jusqu'à ce qu'il se soit arrêté dans la zone de dépose des passagers.

— Tu veux que j'attende ?

— Non, ai-je répondu. Je prendrai la navette. C'est plus efficace.

— Pas de bagage à main, monsieur ?

L'agent de sécurité (âge estimé vingt-huit ans, IMC estimé vingt-trois) m'a arrêté de l'autre côté du scanner que j'avais passé sans incident.

— Juste mon téléphone et mon passeport.

— Je peux voir votre carte d'embarquement ? Vous avez enregistré un sac ?

— Non.

— Vous allez à Los Angeles sans aucun bagage ?

— Exact.

— Je peux voir vos papiers d'identité ?

Je lui ai tendu mon passeport australien.

— Mettez-vous par ici, monsieur. Quelqu'un va venir vous parler dans un instant.

Pendant que j'attendais dans la salle d'interrogatoire, j'avais conscience que l'heure du vol de Rosie approchait. Heureusement, mon interrogateur (sexe masculin, approximativement quarante ans, IMC vingt-sept, chauve) s'est dispensé de formalités.

— Allons droit au but. Vous venez de décider de vous rendre à Los Angeles, c'est ça ?

J'ai acquiescé.

— Vous n'avez pas eu le temps de fourrer des sous-vêtements dans un sac, mais vous n'avez pas oublié votre passeport. Qu'est-ce que vous comptez faire là-bas ?

— Je n'ai pas encore fait de projets. Probablement rentrer en Australie.

Après cela, ils ont procédé à une inspection méticuleuse de mes vêtements et de mon corps. Je n'ai pas protesté parce que je ne voulais pas perdre de temps. Ce n'était que légèrement plus déplaisant que mon contrôle de routine pour le cancer de la prostate.

On m'a raccompagné dans la salle d'interrogatoire. J'ai décidé qu'il serait peut-être utile de communiquer d'autres informations.

— Il faut que je rejoigne ma femme dans l'avion.

— Votre femme a embarqué sur ce vol ? C'est elle qui a vos bagages ? Vous ne pouviez pas le dire plus tôt ?

— Ça n'aurait fait que compliquer les choses. On me reproche souvent de donner des détails superflus. Tout ce que je veux, c'est monter dans l'avion.

— Comment s'appelle votre femme ?

J'ai donné les coordonnées de Rosie et l'agent a passé un appel téléphonique de confirmation.

— Elle est enregistrée jusqu'à Melbourne, Australie. Pas vous.

— J'avais envie de l'accompagner dans l'avion. Pour maximiser le temps que je peux passer avec elle.

— Apparemment, vous appréciez la conversation de votre femme plus que moi.

— C'est probable, puisque nous avons choisi de nous marier, elle et moi, alors que vous, vous ne la connaissez pas.

Il m'a regardé bizarrement. Ce n'était pas la première fois.

— C'est le dernier appel pour votre vol. Vous feriez bien de vous magner le cul. Une nouvelle carte d'embarquement vous attend à la porte. Ils ont fait un échange de places, comme ça, vous serez à côté de votre femme.

La salle d'embarquement était vide : Rosie était déjà dans l'avion. La seule solution était d'embarquer, moi aussi.

Elle a été surprise quand je me suis assis à côté d'elle. Extrêmement surprise.

— Comment es-tu arrivé là ? Qu'est-ce que tu fais là ? Comment es-tu monté dans l'avion ?

— Dave m'a accompagné. Je suis venu pour te persuader de revenir. J'ai acheté un billet.

J'ai profité de son silence pour me lancer dans mon argumentation ; grâce au conseil de Dave, je n'ai pas commencé par relever l'erreur de son tableau à propos des coûts irrécupérables.

— Je t'aime, Rosie.

C'était vrai, mais cette phrase n'était pas vraiment mon style.

— C'est Sonia qui t'a conseillé de dire ça ?

— Exact. J'aurais dû le dire plus souvent, mais je n'avais pas conscience que c'était requis. Je suis tout de même en mesure de confirmer que ce sentiment n'a disparu à aucun moment.

— Je t'aime aussi, Don. Le problème n'est pas là.

— Je voudrais que tu descendes de l'avion et que tu rentres à la maison avec moi.

— J'avais cru comprendre que tu avais pris un billet.

— Je ne l'ai acheté que pour avoir accès à l'aéroport.

— Trop tard, Don. Mon billet est non remboursable.

J'ai entrepris de lui expliquer le phénomène d'aversion à la perte. Mais Dave avait eu raison à propos du tableau.

— Stop, stop, s'est écriée Rosie. Si j'ai fait un tableau, c'était juste pour te montrer que j'avais réfléchi rationnellement à tout ça. Il y a un tas d'autres choses – des choses impossibles à quantifier. Je te l'ai dit, il y a quelqu'un d'autre.

— Phil.

Le numéro 34 de son maillot de football était parfaitement visible sur les photographies accrochées au mur du Centre de gym Jarman.

Rosie a eu l'air embarrassée ; du moins, j'ai supposé que son expression révélait l'embarras que lui inspirait sa supercherie.

— Pourquoi ne m'as-tu pas dit qu'il s'agissait de ton père ?

Rosie a bénéficié d'un délai de réflexion supplémentaire grâce à une annonce bruyante du chef de cabine, incompatible avec la poursuite de la conversation : « Nous attendons l'arrivée de trois passagers en correspondance… »

— J'ai voulu faciliter les choses, les rendre plus simples.

— En inventant un amoureux imaginaire ?

— Tu as bien inventé une moi imaginaire.

Peut-être Rosie se livrait-elle à une profonde analyse psychologique, à moins qu'elle n'ait fait allusion à Sonia. Ce n'était pas pertinent.

— Tu veux me remplacer par Phil, le pire père du monde.

Ce n'était évidemment pas ma vision actuelle de Phil, mais ce qualificatif reflétait les commentaires de Rosie avant leur réconciliation. La précision n'était pas prioritaire pour moi, en cet instant.

— Il faut croire qu'il l'a été, oui, a confirmé Rosie. Regarde ce que je suis devenue. Une nulle, incapable de faire marcher son couple et qui va élever son enfant toute seule, comme lui.

Schémas répétitifs. Un matin de pluie, alors que Rosie avait rejeté ma première demande en mariage, j'étais allé à vélo au club universitaire faire une nouvelle tentative, comme celle que je faisais actuellement. Mais ce jour-là, j'avais un plan – un plan largement supérieur au phénomène d'aversion à la perte.

Trois passagers ont descendu le couloir central.

— L'avion va décoller, ai-je fait remarquer.

— Tu ferais mieux de descendre.

— Il y a de multiples raisons pour que tu restes à New York.

J'improvisais, refusant de me résigner, alors que je savais parfaitement que la probabilité que Rosie se laisse convaincre par tout ce que je pourrais imaginer à présent était minime. – Numéro un : le prestige du programme d'études médicales de la Columbia qui… « Merci de bien vouloir éteindre vos téléphones portables et tous vos appareils électroniques. »

Rosie m'a interrompu, ce qui était sans doute préférable pour ma santé mentale.

— Don, j'apprécie vraiment tes efforts, mais réfléchis bien. Tu n'as pas de lien réel avec ce bébé. Affectivement, je veux dire. Tu as un lien avec moi. Je le crois, je crois que tu m'aimes, mais ce n'est pas ce dont j'ai besoin en ce moment. Je t'en prie, rentre maintenant. Je t'appellerai sur Skype dès que je serai arrivée.

Rosie avait fondamentalement raison. Malheureusement. Claudia avait parfaitement compris sa motivation et aucun argument rationnel ne pourrait la faire changer d'avis. Bud était encore une construction théorique dans mon esprit. Je ne pouvais pas faire croire à Rosie que j'étais émotionnellement configuré comme père. J'ai appuyé sur le bouton d'appel. Un agent de bord (sexe masculin, IMC estimé vingt et un) s'est avancé presque immédiatement.

— Je peux faire quelque chose pour vous ?

— Il faut que je descende de l'avion. J'ai changé d'avis, je ne pars plus.

— Je suis navré, monsieur, mais les portes sont fermées. L'avion va rejoindre la piste d'un instant à l'autre.

L'homme assis à côté de moi sur le siège côté couloir m'a apporté son soutien.

— Laissez-le partir. S'il vous plaît.

— Je suis désolé, il faudrait décharger les bagages. Cela retarderait le départ de tout le monde. Vous n'êtes pas malade, si ?

— Je n'ai pas de bagages. Pas même de bagage à main.

— Je suis vraiment navré, monsieur. « Les passagers et les membres de l'équipage sont priés de rejoindre leurs places. »

Rétrospectivement, c'est la prise de conscience que si j'avais *prétendu* être malade, on m'aurait laissé descendre de l'avion, qui m'a poussé jusqu'à la frontière entre santé mentale et pétage de plombs. Elle venait s'ajouter au stress de l'urgence médicale vitale de la veille, de mon échec à sauver mon couple, de l'incompétence administrative et d'une invasion brutale de mon espace personnel. Une supercherie de plus, une toute petite supercherie, et j'aurais pu partir. Mais j'avais atteint mes limites, dans toutes les dimensions.

Je ne pouvais pas partir. On m'*empêchait* de partir.

J'ai fermé les yeux et j'ai respiré profondément. J'ai visualisé des chiffres, des sommes alternées de cubes qui se comportaient avec une rationalité prévisible, comme elles l'avaient fait avant les êtres humains et les émotions, et comme elles le feraient pour l'éternité.

J'ai pris conscience que quelqu'un se penchait vers moi. L'agent de bord.

— Excusez-moi, monsieur, si vous voulez bien remonter entièrement votre siège pour le décollage.

Putain, oui, je voulais bien ! J'avais déjà essayé, et le mécanisme était cassé, et la probabilité quasiment *nulle* que cela puisse avoir la moindre incidence sur la survie de qui que ce soit…

J'ai respiré. Inspiré. Soufflé. J'ai préféré ne pas essayer de parler. J'ai senti le steward qui s'inclinait au-dessus de mon voisin, qui manipulait mon siège au moment même où le pétage de plombs s'amorçait alors que la ceinture m'empêchait de bouger. *Je ne voulais pas que ça arrive devant Rosie*.

J'ai commencé à réciter mon mantra, m'efforçant de régulariser ma respiration et psalmodiant d'une voix blanche *Hardy-Ramanujan*, *Hardy-Ramanujan, Hardy-Ramanujan*.

Je ne sais pas combien de fois j'ai prononcé ces mots, mais quand mon esprit s'est éclairci, j'ai senti la main de Rosie posée sur mon bras.

— Ça va, Don ?

Ça n'allait pas, mais à présent, seul le problème initial en était la cause. Et je disposais de cinq heures supplémentaires pour trouver une solution.

36.

— Don, il faut que je dorme. Je ne changerai pas d'avis d'ici à Los Angeles. J'apprécie vraiment, vraiment tes efforts. Je t'appellerai dès que je serai arrivée à la maison. C'est promis.

Rosie a incliné son siège en arrière et a fermé les yeux. Peu après, le steward est revenu et a proposé à notre voisin une place surclassée. J'ai supposé que son siège resterait vacant : j'étais habitué à être entouré de places libres, sauf sur les vols complets, en raison du statut spécial que m'avait accordé la compagnie aérienne. Un résultat gagnant-gagnant pour mon voisin et moi. Mais il a été remplacé par un autre passager, sexe masculin, âge estimé quarante, IMC estimé vingt-trois.

— Vous avez sûrement deviné qui je suis, a-t-il dit.

C'était peut-être une célébrité qui s'attendait à être reconnue – mais les célébrités ne voyageaient généralement pas en classe économique. J'ai provisoirement diagnostiqué un cas de schizophrénie.

— Non, ai-je répondu.

— Je suis un agent de la sécurité fédérale attaché à l'aviation civile. Je suis ici pour veiller sur vous… et sur le reste des passagers et de l'équipage.

— Parfait. Il y a un danger particulier ?

— Ce serait plutôt à vous de me le dire, vous ne croyez pas ?

Schizophrénie. J'allais être obligé de faire le voyage en compagnie d'un malade mental.

— Vous avez une pièce d'identité ? lui ai-je demandé.

Je cherchais à le détourner de son délire qui m'attribuait des connaissances spéciales.

À ma grande surprise, il en avait une. Il s'appelait Aaron Lineham. Pour autant que j'aie pu en juger après approximativement trente secondes d'examen minutieux, sa carte d'identité était authentique.

— Vous êtes monté dans l'avion sans intention de voyager, c'est bien cela ? a-t-il repris.

— Exact.

— Dans ce cas, quel était votre but ?

— Ma femme rentre en Australie. Je voulais la convaincre de rester ici.

— C'est elle, sur le siège côté hublot ?

C'était effectivement Rosie, qui émettait les bruits de sommeil de faible intensité apparus pendant l'Opération Bébé en Développement.

— Elle est enceinte ?

— Exact.

— De votre enfant ?

— Je suppose.

— Et vous n'êtes pas arrivé à la persuader de rester avec vous. Elle vous quitte pour de bon, en emmenant votre enfant.

— Exact.

— Ça vous rend plutôt malheureux.

— Extrêmement.

— Et vous avez décidé de faire quelque chose pour empêcher ça. Quelque chose d'un peu cinglé.

— Exact.

Il a sorti de sa poche un appareil de communication.

— Situation confirmée, a-t-il dit.

J'ai supposé que mon explication avait été satisfaisante. Il est resté silencieux un moment et j'ai regardé le ciel clair, au-delà de Rosie. J'ai observé l'aile qui plongeait et la force centrifuge m'a maintenu sur mon siège. Sans l'horizon comme point de repère, je n'aurais pas su que l'avion tournait. La science et la technologie étaient incroyables. Tant qu'il y aurait des problèmes scientifiques à résoudre, ma vie vaudrait encore d'être vécue.

Aaron l'Agent de Sécurité a interrompu mes réflexions.

— Vous avez peur de mourir ?

C'était une question intéressante. En tant qu'animal, j'étais programmé pour résister à la mort afin d'assurer la survie de mes gènes, et pour éprouver de la peur dans des circonstances qui me menaçaient de souffrance et de mort, comme la présence d'un lion. Mais je n'avais pas peur de la mort dans l'abstrait.

— Non.

— De combien de temps disposons-nous ?

— Vous et moi ? Quel âge avez-vous ?

— Quarante-trois ans.

— À peu près le même âge que moi. Statistiquement, nous disposons tous les deux approximativement de quarante années, mais vous paraissez en bonne santé. Je suis moi aussi en parfaite santé, et j'aurais donc tendance à accorder à chacun de nous entre cinq et dix années supplémentaires.

Nous avons été interrompus par une annonce : « Bonjour. Ici le commandant de bord. Vous aurez peut-être remarqué que notre appareil a fait demi-tour. Nous rencontrons un problème mineur, et la tour de contrôle nous a demandé de regagner New York. Nous entamerons notre descente sur JFK dans approximativement quinze minutes. Nous vous prions de bien vouloir nous excuser pour ce désagrément, mais vous comprendrez certainement que votre sécurité est notre priorité absolue. »

Presque immédiatement, un bourdonnement de conversations s'est élevé tout autour de nous.

— Il y a un problème mécanique ? ai-je demandé à Aaron.

— Il va nous falloir environ quarante minutes pour regagner New York et débarquer. J'ai une femme et des gosses. Dites-moi une seule chose : est-ce que je vais les revoir ?

Si l'avion n'avait pas fait demi-tour, j'aurais insisté pour examiner la carte d'identité d'Aaron plus attentivement. Je lui ai demandé :

— Que se passe-t-il ?

— Une femme enceinte achète un billet pour rentrer dans son pays et enregistre trois bagages volumineux. Un homme connu de la compagnie aérienne pour son comportement inhabituel la suit sans aucun bagage, puis exige de quitter l'avion avant le décollage. Il est pris d'agitation quand on lui en refuse l'autorisation. Puis il se met à prier tout haut dans une langue étrangère. Ça faisait déjà beaucoup – et maintenant, vous me dites qu'elle a décidé de vous quitter. Qu'en concluriez-vous ?

— Je ne suis pas compétent pour analyser les motivations humaines.

— Si seulement je l'étais… Je ne sais pas s'ils se sont trompés ni si nous avons fait demi-tour à temps. Ni si vous êtes le type le plus cool que j'aie jamais rencontré, pour être capable de bavarder aussi paisiblement pendant que s'égrènent les dernières minutes de votre vie.

— Je ne comprends pas. Quelle est la nature du danger ?

— Monsieur Tillman, avez-vous dissimulé une bombe dans les bagages de votre femme ?

Incroyable. Ils avaient établi mon profil psychologique et m'avaient catalogué comme terroriste. Tout bien réfléchi, ce n'était pas aussi incroyable que ça. Les terroristes ne sont pas exactement comme la moyenne des gens. Mon comportement hors normes avait été raisonnablement interprété comme un facteur d'accroissement de la probabilité que je commette un autre acte hors normes, tel qu'un massacre collectif parce que ma femme me quittait.

J'étais flatté que mon voisin me trouve cool, même si c'était à partir de prémisses erronées. Mais un avion rempli de passagers regagnait New York. Je soupçonnais que les autorités compétentes chercheraient à m'en attribuer la responsabilité.

— Il n'y a pas de bombe. Mais je vous conseillerais de supposer que je mens.

Je ne voulais pas qu'un agent de sécurité se fie à la parole d'un homme soupçonné d'être un terroriste pour décider de la présence éventuelle d'une bombe à bord de l'appareil.

— En supposant que je dise la vérité et qu'il n'y ait pas de bombe, ai-je commis un acte illégal ?

— Pour autant que je puisse en juger, non. Mais ça m'étonnerait que le Service de la sécurité des transports ne trouve pas quelque chose. (Il s'est calé contre son dossier.) Racontez-moi tout. Je ne bouge pas d'ici. Et j'essaierai d'en conclure si nous allons tous mourir.

J'ai cherché à le rassurer.

— S'il y avait une bombe, les scanners l'auraient certainement détectée.

— C'est ce qu'on croit, mais vous pouvez en tirer vos propres conclusions.

— Si j'avais voulu tuer ma femme, j'aurais pu le faire sans tuer tous les passagers d'un avion. Chez nous. À mains nues. Ou avec tout un choix d'ustensiles domestiques. J'aurais pu maquiller ça en accident.

Je l'ai regardé dans les yeux pour lui prouver ma sincérité.

Comme me l'avait demandé Aaron l'Agent de Sécurité, je lui ai raconté mon histoire. Je ne savais pas très bien par quoi commencer. Sortis de leur contexte, de nombreux événements étaient difficiles à comprendre parfaitement, mais j'ai estimé que je ne disposais pas du temps nécessaire pour entreprendre le récit complet de ma vie avant le moment où j'étais devenu un présumé terroriste. J'ai donc pris pour point de départ ma première rencontre avec Rosie, puisque les événements qui intéressaient Aaron étaient liés à elle. Chose prévisible, cela m'a obligé à omettre des éléments majeurs du passé.

— Ce que vous me dites, en gros, c'est qu'avant de rencontrer votre femme, vous n'avez eu personne dans votre vie.

— Si « en gros » veut dire « en excluant les rendez-vous qui n'ont pas débouché sur des relations », la réponse est oui.

— Le gros lot du premier coup, a-t-il ajouté. Je veux dire, c'est une jeune femme très séduisante.

— Exact. Elle dépassait largement toutes mes attentes en matière de conjointe.

— Vous estimiez que vous ne jouiez pas dans la même cour ?

— Exact. Excellente métaphore.

— Autrement dit, vous jugiez que vous ne la méritiez pas. Et maintenant, vous avez la possibilité de mener une vie de famille. Monsieur Don Tillman, mari et père, vous êtes appelé à jouer encore dans une autre cour à présent. Vous vous sentez à la hauteur ?

— J'ai fait beaucoup de recherches sur la parentalité.

— Nous y voilà. Surcompensation. Si j'étais un gourou de la motivation, j'aurais quelques conseils à vous donner.

— Certainement. Me motiver ferait partie intégrante de votre métier.

— Ce que je vous dirais, c'est que vous n'avez pas *visualisé* les choses. Si vous voulez un truc, il faut le visualiser. Il faut vous imaginer là où vous voulez être, et alors, vous pouvez foncer. J'étais un simple agent de sécurité, je n'avais aucun but dans la vie, quand j'ai entendu parler des emplois d'agent de sécurité de l'aviation après le 11-Septembre. J'ai visualisé ça, et me voilà. Mais sans vision, que dalle.

Une chose que la grossesse de Rosie m'avait apprise, c'est qu'il n'y avait pas pénurie de conseils.

Rosie avait dormi durant toute ma conversation avec Aaron et toutes les conversations agitées des autres passagers, mais le message annonçant notre atterrissage imminent l'a réveillée.

— Ouah ! J'ai roupillé pendant tout le voyage jusqu'à Los Angeles !

— Inexact. Nous rentrons à New York. Il y a un terroriste présumé à bord.

Rosie a eu l'air effrayée et m'a pris la main.

— Aucune raison de t'en faire, l'ai-je rassurée. C'est moi.

Je me suis dit que Rosie et moi étions probablement les deux seules personnes dans l'avion à ne pas être terrifiées.

Quand nous nous sommes posés à New York, on nous a emmenés Rosie et moi dans des salles d'interrogatoire distinctes pendant qu'on contrôlait ses bagages. La vérification a duré longtemps et on m'a laissé seul. J'ai décidé d'en profiter pour essayer de visualiser le fait d'être un parent.

Je ne suis pas très compétent en visualisation. Mon cerveau ne contient aucune représentation graphique des rues de New York, et je n'ai pas un sens instinctif de l'orientation. Mais je suis capable de dresser la liste des rues, des intersections, des points de repère et des stations de métro, et je sais lire les panneaux d'orientation – *14 St & 8 Av. SE Corner* – à la sortie du métro. Cela me paraît tout aussi efficace.

Je n'avais pas d'image de Rosie et moi avec un bébé réel. À un certain niveau, je n'y croyais pas, peut-être à cause de la crainte initiale à l'égard de la parentalité que m'avait inspirée Lydia ou peut-être – comme l'avait suggéré Aaron l'Agent de Sécurité – parce que j'estimais ne pas en être digne. Ces deux restrictions avaient été partiellement levées : Lydia m'avait accordé une approbation provisoire, tandis que Gene, Dave, Sonia et même George m'avaient récemment apporté un retour positif sur ma valeur d'être humain, au-delà du domaine de la recherche en génétique.

Il fallait maintenant que j'imagine le résultat.

Cela m'a obligé à mobiliser toute ma volonté. J'ai cherché à intégrer quatre images de bébé, et mes réactions émotionnelles à celles-ci.

J'ai imaginé les dessins du bébé en développement sur le mur de mon bureau-salle de bains. Aucune réaction. Le processus même de leur réalisation avait indéniablement exercé un effet apaisant, mais le souvenir de l'image d'un dessin de fœtus générique ou même les clichés de l'échographie n'avaient aucun pouvoir sur moi.

L'image mentale de Rosie II, le bébé de Dave et Sonia, ne m'était pas particulièrement utile non plus : c'était, lui aussi, un bébé générique.

Le souvenir du bébé plus âgé qui avait rampé sur moi pendant l'Opération Mères lesbiennes était plus satisfaisant. Je me rappelais que l'expérience avait été amusante. Je soupçonnais que le niveau d'amusement devait augmenter avec l'âge du bébé, moyennant certaines limites, évidemment. Dans mon souvenir, l'amusement engendré par le bébé de l'OML était du même ordre que celui que provoquait une margarita. Deux margaritas peut-être, sans être pourtant suffisant pour m'inciter à entreprendre des actions susceptibles de transformer ma vie.

L'image finale était celle du Bud réel. J'ai visualisé Rosie et la bosse. J'ai même visualisé ses mouvements, preuve de vie humaine. Effet émotionnel minimal.

Je me trouvais devant le même problème que celui que j'avais rencontré pendant l'Opération Rosie. J'étais infirme – *handicapé* –, incapable d'éprouver les sentiments indispensables pour provoquer un comportement normal. Ma réaction émotionnelle se portait vers Rosie. Elle était de très haut niveau, et si j'avais pu en rediriger un peu vers le bébé, comme Rosie l'avait apparemment fait avec ses sentiments pour moi, le problème aurait été résolu.

Enfin, un membre de la police (sexe masculin, approximativement cinquante ans, IMC approximativement trente-deux) a ouvert la porte.

— Monsieur Tillman. Nous avons contrôlé les bagages de votre épouse. Tout paraît en ordre.

— Pas de bombe ?

La question était automatique et, à la réflexion, stupide. Je n'avais pas caché de bombe dans ses bagages et il était très improbable que Rosie l'ait fait.

— Pas de bombe, en effet. Mais il n'y a pas de quoi faire le malin. Nous avons un certain nombre de lois contre les individus qui provoquent des incidents et…

À cet instant, la porte s'est rouverte – alors que personne n'avait frappé – et un autre membre de la police (sexe féminin, approximativement trente-cinq ans, IMC estimé vingt-deux) est entré. Dans la mesure où j'avais affaire aux autorités et où je risquais probablement une amende, c'était évidemment contrariant. J'étais nettement plus compétent dans les interactions en tête à tête que dans les situations engageant de multiples personnes. Avec le Flic à la Margarita, tout s'était bien passé ; avec le Gentil Flic et le Méchant Flic, moins bien. Avec Lydia seule, j'avais fait des progrès ; la participation de Sonia avait exigé une supercherie qui ne pouvait qu'être source de confusion. Même dans notre groupe d'hommes informel, passer d'une relation à six avait créé des dynamiques qui m'avaient échappé. Apparemment, Dave n'appréciait pas Gene. Je ne le savais que parce que Dave me l'avait avoué.

Je n'ai presque pas eu conscience de ce que disait le deuxième agent, parce que mon enchaînement de pensées m'avait inspiré une idée d'une incroyable perspicacité. Il fallait que je la communique à Rosie le plus rapidement possible.

— Il semblerait que vous ayez subi quelques désagréments, professeur Tillman, disait la policière.

— Exact. Précautions raisonnables pour éviter le terrorisme.

— Nous ne pouvons que vous remercier de votre compréhension. L'avion redécollera dans une heure environ et vous êtes les bienvenus à bord, Mme Jarman et vous. Le vol pour Melbourne attendra les passagers en retard à Los Angeles. Mais si vous préférez prendre le temps de vous remettre de vos émotions, nous pouvons vous faire raccompagner chez vous en taxi et réserver une place en classe affaires pour votre épouse sur l'un ou l'autre des vols de demain à destination de Melbourne. Nous vous surclasserons aussi, évidemment, si vous décidez de faire le voyage avec elle.

— Il faut que je consulte Rosie.

— Vous pourrez le faire dans un instant. Mais nous aimerions vous demander un service, en échange de quoi mes collègues accepteront de ne pas donner suite à cette affaire. Ce qu'ils risquent d'être tentés de faire, bien que nous comprenions parfaitement que tout cela n'a été qu'un malentendu.

Elle a posé devant moi un document de trois pages, a fait les cent pas dans la pièce pendant plusieurs minutes, est sortie, revenue, pendant que je lisais ces formulations juridiques. J'ai envisagé de réclamer la présence d'un avocat, mais je n'arrivais pas à déceler de graves conséquences négatives si je signais. Je n'avais pas la moindre intention de discuter de cet incident avec les médias. Je voulais simplement parler à Rosie. J'ai signé et j'ai été libéré.

— Tu acceptes la proposition de passer la nuit à New York ? ai-je demandé à Rosie.

— Oui. Tout plutôt que de faire un voyage de vingt heures en classe économique enceinte jusqu'aux yeux. Je vais regretter que la vie ne soit plus aussi loufoque.

— Il faut que tu appelles Phil. Pour le prévenir que tu auras un jour de retard.

— Il ne m'attend pas avant janvier, a dit Rosie. Ça sera une surprise.

37.

Une dernière chance de trouver une solution m'avait été accordée. Mon plan était simple, mais la durée limitée de temps disponible ajoutait une difficulté. Nous sommes arrivés à l'appartement à 16 h 07. Gene, qui était là, a cru que Rosie était revenue pour de bon. Ce qui a rendu la conversation un peu embarrassante.

Finalement, Gene a dit :

— Pour être franc, je pensais que Don rentrerait seul et j'avais prévu de lui proposer une soirée passionnante.

J'avais prévu ma propre soirée passionnante.

— Il faudra la reprogrammer. Nous sortons, Rosie et moi, et nous rentrerons tard.

— Elle n'est pas reprogrammable, a expliqué Gene. Fête de fin d'année de la fac de médecine. Ça commence à cinq heures et demie, et tout devrait être fini vers sept heures. Vous pourrez dîner après.

— Il ne s'agit pas seulement du dîner. J'ai prévu toute une série d'activités.

— Je suis complètement crevée, est intervenue Rosie. Je ne suis pas prête à te suivre dans tes activités. Tu n'as qu'à accompagner Gene et acheter quelque chose à manger en route, au retour.

— Les activités sont capitales. Tu peux prendre un peu de café au besoin.

— Si l'avion n'avait pas fait demi-tour, nous ne ferions rien du tout. Tu serais en train de rentrer de Los Angeles. Tes activités ne peuvent donc pas être capitales. Et si tu me disais plutôt ce que tu as prévu ?

— C'est censé être une surprise.

— Don, je rentre en Australie. Je me doute que tu es en train d'essayer de faire quelque chose qui pourrait me convaincre de changer d'avis. Ou quelque chose de nostalgique qui me rendra malheureuse, comme d'aller au bar à cocktails et préparer des cocktails ensemble, ou manger chez Arturo's ou… Le musée d'Histoire naturelle est fermé.

Son expression était « souriante mais triste ». Gene s'était retiré dans sa chambre.

— Pardon, a-t-elle repris. Dis-moi ce que tu avais prévu.

— Exactement ce que tu viens de dire. Tu n'as oublié qu'une chose. Tu en as deviné soixante-quinze pour cent, y compris le musée que j'avais écarté pour la même raison que toi.

— Ça montre bien ce que nous avons accompli ensemble, tu ne crois pas ? J'ai fini par entrer dans ta tête, un tout petit peu.

— Inexact. Pas un tout petit peu. Tu es la seule personne qui ait réussi à me comprendre. Ça a commencé quand tu as retardé l'horloge pour que je puisse préparer le dîner sans renoncer à mon emploi du temps.

— Le soir où nous nous sommes rencontrés.

— Le soir de l'Incident de la Veste et du Dîner du Balcon.

— Et alors, qu'est-ce que je n'ai pas deviné ? Tu disais que j'avais tout juste à soixante-quinze pour cent. Aller manger de la glace, je parie.

— Faux. Aller danser.

Le bal de la faculté des sciences de Melbourne, à l'occasion duquel Rosie avait résolu une difficulté technique inhérente à mes compétences de danseur, avait marqué un tournant. Danser avec Rosie avait été une des expériences les plus mémorables de ma vie, et pourtant, nous ne l'avions pas reproduite.

— Pas question. Tu as vu dans quel état je suis ?

Elle a passé ses bras autour de mon cou brièvement, pour me prouver que sa forme modifiée était incompatible avec la danse.

— Tu sais quoi ? Si nous étions sortis ce soir, il se serait passé quelque chose. Quelque chose de loufoque. De différent de ce que tu avais prévu, en mieux. C'est ça que j'aime chez toi. Mais là, maintenant, les trucs loufoques, ça ne peut plus marcher. Ce n'est pas ce dont j'ai besoin. Ce n'est pas ce dont Bud a besoin.

Il était bizarre, paradoxal – *loufoque* – que ce que Rosie appréciait visiblement le plus chez moi, un être extrêmement organisé, qui évitait l'incertitude et aimait tout planifier jusqu'au moindre détail, soit les conséquences imprévisibles qu'engendrait mon comportement. Si c'était ce qu'elle aimait, je n'allais pas discuter. En revanche, j'avais bien l'intention de discuter des raisons qui l'incitaient à renoncer à une chose qu'elle appréciait.

— Inexact. Tu as besoin de moins de loufoquerie, pas de zéro loufoquerie. Tu as besoin d'une quantité optimale programmée de loufoquerie. (Il était temps d'exposer mon analyse et ma solution.) À l'origine, il n'y avait qu'une relation. Toi et moi.

— C'est un peu simpliste. Tu oublies Phil et…

— Je prends pour champ d'étude notre unité familiale. L'adjonction d'une troisième personne, Bud, fait passer le nombre de relations à trois. Une personne additionnelle triple le nombre de relations binaires. Toi et moi ; Bud et toi ; Bud et moi.

— Merci pour l'explication. Heureusement qu'on n'avait pas prévu d'avoir huit enfants. Ça aurait fait combien de relations ?

— Quarante-cinq, la nôtre ne représentant qu'un quarante-cinquième du total.

Rosie a ri. Pendant approximativement quatre secondes, on aurait pu croire que notre relation avait été réinitialisée. Mais Rosie avait redémarré en mode sans échec.

— Continue.

— La multiplication des relations a été initialement une source de confusion.

— Quel genre de confusion ?

— De ma part. Concernant mon rôle. La relation numéro deux était ta relation avec Bud. Comme elle était nouvelle, j'ai cherché à y contribuer, par des recommandations alimentaires et des conseils d'entretien personnel que tu as considérés à juste titre comme intrusifs. J'ai été agaçant.

— Tu cherchais à être utile. Mais il faut que je trouve ma propre voie. Et pour une fois, Gene a raison : c'est biologique. Les mères sont plus importantes que les pères, au début en tout cas.

— Bien sûr. Mais ta focalisation sur le bébé a réduit ton intérêt pour notre relation, du fait d'une simple dilution du temps et de l'énergie. Notre relation conjugale s'est détériorée.

— Ça s'est fait peu à peu.

— Elle était excellente avant la grossesse.

— Sans doute. Mais aujourd'hui, je comprends qu'elle n'était pas suffisante en soi. Je crois que d'une certaine manière, je le savais depuis un moment.

— Exact. Tu as besoin de cette relation additionnelle pour des raisons émotionnelles. Mais tu ne devrais pas rejeter une autre relation de grande qualité sans avoir exploré tous les moyens raisonnables de la conserver.

— Don, s'occuper d'un bébé n'est pas compatible avec la vie que nous menions. Faire la grasse mat', picoler toute la soirée, obliger les avions à faire demi-tour… c'est une tout autre existence.

— Évidemment. Il faudra modifier l'emploi du temps. Tout en conservant un certain nombre d'activités communes. Je prédis que, sans la stimulation intellectuelle et la loufoquerie auxquelles tu t'es habituée, tu deviendras folle. Et que tu sombreras peut-être dans la dépression, comme l'a prédit Lydia.

— Déprimée *et* folle ? Je trouverai des trucs à faire. De toute façon, je n'aurai pas le temps de…

— Précisément. Maintenant que tu vas être occupée par Bud, il faudra que j'assume l'entière responsabilité de notre relation. Que j'organise des activités, compatibles, cela va de soi, avec les exigences du bébé.

— Une relation ne peut pas être sous la responsabilité d'une seule personne. Il faut être deux…

— Inexact. Il doit y avoir un engagement de tous les participants, mais une personne peut prendre la tête des opérations.

— D'où tu tires ça, toi ?

— De Sonia. Et George.

— Le George d'en haut ?

J'ai acquiescé.

— À ce que je vois, les experts n'ont pas chômé.

— L'expérience est préférable à la théorie. Tous les psychologues que nous connaissons ont raté leur vie conjugale. Ou du moins, en ce qui te concerne, voient leur vie conjugale menacée.

C'était également un point faible du conseil de George mais il m'a paru inutile d'informer Rosie de son passé conjugal.

— Je crois que la plupart des couples, est intervenue Rosie, même ceux qui ne se séparent pas, acceptent que leur relation batte de l'aile pendant un moment.

— Ce dont les participants ne se remettent jamais. (Je m'appuyais à nouveau sur l'expérience de George. Et peut-être de Gene. Et éventuellement de Dave.) Je propose que nous essayions de conserver la plus grande part possible de notre relation interpersonnelle antérieure, en l'adaptant aux exigences du bébé. Je veux bien faire tout le travail indispensable : tu n'auras qu'à approuver l'objectif et à assurer une coopération raisonnable.

Rosie s'est levée pour préparer une tisane aux fruits. J'y ai reconnu le code de *Boucle-la quelques minutes, Don, j'essaie de réfléchir.*

Je suis allé à la cave et j'ai tiré une bière pour gérer mon propre état émotionnel.

Quand Rosie s'est rassise, elle s'était livrée à des réflexions d'une grande lucidité. Malheureusement.

— Je pense que c'est plus important pour toi, Don, parce que tu n'as pas noué de lien avec le bébé. Tu n'as pas parlé de la troisième relation. Tu restes centré sur toi et moi. La plupart des hommes transfèrent un peu de leur amour sur leurs enfants.

— Je suppose qu'il faudra un peu de temps pour que le transfert se fasse. Mais si je ne t'accompagne pas, mon apport sera nul. Tu me considères vraiment comme pire que nul en tant que père ?

— Don, je pense que tu es programmé autrement. Ça marchait quand il n'y avait que nous deux, mais je ne crois pas que tu sois fait pour être père. Pardon de te dire les choses comme ça, mais j'avais plus ou moins imaginé que tu arriverais à la même conclusion.

— Tu ne croyais pas non plus que j'étais programmé pour aimer. Tu t'es trompée. Peut-être que tu te trompes une fois de plus.

Gene est sorti de sa chambre.

— Désolé de vous interrompre, mais il faut absolument que j'aille à ce machin de la fac de médecine. Vous ne sortez pas, finalement ?

— Non, a répondu Rosie.

— Alors accompagnez-moi. Tous les deux.

— Je reste ici, a refusé Rosie. Je ne suis pas invitée.

— Tous les conjoints le sont. Tu devrais venir. C'est ta dernière soirée à New York. Don ne te le dira pas, mais c'est exactement ce dont il a besoin.

— Tu veux que je vienne ? m'a demandé Rosie.

— Si tu n'y vas pas, je resterai à la maison. Je veux profiter pleinement des quelques heures de vie conjugale qui me restent.

Nous nous apprêtions à sortir quand mon téléphone a sonné. Je n'ai pas reconnu le numéro.

— Don, c'est Briony.

Il m'a fallu un moment pour me rappeler qui était Briony. B1. B1 ne m'avait jamais contacté directement. Je me suis préparé au conflit.

— Je n'arrive pas à croire que vous ayez fait ça, a-t-elle dit.

— Quoi donc ?

— Vous n'avez pas vu le *New York Post* ?

— Je ne le lis pas.

— L'article est en ligne. Je ne sais pas quoi vous dire. Aucune de nous n'aurait imaginé une chose pareille.

J'ai ouvert la porte de mon bureau-salle de bains pour aller consulter le site du *New York Post* et j'ai trouvé Rosie assise sur le bord de la baignoire, devant les carreaux de Bud.

— Qu'est-ce que tu fais ici ? ai-je demandé.

Je n'étais pas agressif ; la question était posée au sens littéral.

— Je suis venue te piquer un comprimé de somnifère. Pour le vol de demain.

— Les somnifères…

— Stilnox. Ingrédient actif : Zolpidem. Troisième trimestre, un comprimé. Pas d'effets négatifs. Wang, Lin, Chen, Lin et Lin, 2010. Ça risque plus de m'inciter à me déshabiller et à me mettre à danser dans l'avion que de faire du mal au bébé.

Elle a recommencé à observer les carreaux de Bud.

— Don. C'est absolument incroyable.

— Tu les as déjà vus.

— Quand ? Je n'entre jamais ici.

— La nuit de Dave le Veau. Quand Gene est tombé dans la baignoire.

— Ce que j'ai vu, c'est mon directeur de thèse à poil en train de gesticuler. Je n'ai pas pris le temps de regarder ce qu'il y avait sur le carrelage. (Elle a souri.) Mais c'est notre bébé, Bud, semaine après semaine, c'est ça ?

— Faux. C'est un embryon générique, un fœtus… Bébé Humain en Développement. Sauf les carreaux 13 et 22 qui ont été dessinés d'après les échographies.

— Pourquoi est-ce que tu ne m'as pas montré ça ? Je regardais les images du livre, et toi, tu étais là, en train de dessiner les mêmes images…

— Tu m'as dit que tu ne voulais pas de commentaire technique.

— Quand ça ?

— Le 22 juin. Le lendemain de l'Incident du Jus d'Orange.

Rosie m'a pris la main et l'a serrée. Elle portait encore ses bagues. Elle a dû remarquer que je les regardais.

— La bague de ma mère est coincée. Elle est un peu étroite et mes doigts ont dû gonfler. Si tu veux récupérer la tienne, tu devras attendre.

Elle a continué à examiner les carreaux pendant que je dénichais l'article du *New York Post.*

Père de l'année : Une bière bien méritée après avoir sauvé son enfant pour des mamans lesbiennes.

Je n'ignorais pas qu'il arrivait souvent aux journalistes d'être imprécis, mais l'article, signé Sally Goldsworthy, dépassait tout ce que j'aurais pu imaginer en matière de désinformation.

Don Tillman, un professeur de médecine australien actuellement en poste à la Columbia, éminent spécialiste de la relation entre autisme et cancer du foie, a donné son sperme à deux lesbiennes avant de sauver la vie d'un de ses bébés. En bon Australien, le professeur Tillman a bu une bière pour fêter la césarienne d'urgence qu'il a pratiquée dans son appartement de Chelsea, et a déclaré qu'il était parfaitement convaincu de l'aptitude des deux mères à élever ses enfants sans aucune participation de sa part.

Il a également montré qu'il avait tiré quelques leçons de son séjour en Amérique.

« Bien sûr, les mères lesbiennes ne sont pas comme la moyenne des parents, a-t-il déclaré. Nous ne devons donc pas nous attendre à des résultats conformes à la moyenne. Mais il me paraîtrait anti-américain de chercher à être constamment dans la moyenne. »

Il y avait une photo de moi, posant avec mon couteau de cuisine santoku, comme me l'avait demandé le photographe.

J'ai montré l'article à Rosie.

— Tu as dit ça ?

— Bien sûr que non. L'article est plein d'erreurs grotesques. Typique du reportage scientifique de la presse populaire.

— Je veux parler de la citation à propos des résultats qui ne sont pas conformes à la moyenne. C'est quelque chose que tu aurais pu dire ; en même temps, c'est tellement…

J'ai attendu qu'elle finisse sa phrase, mais elle a paru incapable de trouver un adjectif pour définir mon énoncé.

— La citation est exacte, ai-je dit. Tu la désapprouves ?

— Non, pas du tout. Je n'ai pas envie non plus que Bud soit dans la moyenne.

J'ai envoyé le lien à ma mère par email. Elle tenait à avoir des copies de tout ce que la presse publiait à mon sujet, quel qu'en soit le degré d'exactitude, pour les montrer à nos proches. J'ai ajouté une note précisant que je n'avais pas fécondé la moindre lesbienne.

— Voilà pourquoi ils nous ont réservé des places en classe affaires demain au lieu de nous expédier à Guantanamo, a dit Rosie. Ils préféraient éviter un gros titre du genre *L'héroïque chirurgien harcelé par le Service de la sécurité des transports parce qu'il est exceptionnel.*

— Je ne suis pas chirurgien.

— Non, mais tu es exceptionnel. Tu avais raison à propos de ma phobie du sang et de tout ce bazar. Il suffisait que je le fasse une fois. On a fait une bonne équipe, pas vrai ?

Rosie avait raison. Nous avions fait une excellente équipe. À deux.

38.

Le métro était bondé de gens coiffés de bonnets de père Noël. Si j'avais été un père acceptable, j'aurais joué ce rôle un jour. Je me serais vu demander de faire tout ce que mon propre père avait fait. Il avait été très fort pour imaginer des cadeaux et des expériences hors normes pour Michelle, Trevor et moi.

J'aurais été obligé d'acquérir une nouvelle série de compétences et de maîtriser de nombreuses activités. D'après les observations que j'avais pu faire auprès de mes parents et de Gene et Claudia, certaines de ces activités auraient certainement été des projets communs avec Rosie.

La fête de la faculté se tenait dans une grande salle de réunion. J'ai estimé le nombre d'invités à cent vingt. Un seul d'entre eux était inattendu. Lydia !

— Je ne savais pas que vous étiez employée par la Columbia, ai-je dit.

Si nous étions collègues, nos interactions posaient certainement d'autres problèmes éthiques.

Elle a souri.

— Je suis avec Gene.

Comme d'ordinaire en pareilles occasions, il y avait de l'alcool de qualité médiocre, des amuse-gueule inintéressants et trop de bruit pour permettre la moindre interaction productive. Comment pouvait-on avoir l'idée de rassembler en un seul lieu certains des plus éminents chercheurs en médecine du monde, puis d'émousser leurs facultés intellectuelles avec de l'alcool et de noyer leurs voix sous une musique qu'ils auraient certainement demandé à leurs enfants d'éteindre s'ils avaient été chez eux. Incroyable !

Il ne m'a fallu que dix-huit minutes pour consommer suffisamment de nourriture pour supprimer toute nécessité de dîner. J'espérais que Rosie en avait fait autant. J'étais sur le point d'aller la chercher pour lui proposer de partir quand David Borenstein a fait une annonce au micro depuis l'estrade. J'étais incapable de repérer Rosie. Elle ne comprendrait pas forcément que le début des cérémonies marquait le signal de notre départ.

— Cette année a été une grande année pour notre université, a commencé le Doyen.

J'aurais aussi bien pu être à Melbourne ; la Doyenne aurait employé les mêmes termes. C'était toujours une grande année. Cela avait été une grande année pour moi aussi. Avec une fin désastreuse.

— Nous pouvons nous féliciter d'un certain nombre de réussites marquantes, a poursuivi le Doyen, qui obtiendront indéniablement la reconnaissance qui leur est due de la part des milieux compétents. Mais ce soir, je voudrais rendre hommage à certains d'entre vous qui pourraient ne pas…

Pendant que le Doyen appelait sur l'estrade des chercheurs que tout le monde applaudissait pour leurs contributions en matière d'enseignement et d'accompagnement des étudiants sur fond de projection de vidéos médiocres où on les voyait au travail, j'ai commencé à me sentir mieux. Mon destin n'était pas d'élever des enfants directement, mais il n'était pas exclu qu'un jour, un bon père – un homme qui apportait une précieuse contribution personnelle à l'éducation de son enfant – décide de ne pas boire d'alcool en quantité excessive à la suite d'un test génétique révélant des prédispositions à la cirrhose et survive ainsi, ce qui lui permettrait d'élever son enfant. Ce test serait le résultat des six années que j'avais consacrées à élever des souris, à les enivrer et à disséquer leur foie. Peut-être un couple de lesbiennes prendrait-il de meilleures décisions, avec plus d'assurance, à propos de l'éducation de son enfant grâce à l'Opération Mères lesbiennes à laquelle j'avais participé. J'avais probablement devant moi encore quarante-cinq ou cinquante années pour apporter des contributions utiles, pour vivre une vie digne d'intérêt.

Rosie me manquerait. Comme Gregory Peck dans *Vacances romaines*, j'avais bénéficié d'un bonus inattendu que ma propre personnalité condamnait à être temporaire. Paradoxalement, le bonheur m'avait mis à l'épreuve. Mais j'avais conclu qu'il était plus important d'être moi-même, avec tous mes défauts intrinsèques, que d'avoir ce que je désirais le plus.

Je me suis rendu compte alors que Genc était à côté de moi, et m'enfonçait son coude dans les côtes.

— Don, ça va ?

— Bien sûr.

Mes réflexions ayant neutralisé un moment les propos du Doyen, j'ai recommencé à me concentrer sur ce qu'il disait. *C'était mon monde.*

— Suivant la trace du lauréat australien du prix Nobel qui avait avalé des bactéries pour prouver qu'elles lui donneraient un ulcère, un de nos propres Australiens n'a pas hésité à se mettre en danger pour la cause de la science.

Derrière le Doyen, un enregistrement vidéo était apparu sur l'écran. C'était moi, le jour où je m'étais allongé par terre et avais laissé le bébé d'un couple de lesbiennes ramper sur moi pour déterminer les effets de cette activité sur son taux d'ocytocine. Tout le monde a éclaté de rire.

— Le professeur Don Tillman, tel que vous ne l'avez jamais vu.

C'était vrai. J'étais moi-même abasourdi de me voir. J'étais manifestement heureux, bien plus que je n'en gardais le souvenir. Je n'avais sans doute pas pleinement apprécié mon état émotionnel sur le moment, parce que j'étais concentré sur la nécessité d'assurer le bon déroulement de l'expérience. La vidéo durait approximativement quatre-vingt-dix secondes. J'ai pris conscience d'une autre présence près de moi. C'était Rosie. Elle me serrait le bras très fort et pleurait, abondamment.

Je n'ai pas eu la possibilité d'identifier la cause de son état émotionnel parce que David a ajouté :

— Ou peut-être s'exerçait-il : Don et son épouse Rosie attendent leur premier enfant pour les premières semaines de l'année nouvelle. Nous avons un petit cadeau pour vous.

Je me suis dirigé vers l'estrade avec Rosie. Il était peut-être inapproprié d'accepter un cadeau reposant sur le présupposé que nous resterions ensemble, Rosie et moi. Je ne savais pas quoi dire, mais Rosie a résolu le problème.

— Dis simplement « merci » et prends-le, m'a-t-elle chuchoté pendant que nous nous approchions de l'estrade.

Elle me tenait par la main, ce qui ne pouvait que renforcer cette impression inexacte.

Le Doyen nous a tendu un paquet. C'était manifestement un livre. Puis il a présenté ses vœux rituels de fin d'année et les gens ont commencé à se disperser.

— On peut rester encore quelques minutes ? m'a demandé Rosie, qui semblait partiellement remise.

— Bien sûr.

Cinq minutes plus tard, tout le monde était parti, y compris Gene et Lydia. Il ne restait plus que David Borenstein, son assistante personnelle et nous.

— Vous voulez bien nous remontrer la vidéo de Don ? a demandé Rosie au Doyen.

— Je viens de tout remballer, a protesté son assistante. Mais vous pouvez avoir le DVD, si vous voulez.

— J'ai trouvé que c'était une jolie façon de conclure, en cette période de l'année, a expliqué le Doyen. La tendresse cachée sous la carapace de l'homme de science. Mais je ne vous apprends certainement rien, a-t-il ajouté en se tournant vers Rosie.

Nous avons pris le métro pour rejoindre ce qui avait été notre foyer. Rosie n'a rien dit. Il n'était que 19 h 09 et je me suis demandé si je devais faire une nouvelle tentative pour la convaincre de participer aux expériences mémorables que j'avais prévues. Mais j'étais tellement heureux de la tenir par la main en cette dernière soirée commune qu'il m'a paru plus judicieux de ne prendre aucune initiative susceptible de modifier la situation. Comme je portais le cadeau du Doyen dans mon autre main, c'est Rosie qui a dû ouvrir la porte de notre appartement.

Gene nous attendait avec un magnum de champagne et de multiples verres – parce que nous avions de multiples invités. Plus précisément, il avait sept verres. Il les a remplis et en a distribué six – à moi, à Rosie (en infraction aux règles de la grossesse), à Lydia, Dave, George et lui-même.

J'avais plusieurs questions à poser, parmi lesquelles figurait la raison de la présence de Dave et de George, mais j'ai commencé par la plus évidente.

— Pour qui est le septième verre ?

La réponse m'a été donnée par un individu de sexe masculin, très grand, costaud, d'approximativement soixante ans, qui a franchi la porte du balcon, où j'ai supposé qu'il était sorti fumer une cigarette. C'était 34 – Phil, le père de Rosie, qui était censé être en Australie.

Rosie m'a serré la main très fort, comme pour accumuler quelques crédits de main tenue, avant de me lâcher pour se précipiter vers Phil. J'en ai fait autant. Une vague de compassion au souvenir du malheur qui l'avait frappé la nuit où sa femme était morte a submergé mon cerveau. C'était indéniablement le résultat de mes Exercices d'Empathie pour Phil et des cauchemars résultants, et elle était si puissante qu'elle a surmonté mon aversion pour le contact physique. Je suis arrivé devant Phil approximativement une seconde avant Rosie et je l'ai serré dans mes bras.

Sa surprise était prévisible. Je crois que tout le monde a été surpris. Après quelques secondes, avec ses encouragements, je l'ai lâché. Je me suis rappelé sa promesse de venir à New York me refaire le portrait si je foirais. J'avais de toute évidence rempli cette condition.

— Qu'est-ce que vous avez fabriqué tous les deux ? a-t-il demandé.

Sans attendre la réponse, il a entraîné Rosie sur le balcon. J'espérais que la surprise ne l'avait pas incitée à fumer une cigarette.

— Il était là quand on est rentrés, m'a expliqué Gene. Il attendait devant la porte avec un sac de voyage.

Tout le monde ne faisait pas preuve de la même vigilance que moi pour éviter l'intrusion de visiteurs non autorisés, mais évidemment, j'aurais reconnu Phil et je l'aurais laissé entrer.

— Il vous a dit pourquoi il est venu ? ai-je demandé.

— Tu crois que c'était nécessaire ?

Je me suis rappelé que Phil ne buvait pas d'alcool et j'ai rapidement vidé son verre pour éviter une situation gênante.

Gene a ajouté qu'il avait proposé à Dave et George de venir pour m'offrir un cadeau collectif. À en juger par sa taille et sa forme, j'ai déduit que c'était probablement un DVD. Ce serait mon unique DVD, parce que je télécharge tous mes documents vidéo. Je me suis demandé si Lydia avait participé à ce choix écologiquement irresponsable.

Quand Rosie et Phil sont rentrés, j'ai ouvert le cadeau du Doyen. C'était un livre humoristique sur la paternité. Je l'ai reposé sans rien dire.

Le cadeau de Gene, Dave et George était un enregistrement vidéo de *La Vie est belle* de Frank Capra qui était, m'ont-ils précisé, un film de Noël traditionnel. Il m'a semblé que ce choix reflétait un curieux manque d'imagination de la part de trois de mes plus proches amis, mais je savais qu'il est extrêmement difficile de choisir des cadeaux. Sonia m'avait suggéré d'acheter à Rosie pour Noël des sous-vêtements décoratifs de grande qualité, en me faisant remarquer que des cadeaux de cette nature étaient traditionnels dans les premières années de mariage. C'était une idée brillante, qui m'avait permis de remplacer les articles de Rosie endommagés par l'Incident de la Lessive, mais ma tentative pour trouver chez Victoria's Secret l'équivalent des originaux teints en violet avait été délicate. Le cadeau était toujours dans mon bureau.

— Eh bien, a repris Gene, nous allons boire du champagne et regarder *La Vie est Belle*. Paix sur la terre aux hommes de bonne volonté.

— Nous n'avons pas de téléviseur, ai-je fait remarquer.

— Chez moi, est intervenu George.

Nous sommes tous montés à l'étage supérieur.

— Les métaphores ne sont pas le point fort de Don, a observé Gene pendant que George chargeait le DVD. Alors Don, si on t'a acheté ce film, c'est parce que tu ressembles un peu à George.

J'ai regardé George. C'était une comparaison bizarre. Je ne voyais pas ce que j'avais de commun avec une ancienne rock star.

Gene a ri.

— Il y a un George dans le film. James Stewart. Il fait un tas de trucs pour ses amis. Permets-moi d'être le premier témoin. À un moment où il était devenu absolument impossible de sauver mon couple, Don a été le dernier à renoncer. Il m'a offert un toit, bien que Rosie ait eu d'excellentes raisons de s'opposer à cette décision. Il a été un bon conseiller pour mon fils et pour ma fille et (Gene a inspiré profondément et a regardé Lydia) il a éclairé ma lanterne quand j'ai foiré. J'ajouterai que ce n'était pas la première fois.

Gene s'est assis et Dave s'est levé.

— Don a sauvé mon bébé, mon couple et mon entreprise. Sonia va se charger de toute la partie administrative. Comme ça, j'aurai un peu plus de temps à passer avec elle et Rosie. Notre bébé.

Rosie s'est tournée vers moi, puis à nouveau vers Dave, puis vers moi. Elle n'avait pas été informée du choix du prénom.

George s'est levé.

— Don…

Il a été submergé par l'émotion et n'a pas pu continuer.

Il a cherché à me serrer contre lui et m'a probablement trouvé peu réactif. Gene a pris le relais.

— Rosie et moi étions là le soir où Don a décidé que la chose la plus importante de sa vie pouvait attendre qu'il se soit occupé de quelqu'un d'autre. Pour ceux d'entre vous qui n'étaient pas là, Don a une vidéo de l'événement.

J'étais embarrassé. Je suis compétent pour résoudre les problèmes, mais uniquement sous un angle pratique. Suggérer qu'une comptable joue un rôle dans l'entreprise de son mari ou recommander un changement de personnel dans un groupe de rock étaient des solutions qui méritaient l'approbation, mais pas une réaction aussi émotionnelle.

Et puis Lydia – *Lydia* – s'est levée.

— Merci de m'avoir laissée participer à cette soirée. Je voudrais simplement dire que l'exemple de Don m'a aidée à surmonter un… préjugé. Merci, Don.

Le témoignage de Lydia était un peu moins émotionnel que les précédents, ce qui m'a soulagé. J'ai été surpris que mes arguments l'aient persuadée qu'il était acceptable de manger du poisson non issu de l'aquaculture durable.

Tout le monde a regardé Phil pendant quelques secondes, mais il n'a rien dit.

Au moment où George allumait le lecteur de DVD, les quatre Dead Kings, le Prince inclus, sont arrivés. George III a servi des bières à tout le monde et était sur le point de remettre le DVD en marche quand les Esler ont sonné, suivis de près par Inge. Gene et Rosie avaient passé des coups de fil. Lydia et Judy Esler sont sorties sur le balcon et sont restées absentes un bon moment.

Il m'a semblé approprié d'inviter mes autres amis locaux. J'ai appelé le Doyen et Belinda – B3 – et moins d'une heure plus tard, nous avions chez nous l'Équipe des B au grand complet ainsi que les Borenstein. George a servi d'autres bières et, pour la première fois, son appartement a vraiment ressemblé à un pub anglais en activité. Il avait l'air extrêmement heureux dans son rôle de tenancier. Rosie m'avait repris par la main.

L'histoire des difficultés et du presque suicide du personnage de James Stewart était intéressante et très efficace en matière de manipulation des émotions. C'était la première fois que je pleurais en voyant un film, mais je savais que d'autres réagissaient de la même manière. J'éprouvais aussi une surcharge émotionnelle due à la proximité de Rosie, à l'approbation des personnes qui comptaient le plus dans ma vie et à la souffrance causée par la fin de ma vie conjugale. Le départ de Rosie allait laisser un vide affreux.

Il a fallu qu'elle m'explique à la fin du film qu'elle avait changé d'avis.

39.

Nous avons fêté, Rosie et moi, le *plus beau Noël du monde*. Nous étions dans l'avion entre Los Angeles et Melbourne et nous avons traversé la Ligne de Changement de Date, éliminant ainsi virtuellement la journée qui m'avait causé autrefois tant de stress. On nous avait fait bénéficier de places en première classe et la cabine n'était qu'à moitié pleine. Les stewards étaient incroyablement aimables. Nous avons parlé, Rosie et moi, des Noëls du passé qui avaient été douloureux pour elle aussi, en raison de l'absence de sa mère décédée. La famille de Phil et celle de sa mère étaient gentilles avec elle mais désagréablement intrusives. Je pouvais comprendre cela.

Nous avons évoqué nos projets. Rosie avait admis ma théorie de trois relations et était prête à mettre à l'essai mon approche de la division des responsabilités. Mon interaction avec le bébé des mères lesbiennes l'avait rassurée sur mon aptitude à établir une relation affective avec Bud. Je l'ai avertie que ça risquait de prendre un certain temps.

— Pas de problème, a-t-elle dit. Je pense que ce qui m'inquiétait le plus, c'était que d'une manière ou d'une autre, tu ne gâches ma relation avec lui ou elle.

— Tu aurais dû me le dire. Je suis fort pour résoudre les problèmes et suivre les instructions. J'aurais fait tout ce qui était nécessaire pour préserver notre relation.

La responsabilité que j'avais proposé d'assumer coïncidait avec mes instincts, de la même manière que la priorité que Rosie accordait au bébé coïncidait avec les siens.

Rosie attendrait quelques mois pour décider si elle poursuivait ou non ses études à la Columbia. Cela paraissait raisonnable.

Phil a choisi de rester à New York pour Noël et de partager notre appartement avec Gene, ainsi qu'avec Carl et Eugénie qui devaient rejoindre leur père pour janvier. Il s'était montré *extrêmement* content de tout – de revoir Rosie, de la situation de Bud, et d'apprendre que nous restions ensemble, Rosie et moi – mais il comprenait que nous serions heureux de passer un moment seuls dans sa maison de Melbourne pour nous remettre du décalage horaire et nous acclimater à l'été.

Personne d'autre n'avait été informé de notre retour, ce qui nous a permis de passer huit jours ensemble sans interruption. C'était incroyable ! Le plaisir que me donnaient les interactions avec Rosie était amplifié par la conscience que j'avais failli la perdre.

La maison de Phil dans la banlieue de Melbourne était équipée d'un accès Internet à haut débit ; c'était tout ce qu'il me fallait pour communiquer avec Inge et l'Équipe des B, et continuer à rédiger mes comptes rendus sur ces deux programmes de recherche.

Phil est revenu le 10 janvier. Tous nos parents voulaient que nous restions à Melbourne pour la naissance, et David Borenstein nous y a encouragés. Rosie avait déjà annulé les dispositions qu'elle avait prises pour accoucher à New York et s'était inscrite dans un hôpital de Melbourne quand elle avait décidé de me quitter, de sorte que cette décision était celle qui provoquait le moins de perturbations.

Nous avons passé trois jours dans ma famille à Shepparton. Le stress de l'interaction a été allégé par une séance de débriefing avec mon père à propos de l'Opération Berceau Insonorisé. Nous avons discuté pendant des *heures*, bien après le moment du coucher sans le soutien d'alcool. Mon père avait résolu plusieurs problèmes pratiques d'utilisation des matériaux et l'équipe de recherche coréenne négociait l'acquisition des droits sur ces perfectionnements et la poursuite de la participation de mon père. Il était peu probable qu'il fasse fortune mais, dans un scénario qui m'a rappelé la Transmission des Baguettes, cela allait l'obliger à confier la responsabilité de la quincaillerie à mon frère Trevor. Celui-ci était extrêmement satisfait de cette évolution. Je me suis demandé si un jour, je transmettrais quelque chose de ma vie à Bud.

À ma grande surprise, et contrairement aux prédictions de Gene, ma mère et Rosie se sont bien entendues et ont paru avoir beaucoup de choses en commun.

Notre bébé a émergé sans problèmes (à part l'inconfort prévu de l'accouchement, auquel mes lectures m'avaient préparé) à 2 h 04, le 14 février, deuxième anniversaire de notre premier rendez-vous, de l'Incident de la Veste et du Dîner du Balcon. *Tout le monde* a remarqué que c'était la saint Valentin, ce qui expliquait que j'aie eu des difficultés à réserver une table dans un prestigieux restaurant deux ans auparavant.

Observer le processus de la naissance aurait été captivant, mais j'ai suivi le conseil de Gene en restant « du côté de la tête » et en apportant un soutien émotionnel de préférence à des commentaires scientifiques. Rosie a été extrêmement satisfaite du résultat et j'ai constaté avec étonnement que j'éprouvais moi-même une réaction émotionnelle immédiate, moins forte cependant qu'au moment où Rosie avait décidé de restaurer notre relation.

Le bébé est de sexe masculin, raison pour laquelle nous lui avons donné un prénom masculin conventionnel. Cela ne s'est pas fait sans débat.

— On ne peut pas l'appeler « Bud », voyons. C'est un surnom. Un surnom américain, qui plus est.

— La culture américaine est omniprésente. Bud Tingwell était australien.

— Qui est Bud Tingwell ? a demandé Rosie.

— Un célèbre acteur australien. Il a joué dans *Malcolm* et dans *The Last Bottle*.

— Cite-moi un seul scientifique qui s'appelle Bud.

— Notre fils ne sera pas forcément scientifique. Abbott de Abbott et Costello s'appelait Bud. Bud Powell a été un des plus grands pianistes de jazz. Bud Harrelson était un bloqueur du match des étoiles.

— Il jouait avec les Yankees ?

— Les Mets.

— Tu veux lui donner le nom d'un joueur des Mets ?

— Bud Cort a joué le rôle d'Harold dans *Harold et Maud*. Bud Freeman. Un autre musicien de jazz influent. Saxophoniste. Sans compter une flopée de Buddy.

— Tu as fait des recherches, c'est ça ? Tu n'y connais rien en jazz.

— Bien sûr. Je voulais disposer d'arguments convaincants pour te décider à garder ce prénom. Ça paraît bizarre de faire changer de nom à quelqu'un à cause d'un unique événement de sa vie. Tu n'as pas changé de nom quand on s'est mariés.

— Il s'agit de sa naissance. En plus, Bud veut dire Bébé Humain en Développement. Primo, il n'est plus en développement, c'est un vrai bébé, et secundo, il ne restera pas toujours un bébé.

— Malheureusement, Hud n'est pas un prénom.

— Hud ?

— Humain en Développement.

— C'est le nom d'un prophète. D'un prophète islamique. Tu n'es pas le seul à savoir des trucs, tu vois.

— Inacceptable. Tout lien ostensible avec une religion est inapproprié.

— Ça pourrait être un diminutif de Hudson.

J'ai réfléchi quelques instants à la suggestion de Rosie.

— Solution parfaite. Concaténation de *Humain en Développement* et de *Son* « fils » dans plusieurs langues. Lien avec New York, lieu de conception, par le biais du fleuve et de l'explorateur qui lui a donné son nom. Usage australien attesté, plus corrélation avec l'Incident Terroriste qui a sauvé notre relation.

— Comment ?

— Hudson Fysh a été le fondateur de Qantas. Comme chacun peut l'apprendre grâce à la lecture de la revue de la compagnie d'aviation.

— En plus, Peter Hudson, le footballeur, était l'idole de Phil. Il y a un petit problème, tout de même. Rappelle-toi ce que ça veut dire. « En développement ». C'est un humain à part entière maintenant. En fait, le nom d'Hudson ferait de lui le fils – *son* – d'un humain en développement.

— Exact. Les humains devraient être en développement permanent.

Rosie a ri.

— Le père d'Hudson, en particulier.

— Puisque tu n'as relevé qu'un problème et qu'il a été résolu, je recommande qu'il s'appelle désormais Hudson.

— Difficile de résister à ta logique. Comme toujours.

Une nouvelle tâche commune réussie. J'ai rendu Hudson à Rosie pour qu'elle le nourrisse. Il fallait que je programme de réserver Phil comme baby-sitter pour que Rosie et moi puissions nous inscrire à des cours de tango.

Remerciements

Le Théorème du homard s'achevait par une longue liste, probablement incomplète, de remerciements qui reflétait les cinq années de cheminement entre sa conception et sa publication. J'apprenais simultanément à écrire, et de nombreuses personnes m'ont fait bénéficier de leurs conseils et de leurs encouragements généraux, ainsi que de suggestions précises concernant le manuscrit.

En grande partie grâce à l'aide qu'ils m'ont apportée, j'ai abordé *L'Effet Rosie ou Le Théorème de la cigogne* avec une idée plus claire de ce que je faisais et ai rédigé le premier jet avec l'apport significatif de deux personnes seulement. Ma femme Anne Buist, à qui ce livre est dédié, m'a fait bénéficier de son discernement d'écrivain en matière de narration et de ses compétences de professeur de psychiatrie au cours de plusieurs soirées autour d'une table, généralement devant une bouteille de vin ouverte. Elle n'est pour rien dans les idées de Gene sur la théorie de l'attachement. Mon ami Rod qui, avec sa femme Lynette, a été la source d'inspiration et le dédicataire du *Théorème du homard*, a été ma seconde caisse de résonance. Nos conversations pendant nos joggings au bord du Yarra, à Melbourne, ont donné naissance au berceau insonorisé, à l'Incident du Thon Rouge et au Tumulte Prénatal.

J'ai bénéficié d'une chance peu commune pour la mise au point du texte ; outre Michael Heyward et Rebecca Starford de Text Publishing, plusieurs de mes éditeurs internationaux m'ont fait parvenir des notes détaillées : Cordelia Borchardt chez S. Fischer Verlag ; Maxine Hitchcock chez Michael Joseph ; Jennifer Lambert chez HarperCollins, Canada ; Marysue Rucci chez Simon & Schuster ; et Giuseppe Strazzeri chez Longanesi.

J'ai obtenu par ailleurs de précieuses réactions de mes premiers lecteurs : Jean et Greg Buist, Tania Chandler, Corine Jansonius, Peter McMillan, Rod Miller, Helen O'Connell, Dominique et Daniel Simsion, Sue Waddell, Geri Walsh et Heidi Winnen. Merci également à Shari Lusskin, April Reeve et Meg Spinelli pour leurs connaissances locales de New York et de l'enseignement américain de la médecine, et à Chris Waddell pour ses conseils sur la batterie. W. H. Chong a conçu la couverture de l'édition australienne.

Les allusions aux recherches sur la psychologie et sur la grossesse intègrent les préjugés de personnages de fiction et doivent donc être prises avec des pincettes. En particulier, l'interprétation que fait Don de *Ce qui vous attend si vous attendez un enfant*, les nombreux articles que cite Rosie pour étayer ses choix alimentaires et l'allusion implicite au travail de Feldman *et al.* comme fondement de l'Opération Mères lesbiennes ne représentent pas nécessairement les intentions de leurs auteurs.

De nombreux éditeurs, libraires et lecteurs du monde entier ont contribué au succès du *Théorème du homard* et en font déjà autant pour *L'Effet Rosie ou Le Théorème de la cigogne.* En Australie, je remercie tout particulièrement Anne Beilby, Jane Novak, Kristy Wilson et leurs équipes de Text Publishing qui ont soutenu mon travail et ont fait preuve d'une remarquable créativité pour le présenter à un vaste public.

Cet ouvrage a été composé et mis en pages
par ÉTIANNE COMPOSITION
à Montrouge.

Imprimé en France par CPI
en mars 2016

POCKET - 12, avenue d'Italie - 75627 Paris Cedex 13

N° d'impression : 3014690
Dépôt légal : avril 2016
S26149/01